清学札记

漆永祥 著

图书在版编目（CIP）数据

清学札记 / 漆永祥著 .—北京：北京联合出版公司，2017.12
ISBN 978-7-5502-9127-0

Ⅰ.①清… Ⅱ.①漆… Ⅲ.①学术思想—思想史—中国—清代—文集 Ⅳ.① B249-53
中国版本图书馆 CIP 数据核字（2017）第281521号

清学札记

责任编辑：申　妙
装帧设计：北京麦莫瑞文化传播有限公司
出版发行：北京联合出版有限责任公司 / 北京联合天畅发行公司
社　　址：北京市西城区德外大街83号楼9层
邮　　编：100088
电　　话：（010）64256863
印　　刷：北京市十月印刷有限公司
开　　本：880 mm × 1230 mm　1/32
字　　数：206千字
印　　张：11
版　　次：2017年12月第1版
印　　次：2017年12月第1次印刷
ISBN 978-7-5502-9127-0
定　　价：68.00元

文献分社出品
未经许可，不得以任何方式复制或抄袭本书部分或全部内容
版权所有，侵权必究

序

余自稚龄蒙昧，即喜野老田叟讲兴亡古今，英豪逸事，胸为之开，气为之壮。逮束发远游，偶阅《世说新语》《颜氏家训》，玄远冷隽，高简瑰奇，寓理道于掌故，摹性情于趣闻，以为深得著述之体。遂自唐宋以降说部之书，凡能借观者，即广搜泛览，中心佛喜；又发愿毕读"二十五史"，亦辑其中懿行妙谈，勤事抄撮。日复月移，所积渐多，欲仿先哲，按类编列，都为一集，惜衣食为亟，流徙无定，卡片星散，颓宕至今，而迄无所成焉。自弱冠后，读书治学，渐囿于清人纂述，而乾嘉诸老，又精擅笔札。故偶有所获，亦多拾绪余，缀为札记，竹头木屑，存诸箧中。然处今日之世，此类稗耳琐语，通人不以学问目之，刊物不以文章待之，唯蒙尘酱瓿而已。今于敝簏败纸中，摘检与清代学林相涉者百五十条，董为一编，以尊礼先贤，为续貂之举。读者诸君于饱饭思睡之余，以为消时赏玩之资则可耳；若欲求考明典制、发遑理义，则相去不啻万里矣。

时丁酉（2017）谷雨后一日
陇右漆永祥匆草于京北之侨紫石斋

目录

一　实学 01
二　经学 05
三　汉学与宋学 07
四　师承与家法 10
五　务为其难与务求其是 12
六　《十三经》皆有传 14
七　《十三经》义疏繁冗生厌 15
八　段玉裁"二十一经"说 17
九　焦循"经学"一家说 18
一〇　阮元《皇清经解》之初衷与后来成书有别 20
一一　《周礼》难致太平 22
一二　汉儒"以经术饰吏事"非事实 25
一三　汉代诸帝与儒术之效 27
一四　学案体不始于黄宗羲 30
一五　文集编次之难 32
一六　戴名世、郑燮、李调元、刘声木
　　　之论撰著之自序与他序 34
一七　古人著述署名之谨慎与随意 37

清学札记

一八	修志之难	……39
一九	书成众手之弊	……42
二〇	"一目十行"与"十目一行"	……44
二一	明清刻书之不同与今日之情势	……46
二二	名声原由互相引重而起	……48
二三	名人后裔多寂阒无名	……49
二四	行文喜用生僻字之弊	……51
二五	清高宗御制诗之富之滥	……55
二六	汉人翰林多不愿习国书	……57
二七	书斋以数字命名者	……59
二八	《金石录》十卷人家	……63
二九	顾炎武之目盲与流传之画像	……65
三〇	画家之顾亭林与日知之顾亭林	……67
三一	顾炎武之抗清与后人之论遗民	……68
三二	顾炎武之连环套官司	……69
三三	"归奇顾怪"	……72
三四	顾炎武、阎若璩、杭世骏、刘逢禄诸人之谦抑	……74
三五	顾炎武、戴震、余萧客、江藩诸人之绝嗣	……76
三六	《亭林五书》与《高邮四种》	……78

目录

三七	全祖望述顾炎武、黄宗羲事多误	……80
三八	张尔岐论求学次第	……81
三九	阎若璩、朱筠、阮元之口吃	……84
四〇	阎若璩、汪琬《丧服》之争	……85
四一	"使功不如使过"之出典	……90
四二	何焯之不擅时文	……93
四三	李因笃、武亿、章学诚、汪苍霖与凌坤诸人之好斗	……94
四四	东吴惠氏四世家学	……98
四五	惠士奇罢官之真相	……100
四六	红豆庄、红豆先生、红豆斋、红豆词与红豆词人	……103
四七	惠栋之理想社会	……105
四八	惠栋《后汉书补注》成书之不易	……107
四九	惠栋妄改	……109
五〇	江声论学术争鸣	……111
五一	江永、戴震之不中科第	……113
五二	戴震之尊礼江永	……115
五三	段玉裁之尊礼戴震	……117
五四	戴震、钱大昕之高下	……118

五五	洪榜知戴氏《声类表》	……120
五六	袁枚、纪昀之不能酒与刘权之、武亿之豪饮	……122
五七	卢文弨为校书而生	……125
五八	王杰之直道立朝	……128
五九	钱大昕学有"九难"	……130
六〇	"南钱北纪"	……132
六一	王昶随清军征川西诸地名	……134
六二	王鸣盛之所谓"滥用驿马"	……137
六三	"凤洲四部"与"西庄四部"	……139
六四	汪中之好骂与被骂	……142
六五	汪中父子有遗传之心脏病	……146
六六	汪中"六君子赞"、"七君子颂"与"通者十九人"说	……148
六七	"谈天三友"	……151
六八	焦循之讥刺隐士	……153
六九	"南江北江"	……155
七〇	洪亮吉、王念孙上时政疏	……156
七一	凌廷堪论学术盛衰	……159
七二	李慈铭好大言漫骂	……161
七三	方东树《汉学商兑》诟詈过甚有失著述之体	……165

目 录

七四	江藩之转益多师	……167
七五	江藩之精于《文选》	……168
七六	江藩鬻书	……170
七七	江藩之鄙薄方苞	……171
七八	江藩与袁枚之关系	……174
七九	江藩与洪亮吉之交恶	……177
八〇	江藩《汉学师承记》之误录程晋芳	……180
八一	江藩隶事之多误	……183
八二	江藩之排宋而尊汉	……184
八三	江藩不信日本足利本《论语义疏》	……187
八四	江藩未注清高宗《御制诗小注》	……189
八五	江藩之喜收藏端砚	……192
八六	江藩之卒年	……194
八七	《河赋注》为江藩自注	……196
八八	《汉学师承记》初刻初印本与后来各本有异	……197
八九	《古书疑义举例》非抄自《经解入门》	……199
九〇	集句诗与《汉学师承记》之体裁	……203
九一	赵之谦《汉学师承续记》	……205
九二	袁枚之讥刺考据学	……207
九三	乾嘉考据学家不喜诸经唐宋人旧疏	……210

九四	乾嘉考据学家多患目疾	……211
九五	近视眼与近视镜	……212
九六	乾嘉考据学家著书之先为长编	……215
九七	乾嘉考据学家多不擅时文	……217
九八	乾嘉考据学家多困顿以终	……219
九九	乾嘉考据学家之事功之学	……223
一〇〇	乾嘉时扬州学者年多不永	……227
一〇一	纪昀主持四库全书馆之因	……229
一〇二	纪昀与《四库全书》之纠误	……231
一〇三	"四布衣"与"五徽君"	……234
一〇四	《四库全书》所收编年类史著多依仿《通鉴》而成	……236
一〇五	《四库全书》所收纪事本末体史著多为清人所纂	……237
一〇六	《四库全书》杂史类多宋明人著述	……238
一〇七	《四库全书》术数类书多出依托	……239
一〇八	清廷禁顺治、雍正、乾隆帝著述	……240
一〇九	《四库总目》于清帝多谀词	……242
一一〇	《四库总目》于明帝多讥贬	……245
一一一	《四库总目》之贬刺朱熹	……247

目录

一一二 《四库总目》持论过激有失著作之体 249

一一三 《四库总目》论召外族以息内祸之说
与王夫之说暗合 251

一一四 《四库总目》论苏、黄后继无人 253

一一五 《梁书》、《陈书》、《北齐书》实为私撰 255

一一六 《四库总目》讥戴震论反切起源之不当 256

一一七 《四库总目》多采钱大昕之说 258

一一八 《四库总目》以《通鉴纲目》入"史评类"为无当 260

一一九 《四库总目》论《洪武圣政记》真伪之失考 262

一二〇 《四库总目》以《炎徼纪闻》一书而分隶两类 263

一二一 《四库总目》斥明人谈海运之书入存目 265

一二二 四库馆臣目中之世界与中国 267

一二三 孔孟只两家无父儿 269

一二四 官年实年 272

一二五 此时有子不如无 276

一二六 甘肃少人才之故 278

一二七 惧内 281

一二八 大型歌舞人组图案与文字 283

一三九 奥运牡丹与摧花之术 285

一三〇 道术治蛇伤及医病之法 286

清学札记

一三一	高年应试与低龄应试	……290
一三二	清代贡院之简陋	……293
一三三	号舍用《千字文》排序	……296
一三四	连中三元与祖孙状元、父子状元、兄弟状元	……297
一三五	状元娶公主只存在于戏曲中	……299
一三六	时文选家多不擅作时文	……301
一三七	大题、小题及截搭题	……303
一三八	夹带与关节	……309
一三九	"白卷英雄"与"曳白"之种种	……312
一四〇	塾师、教授与冷官	……315
一四一	高考阅卷与阅卷纪事诗	……322
一四二	文选楼	……326
一四三	三江	……328
一四四	明堂	……330
一四五	小珰	……332
一四六	唉	……333
一四七	金扇与松花石砚	……334
一四八	克什	……336
一四九	紫团	……339
一五〇	紫燕	……340

一　实学

"实学"一词，前人无所议。二十世纪八十年代末，有学者以十六世纪至十九世纪鸦片战争前三百年间之社会思潮称为"明清实学思潮"。后又将实学范围延至自宋迄清末，并谓实学即"实体达用之学"。① 又有中、日、韩三国实学之比较研究。然此实学思潮中，却摈斥清代考据学，盖以其学为穷治训诂，琐琐考证，故外之也。然实学一词，其所对应者，非科举之弊病，即释道之玄妙，或词章之藻丽，更无他耳。如唐时杨绾极言科举之弊，以为当"取《左传》、《公羊》、《穀梁》、《礼记》、《周礼》、《仪礼》、《尚书》、《毛诗》、《周易》，任通一经，务取深义奥旨，通诸家之义。……所冀数年之间，人伦一变，既归实学，当识大猷，居家者必修德业，从政者皆知廉耻，浮竞

---

① 参陈鼓应等主编《明清实学思潮史》（齐鲁书社1989年版）、葛荣晋主编《中国实学思想史》（首都师范大学出版社1994年版）。又姜广辉《"实学"考辨》一文，不同意将实学概念专有名词化。认为实学一词始于唐代，历代学者皆用之，但并非专用名词，不应将实学一词与学术体系挂钩，看作一种学术形态。姜文详见汤一介主编：《国故新知：中国传统文化的再诠释》，北京大学出版社1993年版。

自止，敦庞自劝，教人之本，实在兹焉"。① 又如明时杨慎论曰："儒教实，以其实天下之虚；禅教虚，以其虚天下之实。陈白沙诗曰：'六经皆在虚无里。'是欲率古今天下而入禅教也，岂儒者之学哉！"② 又曰："今之学者，循声吠影……使实学不明于千载，而虚谈大误于后人也。"③ 宋明学者以治小学训诂为虚，以明性理之学为实；清代汉学家，又以经术训诂为实，性理之学为虚。然皆以科举时文、释道二教与华丽辞赋为虚，则历代皆一也。

况"实学"一语，清代考据学家亦每每言之，如《四库全书》开馆前，清高宗遴选馆员，时谓："上方崇奖实学，思得如刘向、扬雄者任之。"④ 此实学者，即精擅目录文献之学如刘向、扬雄者是也。又《四库总目·凡例》云："说经主于明义理，然不得其文字之训诂，则义理何自而推？论史主于示褒贬，然不得其事迹之本来，则褒贬何据而定？……今所录者，率以考证精核、辨论明确为主，庶几可谢彼虚谈，敦兹实学！"⑤ 此实学者，即所谓"考证精核、辨论明确"之著述，非虚谈义理之语录与讲章也。《四库总目》又云："盖明代说经，喜骋虚辨。

---

① 《旧唐书》卷119《杨绾传》，中华书局1975年点校本，第10册，第3431—3432页。
② [明]杨慎：《升庵文集》卷75"儒教禅教"条，景印文渊阁《四库全书》本，第1270册，第752页。
③ [明]杨慎：《升庵文集》卷45"夫子与点"条，第1270册，第339页。
④ [明]洪亮吉撰，刘德权点校：《卷施阁文甲集》卷9《邵学士家传》，中华书局2001年版《洪亮吉集》本，第1册，第191页。
⑤ [清]永瑢等纂：《四库全书总目·凡例》，中华书局1961年缩印本，上册，第18页。

一 实学

国朝诸家,始变为徵实之学,以挽颓波。古义彬彬,于斯为盛!"① 此国朝诸家者,谓顾炎武、阎若璩、胡渭诸人,实学与"喜骋虚辨"相对而言也。又洪亮吉论四库开馆后学术界之情形曰:"乾隆之初,海宇乂平,已百余年,鸿伟傀特之儒接踵而见,惠徵君栋、戴编修震,其学识始足方驾古人。及四库馆之开,君(指邵晋涵)与戴君又首膺其选,由徒步入翰林。于是海内之士知向学于惠君则读其书,于君与戴君则亲闻其绪论,向之空谈性命及从事帖括者,始骎骎然趋实学矣。"② 此以"空谈性命及从事帖括者"与实学相对而言也。又钱大昕任紫阳书院院长后,"与诸生谭经史性命之旨,切谕以浮慕虚名无补实学,由是士之驰逐声华者渐变气质"。③ 此又以"浮慕虚名"与实学相对也。即当时考据学家提倡学术风气,评价学者标准,亦以实学为归,如钱大昕倡"通儒之学,必自实事求是始"。④ 卢文弨评价戴震之学"精诣深造,以求至是之归"。⑤ 洪亮吉称邵晋涵治学"尤能推求本

---

① [清]永瑢等纂:《四库全书总目》卷16经部·诗类二《毛诗稽古编》,上册,第132页。
② [清]洪亮吉撰,刘德权点校:《卷施阁文甲集》卷9《邵学士家传》,第1册,第192页。
③ 钱东壁、钱东塾撰:《竹汀府君行述》,江苏古籍出版社1998年版《嘉定钱大昕全集》本,第1册,第10页。
④ [清]钱大昕撰,吕友仁点校:《潜研堂文集》卷25《卢氏〈群书拾补〉序》,上海古籍出版社1989年版,第421页。
⑤ [清]卢文弨著,王文锦点校:《抱经堂文集》卷6《〈戴氏遗书〉序》,中华书局1990年版,第75页。

原，实事求是"①，阮元自称其治学也是"推明古训，实事求是"。②此等皆是也。倡明清实学思潮者，以治汉学攻考据者为不足取，然观治考据诸人之语，实学一词几乎为口头禅也。彼则为实学思潮，实体达用；此则为琐碎务虚，无补于国。倘起乾嘉诸老于地下，其能甘心颔首而受之乎？

---

① ［清］洪亮吉:《卷施阁文甲集》卷9《邵学士家传》，第1册，第192页。
② ［清］阮元撰，邓经元点校:《〈揅经室集〉自序》，中华书局1993年版《揅经室集》本，上册，第1页。

二 经学

儒家五经之学，为中国古代学术研究之核心。经学一词，当有广义、狭义之分。狭义之经学，专指儒家通过对诸经之训诂、考据与阐释，以求得圣人之微言大义，自汉至清学者所言经学，多指此而言。广义之经学，则诚如日本学者本田成之云："所谓经学，乃是在宗教、哲学、政治学、道德学的基础上加以文学的、艺术的要素，以规定天下国家或者个人的理想或目的的广义的人生教育学。"① 近代以来，多指此义，则几至无所不包矣。徐复观以为，若就经学而论，经学之精神、意义、规模，虽至孔子已奠其基，但经学之所以为经学，亦必具备一种由组织而具体化之形式。此形式至荀子而始挈其要，至秦方完成。

窃以为，经学流派，可大别之为汉、宋二派，一主训诂，一主义理。然窃以为，主训诂者，或偏于徵实；主义理者，又过求妙悟。二者乃一车之双轮，若取一舍一，或偏重一侧，皆不能周至大道也。

又汉儒以为《五经》皆经孔子整理，或以为孔子编定，乃铁板一

---

① ［日］本田成之著，孙俍工译：《中国经学史》第一章《经学的起源》，上海书店2001年版，第2页。

块；而自宋以降，又以《十三经》为一家之学，诸经既各自为学，又互相疏通证明，此即经学耳。又治《诗经》不废大、小序，以《关雎》为文王、后妃之德；治《春秋》、《左传》讲求"微言大义"，尊信春秋笔法，此经学也。若专求以"五七言之法"以解《诗》，以"断烂朝报"而视《春秋》，用近世治学之法治经学，实则去经学愈远而所治愈棼矣。

三　汉学与宋学

"汉学"一词，相对"宋学"而言。清儒以所治之学标举"汉学"，始于惠栋，后人将清代考据学称为"汉学"，亦此惠栋始。故方东树称："顾、黄诸君，虽崇尚实学，尚未专标汉帜。专标汉帜，则自惠氏始。"[①] 清中叶考据学家之所以力主汉学，盖有四因：其一，汉儒去古未远，所得多七十子大义；宋儒去古已远，所得非孔门之真义。其二，汉儒重视训诂，重师承，明源流；宋儒鄙弃故训，无师法，少本根。其三，汉儒治学实事求是，讲求证佐；宋儒治学空衍虚理，多凭胸臆。其四，汉代经学直接孔、孟，最为纯正；宋儒则援释、道入儒，经学淆杂衰微。故清儒弃宋宗汉，然对于"汉学"一词之释，当时诸家即多不同。如顾广圻曰："汉学者，正心诚意而读书者是也；宋学者，正心诚意而往往不读书者是也；俗学者，不正心诚意，而尚读书者是也。是故汉人未尝无俗学，宋人未尝无汉学也。论学之分，不出斯三途而已矣。"[②] 此从治学态度论汉学、宋学与俗学之区别也。又

---

① ［清］方东树纂，漆永祥汇校：《汉学商兑》卷上，北京联合出版公司2017年版，第35页。
② ［清］顾广圻：《思适斋集》卷13《壤室读书图序》，《续修四库全书》本，集部第1491册，第105页。

方东树《仪卫轩文集》卷1《辨道论》曰："以六经为宗，以章句为本，以训诂为主，以博辨为门，以同异为攻，不概于道，不协于理，不顾其所安，鹜名干泽，若飘风之还而不悟，亦辟乎佛，亦攻乎陆王，而尤异端寇雠乎程朱，今时之弊盖有在于是者，名曰'考证汉学'。"方东树尊崇宋学，攻汉学最力，故如此言。又旧题江藩所纂之《经解入门》曰："何谓汉学？许、郑诸儒之学是也。汉儒释经皆有家法，如郑之笺《诗》，则宗毛为主；许氏著《说文解字》，则博采通人。至于小大，信而有证，即其中今人所视为极迂且曲之义，亦必确有所受，不同臆造。"①又刘师培曰："古无汉学之名，汉学之名始于近代，或以'笃信好古'该汉学之范围。然治汉学者，未必尽用汉儒之说；即用汉儒之说，亦未必用以治汉儒所治之书。是则所谓汉学者，不过用汉儒之训诂以说经，及用汉儒注书之条例以治群书耳。"②此说较近清儒之义。又张尔田为王欣夫辑《松崖读书记》所撰之序曰："有考据学，有汉学：正音读，通训诂，考制度，辨名物，此考据学也；守师说，明家法，实事求是以蕲契夫先圣之微言，七十子后学之大义，此汉学也。"③张氏以考据学与汉学分而论之，或有可商。然其论汉学之义，则至为精当，最能合乎清儒之原意。汉学之最终目的为"契夫先圣之

---

① 旧题江藩撰，方国瑜点校：《经解入门》卷3"汉宋门户异同"第十五，天津古籍出版社1990年版，第73页。
② 刘师培：《近代汉学变迁论》，《刘师培论学论政》，复旦大学出版社1990年版，第133页。
③ 王欣夫撰，鲍正鹄、徐鹏整理：《蛾术轩箧存善本书录·甲辰稿》卷3《松崖读书记》，上海古籍出版社2002年版，下册，第1317页。

三　汉学与宋学

微言，七十子后学之大义"，然孔圣与七十子皆往矣，而所传"微言大义"皆存乎于《五经》中，汉代经学，离七十子为近，故考辨恢复汉儒之经学，即离圣人之真意不远，此清儒之所以矻矻治学而标举汉帜之原委矣。

四　师承与家法

阮元《汉学师承记序》论江藩书曰："读此可知汉世儒林家法之承授，国朝学者经学之渊源，大义微言，不乖不绝，而二氏之说，亦不攻自破矣。"[1]案阮氏此既述清代汉学之特徵，亦明江氏以《汉学师承记》命书之深意。乾嘉学者以为汉儒去古未远，所传多七十子之微言大义；汉儒师法相承，学有本根；汉儒精于小学，其所见多古字古音；汉儒经学，无释道之学影响，最为纯正。故清儒之学，绍承汉儒，极重师法。所谓师法者，言师弟相授之法也。《荀子·修身》："不是师法而好自用，譬之是犹以盲辨色，以聋辨声也，舍乱妄无为也。"汉儒多言师法。《汉书·魏相传》："相明易经，有师法。"[2]《李寻传》："治《尚书》，与张孺、郑宽中同师。宽中等守师法教授，寻独好《洪范》灾异，又学天文月令阴阳。"[3]又《张禹传》："禹经学精习，有师法，可试事。"[4]又《后汉书·卓茂传》："学于长安，事博士江生，习

---

[1] ［清］江藩纂，漆永祥笺释：《汉学师承记笺释》阮元《汉学师承记序》，上海古籍出版社2006年版，上册，第1页。
[2] 《汉书》卷74《魏相传》，中华书局1996年重印点校本，第10册，第3137页。
[3] 《汉书》卷75《李寻传》，第10册，第3179页。
[4] 《汉书》卷81《张禹传》，第10册，第3347页。

四 师承与家法

《诗》、《礼》及历算，究极师法，称为通儒。"①故皮锡瑞称"汉人最重师法。师之所传，弟之所授，一字毋敢出入；背师说即不用。师法之严如此"。②清儒重师法，始自惠栋。惠氏曰："汉人通经有家法，故有五经师训诂之学，皆师所口授，其后乃著竹帛。所以汉经师之说立于学官，与经并行。五经出于屋壁，多古字古言，非经师不能辨。经之义存乎训，识字审音，乃知其义。是古训不可改也，经师不可废也。"③又王鸣盛曰："汉人说经重师法……又称家法，谓守其一家之法也。……前汉多言师法，而后汉多言家法，不改师法，则能修家法矣。"④又阮元曰："夫汉人治经，首重家法，家法亦称师法。前汉多言师法，后汉多言家法。至唐，承江左义疏，惟《易》、《书》、《左氏》为后起者所夺，其余家法未尝亡也。自有破樊篱者，而家法亡矣。"⑤因之，重师法，明源流，遂为汉学家不同理学家之重要特徵矣。

---

① 《后汉书》卷25《卓茂传》，中华书局1996年重印点校本，第4册，第869页。
② [清]皮锡瑞著，周予同注释：《经学历史》三《经学昌明时代》，中华书局1963年版，第77页。
③ [清]惠栋：《九经古义·述首》，中华书局缩印《丛书集成初编》本，第254册，第1页。
④ [清]王鸣盛：《十七史商榷》卷27"师法"条，《续修四库全书》本，第452册，第322—323页。
⑤ [清]阮元撰，邓经元点校：《揅经室二集》卷7《王西庄先生全集序》，上册，第546页。

五　务为其难与务求其是

阮元《汉学师承记序》："我朝儒学笃实，务为其难，务求其是，是以通儒硕学，有束发研经，白首而不能究者，岂如朝立一旨，暮即成宗者哉！"①案此谓清代学者治学之手段与学风也。"务为其难"者，谓训诂考据之学也；"务求其是"者，谓实事求是之风气也。乾嘉学者治学，力主从文字音韵入手，如惠栋称："识字审音，乃知其义。"②戴震曰："自昔儒者，其结发从事，必先小学。"③钱大昕曰："六经皆载于文字者也，非声音则经之义不正，非训诂则经之义不明。"④王鸣盛更以小学为治经之根本，称"无小学自然无经学"。⑤又段玉裁云：

---

① ［清］江藩纂，漆永祥笺释：《汉学师承记笺释》阮元《汉学师承记序》，上册，第1页。
② ［清］惠栋：《九经古义·述首》，中华书局缩印《丛书集成初编》本，第254册，第1页。
③ ［清］戴震：《戴东原集》卷3《六书论序》，黄山书社1995年版《戴震全书》本，第6册，第294页。
④ ［清］钱大昕：《潜研堂文集》卷24《小学考序》，第394页。
⑤ ［清］王鸣盛：《蛾术编》卷1《说录一·史汉叙列五经行次多误皆传写刻镂之讹》，《续修四库全书》本，第1150册，第28页。

五 务为其难与务求其是

"治经莫重乎得义,得义莫切于得音。"① 王念孙称:"训诂之旨,本于声音。"② 阮元云:"圣贤之言,不但深远者非训诂不明,即浅近者亦非训诂不明也。"③ 又案汉代河间献王刘德"修学好古,实事求是"。师古注:"务得事实,每求真是也。"④ 乾嘉时学者远承汉学,并将训诂考据之实与空衍义理之虚相区别,求实黜虚,力主实学。如凌廷堪比较实事与虚理云:"昔河间献王'实事求是'。夫实事在前,吾所谓是者,人不能强辞而非之,吾所谓非者,人不能强辞而是之也,如六书、九数及典章制度之学是也;虚理在前,吾所谓是者,人既可别持一说以为非,吾所谓非者,人亦可别持一说以为是也,如理义之学是也。"⑤ 同时阮元也有相类似的论述,其曰:"汉书云:'修学好古,实事求是。'后儒之自遁于虚而争是非于不可究诘之境也,河间献王竟逆料而知之乎!我朝儒者,束身修行,好古敏求,不立门户,不涉二氏,似有合于'实事求是'之教。"⑥ 故实事求是,遂为乾嘉考据学又一特徵焉。

---

① 段玉裁:《广雅疏证序》,中华书局1983年影印王念孙《广雅疏证》本,第1页。
② 王念孙:《广雅疏证自序》,中华书局1983年影印本,第2页。
③ [清]阮元撰,邓经元点校:《揅经室一集》卷2《论语一贯说》,上册,第53页。
④ 《汉书》卷53《河间献王传》,第8册,第2410页。
⑤ [清]凌廷堪著,王文锦点校:《校礼堂文集》卷35《戴东原先生事略状》,中华书局1998年版,第317页。
⑥ [清]阮元撰,邓经元点校:《揅经室三集》卷5《惜阴日记序》,下册,第687—688页。

六 《十三经》皆有传

案《十三经》中,《十翼》为《易经》之传,《三传》为《春秋》之传,大、小《戴记》为《士礼》之传,人皆知之。而清冯景《解春集文钞》引阎若璩之说,谓:"先生言《十三经》,经皆有传,传即在经之中。如《十翼》传《易》,《三传》传《春秋》,皆不待言。《尔雅》,《书》、《诗》传也;《戴记》,《仪礼》传也,《仪礼》又自有《子夏》、《丧服传》;《孟子》即谓《论语》之传可也;《孝经》内有经有传;其无传者,独《周官》耳。景案:金仁山氏曰:《周官》一篇,《周礼》之经也;《周礼》,其犹《周官》之传与?由是观之,《周礼》非经也,传也,恨今文《周官》不存,为古文所淆耳。"①若如此,则《十三经》除却《尔雅》外,皆各各有传,其说虽涉勉强,然亦颇有理耳。

---

① [清]冯景:《解春集文钞》卷8《淮南子洪保·与阎徵君论〈疏证〉第五卷杂书》,中华书局1991年版《丛书集成初编》本,第2491册,第120页。

七 《十三经》义疏繁冗生厌

清初学者臧琳《经义杂记》卷——"义疏句繁"条曰:"唐人九经义疏,学者不可不读,但其文复沓,有一二言义已明了者,加之数十百言,意反晦塞。"臧氏举《礼记·乐记》"《大章》,章之也;《咸池》,备矣"句,孔氏《正义》原文为一百六十一字,其曰:

> 此黄帝所作《咸池》之乐,至尧之时更增改修治而用之,《周礼·大司乐》谓之《大咸》。《咸池》虽黄帝之乐,若尧既增修而用之者,则世本名《咸池》是也。故此文次在《大章》之下矣。又《周礼》云:"《咸池》以祭地。"黄帝之乐尧不增修者,则别立其名,则此《大章》是也。其《咸池》虽黄帝之乐尧增修者,至周谓之《大咸》;其在黄帝之乐尧不增修《大章》者,至周谓之《大卷》。于周之世,其黄帝乐尧不增修谓之《大卷》者,更加以《云门》之号。是《云门》、《大卷》,一也。

《正义》所解,颠来倒去,使人昏昏,经臧氏删繁后之文如下:

黄帝作《咸池》，尧增修而用之，《周礼·大司乐》谓之《大咸》。《咸池》虽黄帝乐，尧既增修，故此文次在《大章》下矣。又黄帝之乐尧不增修者，别立其名，则此《大章》是也。至周谓之《大卷》，更加以《云门》之号。是《云门》、《大卷》，一也。

臧氏所删，既不增改一字，又连贯明晰，不失原义，才仅八十二字，适为原文之半。可见，疏文之冗繁复沓，委实惊人，读之生厌，无怪乎清儒自惠栋始，抛却旧疏，而另为新疏矣。

八　段玉裁"二十一经"说

段玉裁氏以为，儒家经典，《十三经》尚不完备，当扩之为二十一经。段氏《经韵楼集》卷九《十经斋记》曰："愚谓当广之为二十一经，《礼》益以《大戴记》；《春秋》益以《国语》、《史记》、《汉书》、《资治通鉴》；《周礼》六艺之书数，《尔雅》未足当之也，取《说文解字》、《九章算经》、《周髀算经》以益之。庶学者诵习，佩服既久，于训诂、名物、制度之昭显，民情、物理之隐微，无不了然，无道学之名而有其实。"案段氏此说，前人所无，与其为经学争天下，反不若曰为小学争天下。更可议者，倘段说成立，则玉裁氏即不仅仅为小学家，乃经学家中之翘楚，此可知段氏实为自家争地位耳。

九　焦循"经学"一家说

清代学者称其学为朴学、考据学、考证学、考核学、小学、汉学、名物典制之学等，惟焦循主张举世惟有"经学"，自周秦以来皆然，竭力反对以"考据"名其所学。其曰：

> 经学者，以经文为主，以百家子史、天文术算、阴阳五行、六书七音等为之辅，汇而通之，析而辨之，求其训故，核其制度，明其道义，得圣贤立言之指，以正立身经世之法，以己之性灵合诸古圣人之性灵，并贯通于千百家著书立言者之性灵，以精汲精，非天下之至精，孰克以与此！不能得其精，窃其皮毛，敷为藻丽，则词章诗赋之学也。①

此显见焦氏对词章之学的轻视，其论经学包罗甚广，而次第亦由考据而上求义理。焦氏又以当时学经者之著述，分为五派，其曰："今学经者众矣，而著书之派有五：一曰通核，二曰据守，三曰校雠，四

---

① ［清］焦循著，刘建臻点校：《雕菰集》卷13《与孙渊如观察论著作考据书》，广陵书社2009年版，上册，第246页。

九　焦循"经学"一家说

曰攟拾,五曰丛缀。"① 大致而言,通核是指主以全经,贯以百氏,并且揆其文辞义理,下以己意;据守指拘守旧说,一字而不敢议,唯古是从;校雠指校勘之学;攟拾指辑佚之学;丛缀指考订之学。五者之中,以通核为尚,但亦各有利弊,五者兼之则相济,或具其一而外其余,则患其见之不广也。

---

① ［清］焦循著,刘建臻点校:《雕菰集》卷8《辨学》,上册,第139页。

一〇 阮元《皇清经解》之初衷与后来成书有别

阮元《汉学师承记序》曰:"元又尝思国朝诸儒说经之书甚多,以及文集、说部,皆有可采,窃欲析缕分条,加以翦截,引系于群经各章句之下。譬如休宁戴氏解《尚书》'光被四表'为'横被',则系之《尧典》;宝应刘氏解《论语》'哀而不伤',即《诗》'惟以不永伤'之'伤',则系之《论语·八佾篇》,而互见《周南》。如此勒成一书,名曰《大清经解》。徒以学力日荒,政事无暇,而能总此事,审是非,定去取者,海内学友惟江君与顾君千里二三人。他年各家所著之书,或不尽传,奥义单辞,沦替可惜,若之何哉!"①案此阮氏有意主编《大清经解》之初衷也,其时选中江藩与顾广圻者,则以二人既为惠门再传弟子,学养醇厚,尤精目录、版本、校勘诸学,且二人皆不嗜声华、默然治学者。惜阮氏政务繁重,未能即时编纂。今流传之《皇清经解》,为阮氏任两广总督期间在广州主纂,后移任云贵总督,其事遂由其学海堂弟子严杰主持,道光九年由广东督粮道夏修恕刊成,因其书版藏学海堂,故亦称《学海堂经解》,计1412卷,收录自清初顾炎

---

① [清]江藩纂,漆永祥笺释:《汉学师承记笺释》,上册,第6页。

一〇　阮元《皇清经解》之初衷与后来成书有别

武以降至当时阮元、阮福、严杰等73人经学著述180余种。咸丰、同治间，又续增冯登府书2种、许鸿磐1种。然全书实以撰者先后为次序，不以经书为次序也。察其原由，则因以人为次，易于成书；若以书为次，将诸家之说"引系于群经各章句之下"，则披沙拣金，成书为难也。然正如阮氏所论，以人为次，则未有成书，却多片言精义者，"或不尽传，奥义单辞，沦替可惜"，至今日亦可发一慨焉。

一一 《周礼》难致太平

《周礼》一书，乃西汉时河间献王献于朝廷者，为古文经，当时礼家均未之见。及刘向父子校书，始著于录，王莽时立于学官，然当时今文学者疑信不定，后世亦然。信之者以为建国救世之典范，如郑玄以其书乃周公致太平之迹。王莽立《周官》博士，又仿其制建立国家机构。北宋时，王安石为推行改革，著《周官新义》，其制亦多仿《周礼》。至清季孙诒让著《周礼政要》，仍以其为兴邦济世之大法，并希冀行周公之制，以挽清廷于将亡焉。

然自汉以来，攻毁《周礼》者，亦复不少。唐贾公彦《序周礼废兴》引马融《周官传序》曰："至孝成皇帝，达才通人刘向、子歆，校理秘书，始得列序著于录略。……时众儒并出，共排以为非是。"又《序周礼废兴》曰："林孝存以为武帝知《周官》末世渎乱不验之书，故作《十论》《七难》以排弃之。何休亦以为六国阴谋之书。惟有郑玄遍览群经，知《周礼》者，乃周公致太平之迹，故能答林硕之论难，使《周礼》义得条通。"后世学者以新莽、安石为借口，攻驳《周礼》更甚焉。如欧阳修《问进士策》谓："《周礼》其最后出……汉武以为'渎乱不验之书'，何休亦云'六国阴谋之说'。……六官之属，略见于经者五万余人，而里闾县都之长、军师卒伍之徒不与焉。……其

——《周礼》难致太平

人耕而赋乎？如其不耕而赋，则何以给之。"又苏轼《天子六军之制》称："《周礼》之言田赋、夫家车徒之数，圣王之制也。其言五等之君，封国之大小，非圣人之制也，战国所增之文也。"此皆反对安石新法，故有如此之说。至清，学者仍持此说。如顾炎武《仪礼郑注句读序》谓："自熙宁中，王安石变乱旧制，始罢《仪礼》，不立学官，而此经遂废，此新法之为经害者一也。""变乱旧制"者，即借《周礼》以行新法之谓也。又清龚炜《巢林笔谈》亦谓"读《仪礼》，疑仪节太碎；读《周礼》，疑设官太冗"焉。①

又《四库总目》论王安石《周官新义》曰："安石以《周礼》乱宋，学者类能言之。然《周礼》之不可行于后世，微特人人知之，安石亦未尝不知也。安石之意，本以宋当积弱之后，而欲济之以富强，又惧富强之说，必为儒者所排击，于是附会经义，以钳儒者之口，实非真信《周礼》为可行，其后用之不得其人，行之不得其道，百弊丛生，而宋以大坏，其弊亦非真缘《周礼》以致误。"此说似较诸家为圆融通达。又《总目》职官类存目有明魏校《官职会通》二卷，是书以明之六部，配周之六官，其所属官，因以比附，为未成之稿，每述一官，必曰今欲正某官之职云云。《总目》谓其说："言之则成理，行之则必窒。自汉以来，未有以《周礼》致太平者也。"②又乔松年谓："汉人以经断狱，传为美谈，实不可为训。大抵出于两途，迂儒不达人情，不

---

① ［清］龚炜撰，钱炳寰点校：《巢林笔谈》卷1"读礼"条，中华书局1981年版，第3页。
② ［清］纪昀等纂：《钦定四库全书总目》卷80《官职会通》，中华书局1997年版，上册，第1068页。

明事理，但执半言单词以为断，由于拘固；恰人逢迎世主，巧于比附，借经语为舞文之具者，托于谲诡，两者之心术不同，而无当于经义则一。"①以上诸说皆是矣，复《周礼》，建官制；行井田，开阡陌。即黄孺小儿亦知其不可，欲复《周礼》以致太平，正所谓缘木而求鱼者也。

---

① 乔松年：《萝藦亭札记》卷7，《续修四库全书》据湖北省图书馆藏清同治刻本影印本，第1159册，第168页。

一二　汉儒"以经术饰吏事"非事实

《汉书》谓："江都相董仲舒、内史公孙弘、兒宽，居官可纪。三人皆儒者，通于世务，明习文法，以经术润饰吏事，天子器之。"① 此后，"以经述饰吏事"即为历代学者之终极理想。清初，阎若璩即盛赞汉儒"以《禹贡》行河，以《洪范》察变，以《春秋》断狱，或以之出使，以《甫刑》校律令条法，以《三百篇》当谏书，以《周官》致太平，以《礼》为服制，以兴太平，斯真可谓之经术矣"。此谓西汉平当、刘向、董仲舒、王式诸人之事。乾隆时，惠栋《九曜斋笔记》卷一"经术饰吏事"条，在复述阎氏之语后，亦称汉儒"皆可为后世法"。嘉道时期，龚自珍、魏源、皮锡瑞诸家，更将汉儒之通经致用绝对化、理想化。如皮锡瑞论西汉以经术治国，"当时儒者尊信六经之学可以治世，孔子之道可为弘亮洪业、赞扬迪哲之用。朝廷议礼、议政，无不引经；公卿大夫士吏，无不通一艺以上。虽汉家制度，王霸杂用，未能尽行孔教，而通经致用，人才已为后世之所莫逮。盖孔子之以六经教万世者，稍用其学，而效已著明若是矣"。②

---

① 《汉书》卷89《循吏列传序》，中华书局1999年版，第11册，第3623—3624页。
② ［清］皮锡瑞著，周予同注释：《经史历史》一《经学开辟时代》，中华书局1963年版，第26页。

清学札记

又孙诒让《周礼政要序》称:"中国开化四千年,而文明之盛莫尚于周。故《周礼》一经,政治之精辟,与今泰西诸国所以致富强者若合符节,然则华盛顿、拿破仑、卢梭、斯密亚当之伦所经营而讲贯,今人所指为西政之最新者,吾二千年之旧政已发其端。"而康有为鼓吹《公羊》学之"三世说"及"孔子托古改制",构拟古今杂糅之大同世界,如其《礼运注序》论此书为孔子之微言真传,"万国之天上宝典,而天下群生起死神方"。此皆两千年儒家学者"乌托邦"思想之继承与发展。然亦有持异见者,乔松年以为:"汉人以经断狱,传为美谈,实不可为训。大抵出于两途:迂儒不达人情,不明事理,但执半言单词以为断,由于拘固;憸人逢迎世主,巧于比附,借经语为舞文之具者,托于谲诡。两者之心术不同,而无当于经义则一。"① 此论虽失之过,然颇有理。而王先谦《汉书补注》、章炳麟《检讨》诸书,亦驳"通经致用"之说为无据。至于"《周礼》致太平",《四库总目》等驳之甚详,具见前条,此不赘述焉。

---

① [清]乔松年:《萝藦亭札记》卷7,上海古籍出版社2006年版《续修四库全书》本,第1159册,第168页。

一三　汉代诸帝与儒术之效

前汉诸帝，高祖以泗上亭长起家，其人本出无赖，好酒及色，了不知书，犹不喜儒生。孝惠在位日短，吕后亦无更革。殆及文、景，黄老兴盛，二帝又恭自节俭，无为而治，"移风易俗，黎民醇厚"[1]。武帝亲政，遂用董仲舒、桑弘羊辈，大兴儒学，功罪参半焉。然其时儒术，亦非后世所谓大一统者也。昭、宣二帝，创制亦鲜，唯师其意而已。汉元为太子，尝侍宴，从容谓宣帝曰："陛下持刑太深，宜用儒生。"帝作色曰："汉家自有制度，本以霸王道杂之，奈何纯任德教，用周政乎！且俗儒不达时宜，好是古非今，使人眩于名实，不知所守，何足委任。"乃叹曰："乱我家者，太子也！"[2]此可见彼时绝非儒化之天下，而汉元之嗣位，亦几几乎不保焉。至元帝即位，多才艺，善史书，"徵用儒生，委之以政"，"而上下牵制文义，优游不断，孝宣之业衰焉"[3]。此虽班史有意著语以应宣帝之言，然亦明元帝好儒之失也。

西汉至成、哀间，政从他出，朝纲已乱，甚无可述者。西汉诸帝，

---

[1]《汉书》卷5《景帝纪》，中华书局1999年版，第1册，第153页。
[2]《汉书》卷9《元帝纪》，中华书局1999年版，第1册，第277页。
[3]《汉书》卷9《元帝纪》，中华书局1999年版，第1册，第298—299页。

于学问书籍之事，皆平平也。孝宣虽有石渠之会，然经术亦非其长。光武幼时耕植，"王莽天凤中，乃之长安，受《尚书》，略通大义"①。较其父祖，为粗通经书，然终西、东汉诸帝，深于儒术者，盖未之有也。

又清赵翼《廿二史札记》卷二有"汉诏多惧词"，言汉帝遇水旱风雷、星陨地震，莫不下罪己之诏，谓诏书"虽皆出自忠良，继体守文之君，不能有高、武英气，然皆小心谨畏，故多蒙业而安。西汉之衰，但有庸主而无暴君，亦家风使然也"。赵氏所列，尚为西汉诸帝诏书，及光武诏言"上书者不得言圣"，则视己为渺矣。皮锡瑞《经学历史》以为："其时人主方崇经术，重儒臣，故遇日食地震，必下诏罪己，或责免三公。虽未必能如周宣之遇灾而惧，侧身修行，尚有君臣立儆遗意。此亦汉时实行孔教之一证。"此言孔教治国之效，清儒又屡言汉人以经术治世，文质彬彬，天下太平，盛世光景，言之凿凿，宛似昨日焉。

案经术之不能治国，《周礼》难治太平，《禹贡》不可治河，世人亦言之多矣。儒者之好为大言，食古不化，又"牵制文义，优游不断"，自古而然。汉诏多惧词，赵氏以为家风如此，皮氏以为儒学之效。以愚之见，一则虽经蛮秦一统，然当时高祖初立，诸臣拔剑击柱，争功而不相能，叔孙通创立仪制，高祖方知帝王之威重，然君主权威，尚未擎天而揩地也；二则当时天人感应、阴阳灾异及谶纬之说，大行其道，故遇天灾人祸，辄下罪己之诏，祈福禳祸，如履薄冰，多存罪己宽人之心。所谓儒术浸染，而经术治国者，乃想当然耳。唐、宋之

---

① 《后汉书》卷1《光武帝纪》，中华书局1965年版，第1册，第1页。

一三　汉代诸帝与儒术之效

君,尚存惕惧之心。至明清两代,洪武之撤孟子于陪侍,乾隆之蓄群臣如狗彘。帝王之位,如日中天;臣子之身,不若草芥。遂一人在上,乾纲独览,藐视天下,无所不为,无所畏惧,登其峰而造其极矣。

一四　学案体不始于黄宗羲

近代以来，学界多以为江藩受黄宗羲《明儒学案》之影响，纂成《汉学师承记》，故此书当为学案体史著。故许啸天整理、胡翼云校订之民国十七年上海群学社排印本《汉学师承记》，遂径改名为《清儒学案》；又民国二十五年上海世界书局排印本《汉学师承记》，则与《宋元学案》、《明儒学案》、《清儒学案小识》合编，称《四朝学案》。然就学案体之体裁而言，当具备如下形式：其一，每一学案前均有小序，扼要综论该派之源流与宗旨；其二，学者小传，对其生平经历、著述、思想及承传做叙述；其三，对学者本人著述节录或语录选辑。因此学案体由三部分组成：概述性小序、学者小传与学者著作之摘录。由此可以明晰，《汉学师承记》与学案体截然不同，其书仍为传统正史《儒林传》类史书，而非学案体史著也。

又梁任公谓学案体始于黄宗羲《明儒学案》，然刘声木曰："明刘□□□□□元卿撰《诸儒学案》八卷，书中辑周子、二程子、张子、邵子、谢良佐、杨时、罗从彦、李侗、朱子、陆九渊、杨简、金履祥、许谦、薛瑄、胡居仁、陈献章、罗钦顺、王守仁、王艮、邹守益、王畿、欧阳德、罗洪先、胡直、罗汝芳、耿定向等廿七家语录，可称历代学史，较之黄太冲仅录有明一代者，立意较广。元卿为耿定向弟子，约

一四 学案体不始于黄宗羲

在明□□年间，适在黄太冲以前。是创立学史，应推刘元卿为创始，梁氏仅以黄太冲为首，殊为未确。"① 若此说不谬，则学案体之权舆，非自黄宗羲也。然自《明儒学案》出，仿之者蜂起，故论立例之精，影响之大，仍当归诸黄氏也。

---

① ［清］刘声木撰，刘笃龄点校：《苌楚斋随笔》卷5"学案始于明中叶"条，中华书局1998年版，上册，第107页。

一五　文集编次之难

编次文集，盛于宋时，唐贤之集，多为宋人搜辑编定者。明清以来，但为文人，莫不有集焉。明叶盛曰："古人制作，名集编次，多出于己，各有深意存焉。或身后出于门生故吏、子孙学者，亦莫不然。周必大所识《欧阳文忠公集》，亦可见已。今人不知此，动辄妄意并辏编类前人文集。"[①] 叶氏之说是矣，然文集之编，作者生前手定者并不多见，而子孙后裔、门生故吏与私淑艾者所辑，则莫不捃拾搜罗，以多为贵，遂使作者生前弃置之篇，重为拉杂增入，反类蛇足焉。故清人陆以湉曰："学者编先正文集，往往搜罗散佚，以多为贵。然或不知简择，并存其酬应世故不甚经意之作，致贻后世口实。则意虽在表扬，适以累之。"[②] 陆氏又曰："程篁墩词章负盛名，求其文者，多门下士代笔，殁后刊集，大半赝入，瑕瑜互见。吕新吾学业醇笃，其集为后人所编，俳谐笔墨，无不

---

① ［明］叶盛撰，魏中平点校：《水东日记》卷2"编次文集"条，中华书局1980年版，第18页。
② ［清］陆以湉撰，崔凡芝点校：《冷庐杂识》卷7"西山文集"条，中华书局1984年版，第407页。

一五　文集编次之难

具载,为全书累。知文人著述,必当及身自定也。"① 又刘声木曰:"陆邵文徵君耀遹撰《画墁賸稿》八卷,本属居幕府时代府主之作,徵君在日,戒后人勿刊。光绪四年三月,其第五孙彦顾刺史佑勤任兴国州知州时,惧其久而散佚,又以徵君有遗言,弗能决。杜仲丹孝廉贵墀适居州幕,力劝之刊行,非徵君意也。徵君代人之作,不欲以己尸其名,尚存古人让善之遗意。"② 案清代高官,幕中多蓄学者,故此类代笔之作,其集中往往有之,如卢见曾《雅雨堂文集》中之序跋,泰半出惠栋、顾栋高诸人之手,或有一篇之文,三人集中皆见者焉。

又文集之卷帙篇目排次,亦多凌乱无序者。如陈康祺论王闿运之集曰:"康祺读其文集,茂密清隽,不背义法,亦自足以名家。惟未定稿目录,乃其手编,开卷《木犀酱赋》,乡邦土产,取冠全编,虽古人有行之者,究戾大雅。第二首《荡湖船》,第三首《叩头虫》两赋,纤佻窳浅,全无体裁,而集中《文澜阁赋》一篇,反不以之弁首,其编次殊为失伦。其志铭表状,亦多寻常应酬之作。甚矣,文章之难刻,编集之尤不易也。"③ 此为作者亲定手编,况复如是;子孙门生所纂,盖可知焉;而后人捃拾纂辑者,则更等而下之矣。

---

① [清]陆以湉撰,崔凡芝点校:《冷庐杂识》卷6"著述当自定"条,中华书局1984年版,第317页。
② [清]刘声木撰,刘笃龄点校:《苌楚斋随笔》卷3"陆耀遹画墁賸稿"条,中华书局1998年版,上册,第58页。
③ [清]陈康祺,晋石点校:《郎潜纪闻初笔》卷14"王芑孙文集编次失当"条,中华书局1984年版,上册,第301页。案今存王芑孙《惕甫未定稿》26卷,卷一分别为《木犀酱赋》、《荡湖船赋》、《吹洞箫赋》、《山塘种花人赋》、《叩头虫》、《文澜阁赋》与《种竹图赋》,则次序已有调整,然基本仍其旧次也。

33

一六　戴名世、郑燮、李调元、刘声木之论撰著之自序与他序

戴名世《上大宗伯韩慕庐先生书》云："布衣穷居之士，欲自刊刻其文，念无以取重于世，乃求序于王公大人，王公大人赐之序则欣欣然以之自多，不自多其文而多王公大人之序以为荣耀。夫文者必待王公大人而重，则是《孟子》七篇成而必请序于齐宣、梁惠，司马迁《史记》成而必请序于丞相公孙弘、大将军卫青也。且夫意气不足以孤行而后有所附丽，言语不足以行远而后思所以炫其名声。彼乞序于王公大人而欣欣然遂以之自多，不待观其文而已知其不足重矣。彼王公大人不能却其请之坚也，亦不知其文之工拙果何如，率尔命笔，不无过情之言，人之见之者，读未终篇辄已掩卷而去，而况于其所序之文乎。是则王公大人之序且不能自量，而又安能重士之文？此所以有志之士不求序于王公大人，凡所以自重其文，而王公大人之贤者亦不轻与人以序，亦所以自重其序也。"案戴氏言之凿凿，斥布衣穷士之求序于王公大人，然其上韩葵此书，恰为求韩氏为其古文集撰序，且言"知阁下之不与他人而一概谢绝之者，盖他人之所求者乃

一六 戴名世、郑燮、李调元、刘声木之论撰著之自序与他序

尚书之序,学士之序,而不肖之所求者,乃慕庐先生之序也"。①案戴氏可谓五十步笑百步,其所求者仍为尚书之序大宗伯之序学士之序也,倘韩氏亦为布衣,即名重海内,恐戴氏亦不求其撰序焉。此文之抑扬委曲之法,颇可为学文者所鉴耳。

又郑板桥《家书》前有题云:"板桥诗文,最不喜求人作叙,求之王公大人,既以借光为可耻;求之湖海名流,必至含讥带讪,遭其荼毒而无可如何,总不如不叙为得也。几篇家信,原算不得文章,有些子好处,大家看看,如无好处,糊窗糊壁,覆瓿覆盎而已,何以叙为?"此序作于乾隆己巳(1749年),板桥之序,磊磊落落,较戴氏高出天壤也。

无独有偶,李调元《童山文集》自弁云:"今之刻文集者,莫不请当代名人为序,盖欲人之誉己,不欲人之毁己,故借名人以传也。其实传不传不系乎人,而系乎己。己果可传欤,人虽欲毁之而不能也;己不能传欤,人虽欲誉之而不得也。余老矣,才华既退,学问亦荒,况杜门已久,亦不知何者为名人,干谒既在所禁,求谀亦觉报颜,譬如老牛谢犁,惟思卧嚼枯草,终老天年耳。安能与少年骐骥共争名于天壤间乎?且序者,所以序其事也,而田间并无所事;文者,所以扬其名也,而林下将焉用名。惟与候虫时鸟,每遇风日晴和,喳喳啧啧,所谓得一日鸣一日而已。故不如自序之为是也。"此序作于嘉庆四年(1799年),其言颇有见地者也。

---

① [清]戴名世撰,王树民编校:《戴名世集》卷1《上大宗伯韩慕庐先生书》,中华书局1986年版,第7—8页。

又刘声木以为,板桥之说:"可谓通论,实亦至论也。然撰述不求他人作序则可,若无自叙则不可。凡人自撰一书,其心思才力,必有专注独到之处,他人见之,未必遽识著书人苦心孤诣,必自作一序,详述授受源流,标明宗旨。……如是于著者、读者、选者,皆有裨益。"① 是则以为他序可有可无,而自序必不可无之也。

---

① [清]刘声木撰,刘笃龄点校:《苌楚斋随笔》卷1"论著书必自序序明原委"条,中华书局1998年版,上册,第3—4页。

一七 古人著述署名之谨慎与随意

今人著述,多题曰"撰"、曰"著",然古人著述之署名,经史子集,各有其称,绝不易易。以江藩著述为例,笔者经十余年访寻,搜辑目验江藩一生所著、所辑、所参编之书约35种,今存者有《周易述补》5卷、《尔雅小笺》3卷、《乐县考》2卷、《半毡斋题跋》二卷、《汉学师承记》8卷、《经师经义目录》1卷、《宋学渊源记》2卷《附记》1卷、《舟车闻见录》2卷《续集》1卷《续录三集》1卷、《端研记》1卷、《续南方草木状》1卷、《广南禽虫述》1卷附《兽述》、《乙丙集》2卷、《半月楼诗钞》3卷、《隶经文》4卷《续》1卷、《炳烛室杂文》1卷、《扁舟载酒词》1卷等,另参编有《嘉庆重修扬州府志》72卷、《道光广州通志》334卷、《道光肇庆府志》22卷,又为其师王昶编辑有《祖帐集》2卷、《赐枚集》2卷等。

然江藩于诸书署题,却每每不一。如《周易述补》作"门人江藩集注并疏",因其书为补惠栋《周易述》之未完稿也。又《隶经文》、《续隶经文》作"甘泉江藩著",此为其精选之说经之文,乃其颇为自信之专著,故如此题也。《汉学师承记》作"甘泉江藩纂"者,日本学者近藤光男《汉学师承记译注·解说》以为:"江藩署'纂'之实态,乃因《师承记》之构造为就已知之当时所见碑志传状与学者著述,详为检讨分析，再加之江藩一己之编纂方法而成。不仅如此，书中亦贯彻有吴郡惠氏质直中庸之'述而不作'之著述精神。"① 又如《宋学渊源记》作"甘泉江藩辑"者，因较《师承记》而言，江氏不甚重是书也。《乐县考》作"甘泉江藩学"者，律吕之学，号为难治，故江氏谦言之也。又如《乙丙集》作"甘泉江藩郑堂"，《伴月楼诗钞》作"凫山江藩郑堂"，《扁舟载酒词》作"竹西词客江藩"，则以诗词余事，依前人例署籍贯名号也。又《舟车闻见录》作"甘泉江藩著"，其杂著之书也。《续南方草木状》、《广南禽虫述》作"炳烛老人江藩著"，则为晚年在广南所著也。《赐杖集》作"门下士江藩敬录"、"门下士江藩敬编并填讳"，则为编辑其师王杰退里时与诸公唱和诗也。然则江氏每一书成，署题亦皆具深意焉，此可见古人著书，尊经重史，即题署亦不苟如此。近见今人董理之钱锺书先生《宋诗纪事补证》署"钱锺书纂"，有学者著文称署题有疑义，编者力辨其失，虽言之凿凿，然题"纂"终为非是也。

---

① ［清］江藩纂，［日］近藤光男译注：《汉学师承记译注·解说》，日本明治书院2001年版，上册，第39页。

一八　修志之难

一八　修志之难

　　汉唐方志，今存者鲜；即宋元方志，亦不多见；今所存者，明清方志为多也。然所载之事，则疑信参半焉。志书难修，历代史家多有论述，即清代如黄宗羲论修志之难曰："今以事而言之，亦有所甚难。杨升庵之《四川》、赵浚谷之《平凉》为最，其余不过苟且充赋。将操笔者之非其人耶？抑不名一手而取才猥杂耶？或以体格一定，无所见长而忽之耶？不然，则见闻固陋，所谓考索者，别是一家之学耶？更不然，则乡邦之恩怨是非，无人肯任之耶？嗟乎！盖皆有之矣。是故公志每不如私志，宋景濂之《浦阳人物记》，文章尔雅；程敏政之《新安文献志》，考核精详；其他如《襄阳耆旧》、《荆楚岁时》、《吴地》、《华阳》，不可枚举。以其无五者之累也。"案黄氏所言"五者之累"，即修他史亦莫不如斯，然以修志书为最；志书之中，又以褒贬难定，语多虚美为最。故黄氏又曰："志与史例，其不同者，史则美恶俱载，以示褒贬；志则存美而去恶，有褒而无贬。然其所去，是亦贬之之例也。"① 存之则为褒，去之则为贬；然即存者，亦与事实

---

① ［清］黄宗羲：《南雷诗文集上·再辞张郡侯修志书》，浙江古籍出版社2005年版《黄宗羲全集》（增订本），第10册，第164—165页。

违背乖谬焉。如黄氏曰:"以余观之,天下之书,最不可信者有二:郡县之志也,氏族之谱也。郡县之志,狐貉口中之姓氏,子孙必欲探而出之,始以贿赂,继之恫喝,董狐、南史之笔,岂忍弹雀。氏族之谱,无论高门悬簿,各有遗书,大抵子孙粗读书者为之。掇拾讹传,不知考究,抵牾正史,徒诒嗤笑。嗟乎!二者之不可取信如此。"①此可见子孙为褒美先人,无所不用其极矣。

又钱泳论志书难修曰:"郡县之有志,犹国之有史,家之有谱也。书因革之变,掌褒贬之权,发幽潜之光,垂久远之鉴,非志之不可。然志之有二难焉:非邑人则见闻不亲,采访不实,必至漏略;如邑人而志邑事,则又亲戚依倚,好恶纷沓,必至滥收。没其所有则不备,饰其所未则不实,此其所以难也。凡修府州县志,无论文章巨公、缙绅三老,总不可以涉手,以其易生丛谤也。盖修志与修史同一杼柚,作文难,评文易,吹毛求疵,文人恶习,试观诸史如《史记》、《汉书》,虽出马、班之手,尚不能无遗议,况他人邪!"②非邑人参编,则不能周悉史料;若邑人纂集,则易于虚美滥收。又王应奎以为,修志之难,最难于人物一门。其曰:"《汪尧峰集》载史兆斗之言,谓'修志所难者,人物耳'。余窃谓凡修志者,不当仅以前志为蓝本,须遍考名人文集,凡有前志所不载而见于集中者,悉当补入。然所谓名人者,又必视其品诣以为重轻。望溪方氏云:'高邑赵忠毅公,有明一代可数之君子也,同时官于畿辅,风节治行,见于公文,确乎有据者二十余

---

① [清]黄宗羲:《南雷诗文集上·淮安戴氏家谱序》,第10册,第71页。
② [清]钱泳撰,张伟点校:《履园丛话》卷23《杂记上·修志》,中华书局1997年版,下册,第608页。

一八 修志之难

人,而郡县志无一及焉。观其所不载,则其所载者,可尽信乎?'诚哉修志之难,难于人物也。"①

正因如此,翻阅方志,凡所表彰推阐之人物,皆文治可比周公,武功超愈岳飞,学问比肩孔孟,文章胜似韩柳,况自古及今,国人皆有重乡谊亲故土之情结,为乡贤立传,必模范后昆,遗美闾阎,流芳千古,始为得之。故志书中人物一门,最不可信也。黄宗羲又认为,人物之中最叵信者更有《列女传》。其曰:"顷余修志,郡邑各以事状来,虚词滥说,其于《列女传》尤盛。"黄氏复慨叹曰:"从来记传,得实者盖十之一二耳。"②诚哉!修志之难也。

---

① [清]王应奎撰,王彬等点校:《柳南续笔》卷4"修志所难"条,中华书局1983年版,第210页。
② [清]黄宗羲:《南雷诗文集下·南雷文钞·陈贤母传》,第11册,第33页。

一九　书成众手之弊

　　《四全书库总目》卷十史部正史类二《新唐书》条，论《新唐书》因书成众手，故讹误在在而有，又称："然一代史书，网罗浩博，门分类别，端绪纷拿。出一手则精力难固，出众手则体裁互异。爰从《三史》，以逮《八书》，抵牾参差，均所不免，不独此书然。"案《总目》所论是矣。书成众手，自古而然，即《五经》、《论》、《孟》何尝不如斯，至若《吕氏春秋》、《淮南子》之类则更著矣。然大规模设官修书，则始于唐代。《旧唐书·儒学上》论唐初编纂《五经正义》曰："太宗又以经籍去圣久远，文字多讹谬，诏前中书侍郎颜师古考定《五经》，颁于天下，命学者习焉。又以儒学多门，章句繁杂，诏国子祭酒孔颖达与诸儒撰定《五经义疏》，凡一百七十卷，名曰《五经正义》，令天下传习。"案据《新唐志》著录：《周易正义》十六卷（《旧唐志》为十四卷），国子祭酒孔颖达、颜师古、司马才章、王恭，太学博士马嘉运，太学助教赵乾叶、王谈、于志宁等奉诏撰，四门博士苏德融、赵弘智覆审。《尚书正义》二十卷，国子祭酒孔颖达、太学博士王德韶、四门助教李子云等奉诏撰，四门博士朱长才、苏德融、太学助教隋德素、四门助教王士雄、赵弘智覆审。太尉扬州都督长孙无忌、司空李绩、左仆射于志宁、右仆射张行成、吏部尚书侍中高季辅、吏部尚书

一九　书成众手之弊

褚遂良、中书令柳奭、弘文馆学士谷那律、刘伯庄、太学博士贾公彦、范义頵、齐威、太常博士柳士宣、孔志约、四门博士赵君赞、右内率府长史弘文馆直学士薛伯珍、国子助教史士弘、太学助教郑祖玄、周玄达、四门助教李玄植、王真儒与王德韶、隋德素等刊定。《毛诗正义》四十卷，孔颖达、王德韶、齐威等奉诏撰，赵乾叶、四门助教贾普曜、赵弘智等覆正。《礼记正义》七十卷，孔颖达、国子司业朱子奢、国子助教李善信、贾公彦、柳士宣、范义頵、魏王参军事张权等奉诏撰，周玄达、赵君赞、王士雄、赵弘智覆审。《春秋正义》三十六卷（《旧志》三十七卷），孔颖达、杨士勋、朱长才奉诏撰。马嘉运、王德韶、苏德融与隋德素覆审。然《五经正义》今多称孔颖达之名者，以其年高位重，故置诸众人之前耳。

自此以降，历代所编如《太平御览》、《永乐大典》、《古今图书集成》、《四库全书》等，莫不书成众手，亦莫不体裁互异，讹错多多。今人有电脑剪贴复制，下载钞撮，成书更易，所编之书，卷帙繁重，真所谓"以大地为架子，亦贮不下矣"。而主编者虽多为大家名流，然仅虚挂其名，具体纂辑者，则多为门生弟子或读书蔑裂者，故书籍愈多而讹错愈炽。昔时沈德符、顾炎武诸人斥明代监刻本为"灾木"，若今日之书，则更胜焉。

二〇 "一目十行"与"十目一行"

古人论读书之敏速与默记之惊人,多称"一目十行"、"一目五行"或"十行俱下"等。如《梁书·简文帝纪》"读书十行俱下"。《北齐书·河南康舒王孝瑜传》:"兼爱文学,读书敏速,十行俱下。"又《晋书·苻融载记》:"耳闻则诵,过目不忘。"又《辽史·杨遵勖传》:"天下之事,丛于枢府,簿书填委,遵勖一目五行俱下,判决如流。"又《元史·许有壬传》:"幼颖悟,读书一目五行。"

清人治学,严谨求实,析字释义,矻矻穷究。如时人形容阎若璩读书,不仅能得其"字面"之义,更能识得"字里"之精义;顾广圻谓读宋版书,"每从无字处得之"。即不求敏速,而求精研真解焉。阮元《题严厚民杰书福楼图》诗曰:"严子精校雠,馆我日最长。校经校《文选》,十目始一行。"自注:"世人每矜'一目十行'之才,余哂之。夫必十目一行,始是真能读书也。"清陆以湉《冷庐杂识》论阮氏之说曰:"公此语可为粗心读书者针砭。夫一目十行,由于天资过人。诚使质之钝者十目一行,则用心密而获效宏,岂逊于一目十行者乎?所

二〇 "一目十行"与"十目一行"

谓学知、困知,及其知之一也。"① 案纵使才智机敏、天资过人者,一目十行,亦非读书之法也。盖即陶五柳所谓"不求甚解"者,阅闲情偶寄之书则可,非深研精究之谓也。

---

① [清]陆以湉撰,崔凡芝点校:《冷庐杂识》卷4"十目一行"条,中华书局1984年版,第237页。

清学札记

二一　明清刻书之不同与今日之情势

江藩《汉学师承记》曰："有明三百年，四方秀艾困于帖括，以讲章为经学，以类书为博闻。"① 考宋元以来，学者治学，书林刊书，盛行节本、选本，喜读类书、讲章，此固因科场所需，又作赋填词，时以备用。然其时学人得书甚易，读书粗恶，学风不谨，故视书随意，不甚珍惜，亦为一因焉。至清乾嘉时，风气大变，学者整理古籍，不轻易变乱底本，护惜古书，视如性命，故少有刻节本、选本者，无论学者刊己所著之书，抑或书肆射利之椠本，皆以精校精刻之全本为尚，时文选本除外焉。故清儒刻书，如书名《十七史详节》之类者鲜矣。又自《四库全书》之纂，刻丛书之风气极盛，学者与藏书家所刻有名者，如孔继涵《微波榭》、卢见曾《雅雨堂》、鲍廷博《知不足斋》、吴骞《拜经楼》、毕沅《经训堂》、周永年与李文藻《贷园》、孙星衍《岱南阁》与《平津馆》、黄丕烈《士礼居》、卢文弨《抱经堂》、阮元《文选楼》、张海鹏《借月山房》与《学津讨原》、钱熙祚《守山阁》、陆心源《十万卷楼》、孙冯翼《问经堂》、伍崇耀《粤雅堂》等丛书，皆别白精审，为世所珍焉。

---

① ［清］江藩纂，漆永祥笺释：《汉学师承记笺释》，上册，第15页。

二一　明清刻书之不同与今日之情势

然至今日之世，则又有变焉。时见报端有倡辑类书者，此迂拘不化之见解也。今日互联网之发达，网上之古籍，何至千百，读者查询，或一字，或数句，或一篇，或一书，皆不过分秒间事。故类书之时代，将一去而不复返；而丛书之刻，倘选题允当，为世亟须，则仍呈方兴未艾之势也。

二二　名声原由互相引重而起

　　洪迈《容斋随笔》卷九"朋友之义"曰："朋友之义甚重。天下达道五：君臣、父子、兄弟、夫妇而至朋友之交，故天子至于庶人，未有不须友以成者。"案朋友之道，即问学切磋，亦不可少，所谓"独学而无友，则孤陋而寡闻"也。又清初何焯《义门先生集》卷七《寄弟书》曰："初入名场，但须能下人，当年我与西溟辈，明知其陋，执礼甚恭，渠于此全不解。诸葛公见许靖而拜，不为枉屈，紧要在读书自立。至于涉世，亦略要识窍。名声原由互相引重而起，但如日容辈只讲此一层皮毛，则又无用耳。"何氏谓"名声原由互相引重而起"，语虽过直，然可谓的论。观乾嘉时，若戴震、王鸣盛、王昶、纪昀、钱大昕、段玉裁、邵晋涵、王念孙父子、郝懿行诸君子，莫不交相引重，撰著既成，则互为序跋，推尊褒奖，不遗余力，考据学之大兴，与此不无关系。古语谓"酒深不怕巷子深"者，恐不然也。至于今日，则攀援固结，声气相通，吹捧哄抬，多有名无实者，此则与乾嘉诸老，又大异矣。

二三　名人后裔多寂闇无名

孟子曰："君子之泽，五世而斩。"杜诗谓："大贤之后竟陵迟，荡荡古今同一体。"皆谓大贤君子，福泽惠延，及至五世，即衰微不振焉。夫高爵世禄之家，或兵燹水旱，或触罪籍没，或子孙不淑，即重檐高阁，珠玉堆积，亦皆瞬间荡然，灰飞烟灭，即刘禹锡诗所谓"旧时王谢堂前燕，飞入寻常百姓家"者焉。而读书治学之家，其泽被裔苗者，莫如北齐至唐颜氏家族为长，他则鲜见耳。历来读书大家，其书香根苗，或及身即灭，或二世即萎，三世以上者即罕见焉。究其缘由，皆因读书治学，日从事于故纸堆中，不事生产，即家道殷厚，亦必转衰。又书籍传世，不及金银之耐久，父祖以为稀世之珍者，子孙即视如故纸土芥焉。明季毛晋，穷一生精力藏书刻书，其汲古阁刻《十三经》、《十七史》诸书，世人奉为枕中秘。然郑德懋《汲古阁刻板存亡考·四唐人集》下曰："相传毛子晋有一孙，性嗜茗饮，购得洞庭山碧罗春茶，虞山玉蟹泉水，独患无美薪，因顾《四唐人集》板而叹曰：'以此作薪煮茶，其味当倍佳也。'遂按日劈烧之。"又翁方纲一生收藏金石碑版及善本无数，而其孙颖达之妇嗜鸦片，颖达"甚不肖，覃溪遗业为其夫妇荡尽"。孙星衍藏书数万卷，然叶昌炽《缘都庐日记》卷二己卯七月七日条载，叶氏尝见星衍孙吉甫，"与谈平津馆旧事并未刻著述，皆不甚了了，真有虞世南儿之叹"。临海洪颐煊，小停云山馆珍藏金石书画碑帖砖瓦甚夥，且有"鬻及借人为不孝"、"承先遗后"诸藏书印，可谓谆谆教诲，殷殷叮咛，然其书咸丰中为邻人化为灰烬，少数为后人售归同里项士元。时罗华有诗曰："十年前记过筠轩，今日犹存竹满园。先后与君同一慨，买书人有卖书孙。"若子晋、覃溪、渊如与筠轩复生，不知其血涌喷发至何如焉。

又徐珂《清稗类钞》曰："江慎修名永，婺源大儒也。其居处名江湾，地极秀异，而其裔设豆腐店。焦里堂名循，甘泉大儒也，其后人亦以卖饼为生。或云此亦公羊卖饼家。"①此喟叹江永、焦循之后裔，以卖豆腐与面饼为生，家道衰微，有辱乃祖焉。实则即以清人而论，读书治学之家，类类如斯焉。如顾炎武、王夫之、阎若璩、胡渭、毛奇龄、江永、江声、戴震、卢文弨、王鸣盛、朱筠、纪昀、段玉裁、凌廷堪、章学诚、崔述、顾广圻诸人，或身灭嗣绝，或子孙无名，皆及身即斩焉。高邮王氏之父子相继，钱大昕举家治学，所谓"嘉定九钱"，亦二世而已。唯东吴惠氏四世传经，与夫绩溪胡氏、仪徵刘氏之累世治经为稍长耳。

---

① 徐珂：《清稗类钞》门阀类·江焦之后，第5册，第2128页。

二四　行文喜用生僻字之弊

余阅高考作文二十余年，每见考生喜用生僻字词，以证其博学多能；或以半文不白之语，之乎者也，充满篇卷，以为此即所谓古文也。然用语不当，食古不化，画虎不成，竟犬亦不似之矣。二〇一〇年江苏考生王云飞以《绿色生活》为题，撰为古文，因文中多生僻字，举国热议，或褒或贬，莫衷一是。今择其相对易读，而电脑能打字者数语，列之如下：

今天下多災。北國井采，陳主復至，當與孔張俱殁。南域之霖，大禹浡存，只得扼腕而歎息。人不咎己而咎旱魃，不誚己而諑共工。未之可也。闤闠所趨，不可悻悻。當思子孫後代，人己知之。然行之有效，則體躆廟堂者思之，嫿嬰之徒，棄不婣嫽，國之大蠹，捐而必究。吾所思者，河泮水墺，楊槐蓁蓁，町疃之間，柳榆其秝。苾蒻柅柅，遊申葳蕤，見柳而人不攦，視草而眾不躒。日駕雙軑之車，斐斐閭巷之間，目不復眭半瞎，鼻不再齅堵塞。鳥不驚人，鮒遊沴然。

清学札记

此段百七十字，有三十余字，生僻艰涩，令人瞽盲舌结而不知所以然者，即《尚书》之"佶屈聱牙"，亦不如是矣。故其时《文史知识》商榷王云飞文，徵之于余，余谓该生录取则可，然其文则绝非美文也。

宋代宋祁曾谓其友杨备得《古文尚书释文》，读之大喜，于是书信刺字皆用古文，僚友多不识之，指为怪物（清王士禛《古夫于亭杂录》卷一）。清昭梿曰："宋子京诗文瑰丽，与兄颁颃，其《新唐书》好用僻字涩句，以矜其博，使人读之，胸臆间格格不纳，殊不爽朗。近日朱笥河学士诗文亦然。余尝谓法时帆祭酒云：'读《新唐书》及《朱笥河集》，如人害噎膈症，实难舒畅也。'法公为之大笑。"[①] 案清陆以湉《冷庐杂识》，凡举《新唐书》中如"耕夫荛子"（《武后传》）、"冯固不受"（《李轨传》）、"偃革尚文"（《萧俯传》）、"牝咮鸣晨"（《长孙无忌等传赞》）、"道无掇遗"（《郎余令传》）、"朝不保昝"（《酷吏列传》）、"偷景待僵"（《沙陀列传赞》）等，以明其书之难读。[②] 康熙时，王士禛谓同年汪琬刻其《钝翁类稿》，字画多用古文，时人亦效之者，要之亦有所不必也（《古夫于亭杂录》卷一）。

而清儒之书字嗜古，则莫如惠栋弟子江声也。声为江藩业师，藩论其师"生平不作楷书，即与人往来笔札，皆作古篆，见者讶以为天书符录，俗儒往往非笑之，而先生不顾也。……喜为北宋人小词，

---

① ［清］昭梿撰，何英芳点校：《啸亭续录》卷三"诗文涩体"条，中华书局1980年版，第455页。
② ［清］陆以湉撰，崔凡芝点校：《冷庐杂识》卷3"新唐书"条，中华书局1984年版，第146页。

二四　行文喜用生僻字之弊

亦以篆书书之"(《汉学师承记》卷二)。又焦循亦称曾受江声两通信札,"皆用许氏《说文》体手自篆之,工妙无一率笔,尤足见其德性之醇穆"(《雕菰集》卷一八)。又钱泳谓:"余尝雪中过访,见先生著破羊裘,戴风巾,正录《尚书集注音疏》,笔笔皆用篆书,虽寻常笔札登记,亦无不以篆,读者辄口噤不能卒也。"(《履园丛话》卷六)又孙星衍亦谓:"声不为行楷者数十年,凡尺牍率皆依《说文》书之,不肯用俗字。……顾其书终以时俗不便识读,不甚行于时。"(《平津馆文稿》卷下)

案今传江声《尚书集注音疏》,正如钱泳所言,即篆书而镂版者。曾有北大古典文献专业硕士生,欲以《江声研究》为学位论文选题,余掩口糊噜,命其借阅《尚书集注音疏》毕,而后再商此题之可否。不日,生赧报余曰:"是书皆用篆文,弟子不能卒读,今知先生所笑者何也!"师生相对,大笑不已。著书者莫不欲世人读其书,而因篆文之故,恐后世再无研读《尚书集注音疏》者,此盖江声亦未曾料及,岂不惜哉!

夫《毛诗》"七月流火"、"三星在天",农夫观天之语也;汉乐府"道逢乡里人,家中有阿谁",征夫还乡之词也;陶渊明"方宅十余亩,草屋八九间",述农家院落也;王梵志"他人骑大马,我独跨驴子",则几几乎俚人俗语矣。即李、杜、元、白诸公,造语亦极平直耳。宋人诗作,博览多涉,每求工切整饬,字字艰深,以变唐风,故如杨诚斋、范石湖之田园诗,口语俗言,质朴无华者,遂不能多有。清时考据家,以小学训诂之句入诗,如翁方纲辈之赋《石鼓》,更无论焉。故诗文不在险奇角胜,亦不在多作富有,更不必僻语晦词以充书笥，鸟文篆字以显鉴古，司马相如《子虚》、《上林》之赋，铺张闳大，极尽侈丽，奇字险辞，典故垒叠，然今又有几人熟读不忘哉！

二五　清高宗御制诗之富之滥

古代诗人之年高而诗多者，唐有白居易，宋有陆游，乐天诗文前后七十五卷，诗笔大小凡三千八百四十首；放翁诗初编四十卷，再编通前八十五卷，此一家著作之多者也。然较之清高宗之多产，仍难以望其项背焉。清高宗乃中国从古至今最高产之"作家"，其《御制诗初集》至《四集》，即达372卷33950余首（此大致数目，不完全准确），四库馆臣谓"自古吟咏之富，未有过于我皇上者"，此堪为实录也。又梁章钜谓："恭读我朝乾隆一朝御制，以集计者五，分卷者四百三十四，分篇者四万二千七百七十八，而《乐善堂全集》三十卷，更在前焉，则真亘古所未闻。穹昊之繁星，不足为其灿列；广舆之画井，不足比其分罗矣。"① 此五集数量几与《全唐诗》相埒。又刘声木称："帝王制作，足以与文士争短长，非天纵生知，懋勤学问，焉能有此！"② 梁、刘二氏亦可谓之谀辞高手也。

然清高宗之诗，五言七字，堆砌即成。如其《狮子林》曰："狮

---

① ［清］梁章钜撰，陈铁民点校：《浪迹丛谈》卷10"诗集之富"条，中华书局1981年版，第196—197页。
② ［清］刘声木撰，刘笃龄点校：《苌楚斋四笔》卷7"乐善堂赋集注"条，中华书局1998年版，下册，第819页。

清学札记

林数典自倪迂,一再肖之景不殊。明岁金阊问真者,是同是异答能乎。"① 又《笑题招提寺》:"招提梵语汉言寺,譬水那更洗水哉。欲胜不知夸独识,知之者乃笑重儓。"② 又《安眠》:"迩来每喜饱安眠,一夜四八卅二刻。"③ 又《己未元旦》:"乾隆六十又企四,初祉占丰滋味参。"④ 之乎者也,纪年数字,尽皆入诗,了无诗意,味同嚼蜡,诗道至此,亦可谓扫地无余矣。而四库馆臣竟谓高宗诗"如云海之丽天,变化不穷,而形容意态,无一相复;如江河之纪地,流行不息,而波澜湍折,无一相同;如二气之育物,生化不已,而耳目口鼻,无一相类"。⑤ 谀颂之词,可谓至极焉。

---

① [清]高宗:《御制诗四集》卷61《再题狮子林十六咏·狮子林》,景印文渊阁《四库全书》本,第1308册,第326页。
② [清]高宗:《御制诗五集》卷70《笑题招提寺》,景印文渊阁《四库全书》本,第1311册,第52页。
③ [清]高宗:《御制诗余集》卷17《安眠》,景印文渊阁《四库全书》本,第1311册,第768页。
④ [清]高宗《御制诗余集》卷20《己未元旦》,景印文渊阁《四库全书》本,第1311册,第807页。
⑤ [清]永瑢等纂:《四库全书总目》卷173集部·别集类《御制诗四集》,中华书局1965年重印缩印本,下册,第1520页。

二六　汉人翰林多不愿习国书

清国书，即满文，亦称清文、清书、清字。清廷立国后，以满文为国书。[①]又设满文馆，选翰林入馆诵习，而汉族翰林往往不愿习之，故期满考试多有因不合格而受贬罚者。[②]如史载钱维城"习清文，散馆列三等。上不怿，曰：'维城岂谓清文不足习耶？'傅恒为之解。令再试汉文，上谓诗有疵，赋尚通顺，仍留修撰"。[③]又梁佩兰夙负诗名，晚年中进士。"既选庶吉士，馆中推为祭酒。不一年假归，里居十五载。会诏饬词臣就职，复入都。逾月散馆，以不习国书罢归。"[④]又惠周惕以康熙三十年（1691）成进士，"选庶吉士，因不习国书，

[①]《清史稿》卷1《太祖本纪》：己亥"二月，始制国书"。中华书局1977年版，第2册，第6页。
[②]《清史稿》卷108《选举三·文科》："先是，顺治九年，选庶常四十人，择年青貌秀者二十人习清书，嗣每科派习十数人不等，散馆试之。乾隆十三年，修撰钱维城考列清书三等，命再试汉书，始留馆。其专精国书者，汉文或日就荒落。十六年，高宗以清书应用殊少，而边省馆选无多，命云南、贵州、四川、广东、广西等省庶吉士不必派习清书，他省人数酌派年力少壮者一二员或二三员，但循举旧章，备国朝典制已足。其因告假、丁忧、年齿已长者，例准改习汉书。于是习者日少。"第12册，第3166页。
[③]《清史稿》卷305《钱维城传》，第35册，第10519页。
[④]《清史稿》卷484《文苑一·陈恭伊传附梁佩兰》，第44册，第13332页。

改密云知县,卒于官"①。此类尚多焉。案钱维城乃一甲一名进士,又有傅恒为之求情,故康熙帝未之罪,不久即迁右中允。梁佩兰罢归后,结兰湖社,与同邑程可则,番禺王邦畿、方殿元及陈恭尹等称"岭南七子",悠游林下。而惠周惕则无二人之幸焉,其宰密云时,正值清廷北征噶尔丹,而密云当孔道,烦费骚然,军需旁午,马瘏仆痡,艰苦万状,卒以佗傺忧懑而死,时赴任尚不足两年,良可慨矣。

---

① [清]江藩纂,漆永祥笺释:《汉学师承记笺释》卷2《惠周惕》,上册,第142页。

二七　书斋以数字命名者

文人学士，雅喜为字号，以见其志。而斋号之设，乃南宋后始有，而史传皆从略。至清，友朋相呼，俱以斋号，诗文著作，自署亦然。字则命之亲长者多，然斋号每出己意，或谐趣雅洁，或夸示所藏，或渊雅深邃，或风趣幽默，亦庄亦谐，寓其理致。清代收藏书籍古玩，蔚为时尚，故时人往往以所藏旧籍古玩为斋号，寓纪念之意，亦兼夸耀焉。斋号以数字名之者，自一至十至百至千至万至亿，莫不有之，今略取其荦荦大者，录示如次：

以"半"取斋名者，有半研斋（王济、毕大椿）、半毡斋（江藩）；以"一"取名者，有一石山房（程谦、刘栻）、一石庵主（明澈）、一床书屋（司钧）、一宋一廛（方尔谦）、一宋百廛（盛宣怀）、一研楼（邬同寿）、一研斋（吴晋、吴树臣、沈荃、刘体元、戴绳宗、严钰、严坼）、一规八棱砚斋（徐廷华）、一瓶（管庭芬、顾之逵、陈斌、程名高）、一琴一研斋（刘世珩）、一经亭（顾元芳）、一经轩（徐凤鸣）、一经堂（汪兆熊、汪绳煐、查鼎、张世棠、张英、张凤鸣、陈鄂荐、黄蕙森、杨廷撰）、一经楼（上官鉴、朱世弼、杨澋）、一经斋（谢旭）、一经庐（姚配中）、一苏斋（杨继振）等；以"二"取名者，如二林居（彭绍升）、二希堂（蔡世远）、二瓦砚斋（金玉麟）、二古铜（谢庸）、二研堂（李详)、二研斋（李于垣、计芬、黄庆安、诸重光）等；以"三"取名者，有三李堂（金学莲）、三李庵（邓邦述）、三希堂（弘历）、三研斋（朱鹤年、沈心醇、袁廷梼、康恺、赵彦修）、三汉画斋（翁方纲）等；以"四"取名者，有四焉斋(曹一士)、四铜鼓斋(张祥河)、四当斋(章钰)等；以"五"取名者，有五研轩（高鸿）、五研楼（袁廷梼）、五研斋（沈赤然）、五经堂(范鄗鼎、揭重熙)、五凤研斋（叶玉森）、五味在和（玄烨）等；以"六"取名者，有六经（戴陞、纪纶）、六经堂（张英、屠献宸）等，以"七"取名者，有七研斋（冯克巩）、七经楼（蒋湘南）等；以"八"取名者，如八砖吟馆（李忠鲤、阮元）、八砖书舫（谢启昆）、八砖精舍(张廷济)、八虎符斋(吴大澂)、八砖斋(段晴川)等;以"九"取名者，如九曜斋（惠栋）、半九书塾（焦循）、九井斋（瞿中溶）等；以"十"取名者，如十印斋（蒋凤藻）、十将军印斋（吴大澂）、十研斋（宋暟、杜堮、沈可培、夏桢、绍诚、黄任、刘锡嘏、顾之珽）、十经楼（曹重、黄垓、沈璔、沈涛）、十铜鼓斋（吴大澂）等。

而"十"至"百"之间，复有递数而上者。如十二石山斋（梁九图）、十二石斋（梁福章）、十二砚斋（文揆、汪鋆、汪懋麟）、十二铜鼓轩（王彦和）、十二种兰亭精舍（陈元禄）、十三古印斋（朱光暄）、十三砚斋(朱栋、叶世槐)、十三经老人（刘庠）、十三经阁（孔宪庚）、十四经诂室(冯登府)、十四经楼（蒋湘南）、写十四经室（李尧栋）、十五研斋（夏治钰）、十六金府斋（吴大澂）、十六砚楼（瑞元）、十六铜爵书屋（宋世荦）、十六钱研庵（万镛）、十八研斋（高凤翰）、廿一经堂（段玉裁）、廿四诗室（周莲）、二十四砚山房（袁沛）、二十四研石斋（沈岩）、二十八砚斋（祁焕）、二十八将军印

二七　书斋以数字命名者

（吴大澂）、二十八宿研斋（王苍虬）、三十二砚斋（袁堂）、三十二兰亭室（刘漼年）、三十四汉瓦轩（宋葆淳）、三十六砚斋（高桢）、三十六晋砖室（彭彬蔚）、三十六砖吟馆（许应铄）、四十九研山房（张素）、五十三石斋（谢春兰）、六十四砚斋（陈鳣）、七十二砚斋（吴步韩）、九十六砚斋（王汝霖）、九十九砚斋（阮元）、百卷人家（吴骞）、百宋一廛（黄丕烈）、百研楼（张文淑）、百汉碑研斋（万承纪）、百汉碑斋（赵曾）等。

自"百"而"千"者，有百二汉镜斋（程芝云）、百八古砖室（吴碌夫）、百八砖山房（李枝青）、百二十砚斋（徐大榕）、二百砚田富翁（金农）、二百兰亭汉晋砖斋（金武祥）、二百兰亭斋（吴云）、三百堂（陈夬）、千元十驾（吴骞）、千卷楼（余旬）等。

自"千"而"万"者，有五千卷庐（崔炳炎）、五千卷室（马润、李文田、陶思曾）、读五千卷斋（萧县）、手钞五千卷楼（张宗祥）、小八千卷楼（丁丙）、八千卷楼（丁立诚）、小万卷楼（朱邦经、朱咸庆、朱琦、朱庆昌、张文虎、张振宗、钱培名、顾栋高、黄镳）、万卷楼（王信、王瑞国、吴受竹、李调元、曾国柱、范必英、宣定、唐尧臣、孙承泽、徐汾、陆政、陈介祺、黄叔琳、黄彭年、齐毓川、杨世求、瞿济、顾栋高、苏陈洁）、万卷精华楼（耿文光）、万卷山房（王自新、王辂）、万卷书屋（朱棆）、万卷堂（陈嘉绥）、万国咸宁（玄烨）等。

自"万"而更上者，有三万卷楼（翁方纲）、五万卷阁（李嘉绩）、三万金石文字堂（林志钧）、五万卷藏书之室（章玶）、八万卷书楼（叶名澧）、十万卷楼（王宗炎、王绍兰、陆心源）、五十万卷楼（莫天一）等。亦有杂以各色数字者，如八砖五研斋（冯登府）、五十八璧六十四琮七十二圭精舍（吴大澂、韩昌）、百宋千元之居（唐翰题）、上下三千年纵横一万里之斋（李恒良）、上下三千年纵横二万里之轩（洪亮吉）等。上亿者，则有亿年堂（陈邦福）等。

诸家斋名，争奇斗艳，各擅其胜，要皆以秦砖汉瓦、宋元旧椠为主为贵也。然以今日视之，多如苍狗浮云，消失无踪，世间所存者，一鳞半爪而已矣！

二八 《金石录》十卷人家

《金石录》三十卷，南北宋之际赵明诚、李清照夫妇一生的心血编纂之作，其书集录考订北宋前传世钟鼎碑版铭文，为后世金石学典范之作。世人皆知李易安为一代词手，而不知其为金石名家也。赵氏伉俪，家素贫俭，而共嗜碑铭，质衣蔬饭，竭其俸入，蒐集碑版，不幸生不逢时，屡经战火，或为煨烬，或尽委弃，晚年掇拾，散佚无多。赵氏感疾早逝，易安居士饱受国破家亡之痛，编定是书时已度知天命之年，而其夫墓木已拱矣。

《金石录》之流布，命悬一线，时隐时显。是书最早刻本，乃南宋孝宗淳熙前后所刊龙舒郡斋本，宁宗开禧时浚义赵不谫曾重刻，然皆不显于世。元、明两代，流传人手者皆为传抄之本，沿讹踵谬，弥失其真。清顺治间，济南谢世箕曾为刊行，然错讹多有，并非善本；乾隆时德州卢见曾参考诸本，卢文弨详加校勘，付梓印行，《金石录》方有可读之本矣。

然清初嘉兴冯文昌，偶得不全宋椠《金石录》十卷，如得之天璜，极为稀珍，冯氏遂刻"金石录十卷人家"藏书印，长笺短札，帖尾书头，每每用之。后此残本为寓居扬州之江立所藏，江氏亦题书斋为"金石录十卷人家"，时刻印高手张燕昌，即以飞白书刻印以赠。其书旋又归仁和赵魏,赵氏没,又归浙江巡抚阮元,恒携以自随,既屡跋之,复为其如夫人孔氏作记,为闺中之宝,盖窃比诸明诚、易安也。后又经韩泰华、汪诚、甘福、潘祖荫、潘景郑诸家递藏,且亦多刻"金石录十卷人家"印,以为夸耀。所幸其书今藏上海图书馆,终得安身立命之所焉。

书籍之藏,与藏金银珠宝大异。一则虽有"纸寿千年"之说,然纸张终为娇弱,不耐磨损,战火水浸,虫蛀风蚀,皆天敌也。二则倘子孙爱书,便金镶玉签,视如拱璧;倘后人不肖,则绳捆车贩,视如土苴。故古来藏书之家,或及身而散,或传一二世而佚,极少例外。残宋本《金石录》人失人得、命若游丝之递藏史,即为显证也。古人常有"曾在某某人处"之藏书印,可谓豁达洞见之警语耳。历代藏家,仕宦显赫,家富赀财,则"一官赢得十车书",或"黄金散尽为藏书";若仅能温饱,典衣困顿,则遂得遂失,所谓"十家士人九不给,贫极捃书成俗习。莱芜室内鸣饥肠,故纸堆中搜秘籍"。然汉纸唐抄,宋元旧椠,九死一生,传布今日。虽多藏诸馆阁,一睹为难,然深闺璧人,时或一见,以解读书人之渴思,饮水溯源,岂非历代藏家绳绳继继、矻矻不休之功耶!

二九　顾炎武之目盲与流传之画像

《汉学师承记》述顾炎武之貌曰："炎武生而双瞳子，中白边黑，见者异之。"① 此据全祖望《亭林先生神道表》之说也。然顾衍生《顾亭林先生年谱》："是年，先生患痘症颇危，及脱痂，右目为眇。"车持谦案语曰："全谢山太史《鲒埼亭集》载先生《墓表》，谓先生'双瞳子中白而边黑，见者异之'。不言其眇也。又先生《与李湘北书》有'齿豁目盲，已在废人之数'云。亦不过先生形其老而目昏，非必实眇也。或有云翳，未可知。第原谱系衍生所作，当无讹误，故仍之。"② 又钱邦彦《顾亭林先生年谱校补》："彦于己巳年手钞衍生元《谱》，固有'右目为眇'之文，衍生躬侍先生，岂有子而诳其父之理，全谢山谓先生目固不眇，车秋舲绘正面像，两目炯炯，是以他人之貌貌先生也。今从元《谱》。"③ 又赵俪生《顾亭林新传》谓顾氏"终身诗文中未见对目力不济作出任何抱怨叫苦的迹象，且王山史对他有'蝇头行

---

① ［清］江藩纂，漆永祥笺释：《汉学师承记笺释》卷8《顾炎武》，下册，第834页。
② ［清］顾衍生编，吴映奎补编，车持谦增编：《顾亭林先生年谱》万历四十三年条，北京图书馆藏珍本年谱丛刊影印道光十九刻本，第71册，第566页。
③ ［清］吴映奎，车持谦编，钱邦彦校补：《顾亭林先生年谱校补》万历四十三年条，北京图书馆藏珍本年谱丛刊影印民国间影印本，第72册，第451页。

楷，万字如一'的追忆，不像是留下目病的样子"。又王冀民先生曰："先生幼患痘疮，左目有云翳，视力偏斜微弱。"① 周可真《顾炎武年谱》除举《与李湘北书》外，又举顾氏《又与李星来》"弟年衰目病，不能作书"。②《答李子德》"以目病不能多作字"。③ 以此三例，论赵说之不成立。言"先生患痘疮留下目疾，这是肯定无疑的"④。

案衍生为顾氏抚子，亲见其父，侍其起居，且子述父事，倘目不眇，岂有出此言以重辱其父之理，故其所言，必确当无疑。然后世之人，震以全谢山之名，并衍生之言而不信之。又吾国之人，论英雄豪杰，必状貌堂堂，双目炯炯，英气逼人，方契本心；倘以目眇骨瘦、寒伧悲切之老者当之，实不厌众人之心理也。故所见《顾谱》钞刻本、吴映奎《顾亭林先生年谱》、张穆《顾亭林先生年谱》、钱邦彦《顾亭林先生年谱校补》及叶衍兰等编《清代学者像传》诸书，所绘亭林之画像，皆双目圆睁，炯炯有神，是亦见怪而又不怪者矣。

---

① ［清］顾炎武撰，王冀民笺释：《顾亭林诗笺释》卷1，中华书局1998年版，上册，第2页。案此句中"左"当为"右"，盖王氏误记耳。
② ［清］顾炎武著，华忱之点校：《亭林文集》卷3《与李星来书》附《又与李星来》，中华书局1986年版，第64页。
③ ［清］顾炎武：《亭林文集》卷4附《答李子德》，第75页。
④ 周可真：《顾炎武年谱》，苏州大学出版社1998年版，第18—19页。

三〇　画家之顾亭林与日知之顾亭林

顾亭林初为地名，始自顾野王。亭林在十保，去华亭东南三十六里，原名顾亭林，梁顾野王故居在焉，为镇之宝云寺。顾亭林在宋代，尚为名胜之地，笔者编《全宋诗》时，所见宋人咏此亭之诗甚多。清初，有画家之顾亭林，然人多不知焉。顾正谊，字仲方，华亭人。仕为中书舍人，画宗黄公望，家多名人迹，又与嘉兴宋旭、同郡孙克弘相友善，穷探旨趣，遂自名家，晚居濯锦江上，构小园，林木清幽，终老其间，自号亭林。《佩文斋书画谱》卷五十七有传。然自考据学兴，顾炎武号亭林，著《日知录》诸书，于是日知之亭林大显，清人且以冠《国史·儒林传》之首，而画家之亭林，遂为日知之亭林所掩，且有以画家顾亭林之画属之日知之顾亭林名下者。[①]姓氏之学，与史学相表里，此钱大昕治史之言，吾辈又岂能忽之哉。

---

① 详参刘乃和：《顾亭林画与顾亭林之得名》一文，《辅仁学志》第15卷1、2合期。

清学札记

三一　顾炎武之抗清与后人之论遗民

　　江藩《师承记》述顾炎武之文，全采全祖望《神道表》，全氏隶事多误。顾炎武因老母在世，故自母卒之后，始出入戎行。后人承全氏之误，遂妄谓顾氏曾与复社诸君攻入苏州城，及奉王永祚共守昆山云云，以为不若此，则不足以见先生忠君报国之志。后世之人，每论及宋末、明末之遗民，则必欲其家破人亡而起兵抗战，参战则又必使其不胜，不胜又必迫其流亡，流亡又必令其历尽劫难而九死一生，九死一生又必命其诗文传世，诗文传世又必其有文天祥、谢翱、郑思肖、黄宗羲、顾炎武诸人之诗文，如文天祥《正气歌》、谢翱《冬青树引》与《西台恸哭记》、郑思肖《此心》、黄宗羲《海外恸哭记》、顾炎武《大行哀诗》之类。仿佛不如此则不足为遗民，不足以表彰民族气节也。实不思当时诸人，家国亡破，妻离子散，肝肠寸断，困顿万状，既不能两从而偷生，亦需有一息之残喘，强令其为非人，以称快意于后人之心，于心何忍？倘时空倒流，人我互置，将又何说，将又何求？处平和之世，沐和风，衣锦衣，食甘饴，居重堂，而动辄气冲云霄，大义凛然，其谁不能乎！

三二　顾炎武之连环套官司

《师承记》又载顾炎武"丁未,之淮上。次年,取道山东入京师。莱黄培之奴姜元衡衔告其主诗词悖逆,案多株连;又以吴人陈济生所辑《忠节录》指为炎武作。炎武闻之,驰赴山左自请系勘。李因笃为告急于有力者,亲往历下解之"。①案炎武所涉此案,前后四案,案中套案,连环纠结,王冀民《顾亭林诗笺释》等考辨甚悉,试据诸家所论而述之:其一,蓝天水告黄培"逆诗"案:康熙四年春,黄培内从弟蓝天水(名溥)因与培内部矛盾,首告黄培《含章馆诗集》及所刻《黄氏十二君唱和序跋》、《郭汾阳王考传》诸书中有斥清思明等忌讳之语。六月,奉旨发山东督抚亲审,已历三载,株连二三十人,而尚未结案。八年四月,培被杀于市。其二,沈天甫等告陈济生《天启崇祯两朝遗诗》案:先是长洲人陈济生,为顾炎武姊夫,官至明太仆寺丞,明亡不仕。编有《启祯两朝遗诗》,载天启、崇祯两朝一百七十人诗与小传,济生已物故。康熙五年,有嘉兴张某,在坊间得此书,因其中有"感慨时事,指斥今朝"者,遂以为奇货,诈谋钱财未果。六年二月,忽有沈天甫、吕中、夏麟奇等告发,谓系

---

① [清]江藩纂,漆永祥笺释:《汉学师承记笺释》卷8《顾炎武》,下册,第843页。

陈济生所辑逆诗，且借口故明大学士吴甡为之序，以要挟其子现任中书吴元莱，元莱察其序非父手迹，遂上控。闰四月，以合伙指造逆诗、肆行骗诈罪，令将原书焚毁，将沈、夏、吕等押赴西市处斩，此案了结。其三，姜元衡告黄培等十四人"南北通逆"案：康熙七年正月，姜元衡于养亲回籍后，受谢长吉唆使，复踵接揭告黄培，并牵连现任浦江知县黄培堂弟黄坦、现任凤阳府推官黄培兄子黄贞麟等十四人，出首《忠节录》两册，谓即陈济生所编，实为《两朝遗诗》中之小传部分。因书中有《黄御史传》，而御史黄宗昌为黄坦之父，该传内有"家居二年，握发以终"语，以证坦父不曾薙发。又有《顾推官咸正传》，内曰"晚与宁人游"等语，以证此"宁人"即昆山顾宁人，并证宁人曾到黄坦家搜辑发刻。其四，顾炎武告谢长吉陷害夺田案：康熙四年，章丘诸生谢长吉因负顾氏千金，而以章丘大桑家庄田十顷作抵，向日租银一百六十两，由庄头刘成志包管。谢阴欲夺回其田，遂唆使姜元衡告黄培等人，牵连先生以陷于狱，即公然占收其田。炎武于九月获保后，遂告谢氏主唆陷害，侵夺田产。

案此四案似不相干，却相互牵连。炎武得济南讯后，于康熙七年二月出都，自行赴济南谒抚院投到；五月院审，是非初定；九月，方得保出，然不许远离；十一月，同案之人俱赴院再审，原告撤诉，当事颇有心开豁，然结否尚未可定；八年三月，朝廷始题结；四月顾氏与谢氏对簿公堂，章丘一案亦结，谢氏退还其田，顾氏方重得自

三二　顾炎武之连环套官司

由也。①

　　连环案发后，炎武自计有必胜之局，故自投于官。然其甥徐元文兄弟，友人李因笃、王弘撰、朱彝尊、路泽浓、程先贞、李源、陈上年、孙承泽等，官府中若山东巡抚刘芳躅等，皆四路奔波，多方活动，才得保全。此可见古今官司，人情法理，纠结莫辨之一斑焉。

---

① 有关顾炎武数案之详情，可参《亭林佚文补辑·与人书》、《亭林诗集》卷四《赴东》、《张谱》、《周谱》、《亭林诗集笺释》卷四《赴东》笺释等。

三三 "归奇顾怪"

归庄,昆山人。归有光曾孙。明诸生。早岁入复社。入清后更名祚明,字尔礼,号玄恭等,时人呼为"归痴"。明亡,参与抗清活动,败后僧装亡命,隐居山乡,以鬻文卖画为生,尤工草书与墨竹。诗文悲怆沉郁,质朴明畅,有香山、剑南之风。著述今人整理有《归庄集》行世。顾炎武称:"自余所及见,里中二三十年来号为文人者,无不以浮名苟得为务,而余与同邑归生独喜古文辞,砥行立节,落落不苟于世,人以为狂。"①又亭林诗《哭归高士》:"弱冠始同游,文章相砥砺。"②又王冀民先生论曰:"归玄恭与先生同里、同学、同庚、同志,国变之前,同参复社,国变之日,同举义兵,可谓行同夷齐,谊同管鲍矣。"③又张穆《顾亭林年谱》:"顾宁人与吾友归玄恭同里闬。玄恭守乡曲,而宁人出游四方,所至垦田自给。玄恭尝邀同社诸君子会于影园,余以病不果往。玄恭旋殁。余以诗哭之,又为文祭之曰:'先王道丧,士习儒愞。孔子有言,必也狂獧。归奇顾怪,一时

---

① [清]顾炎武著,华忱之点校:《亭林文集》卷5《吴同初行状》,第113页。
② [清]顾炎武著,华忱之点校:《亭林诗集》卷4《哭归高士》,第392页。
③ [清]顾炎武撰,王冀民笺释:《顾亭林诗笺释》卷1《吴兴行赠归高士祚明》笺,上册,第128页。

三三 "归奇顾怪"

之选。……'"① 案微云堂为无锡秦松龄之堂名,盖"归奇顾怪"之说,乃秦氏所言也。又蔡澄《鸡窗丛话》:"昆山有归玄恭庄者,太仆震川之曾孙,以才学闻于时,颇怪僻自用,尝改窜震川文,钝翁屡作书辨之,几成雠隙。时吴中有'顾奇归怪'之目。顾谓亭林也。玄恭书门联云:'一身寄安乐之窝,妻太聪明夫太怪;四境接幽冥之宅,人何寥落鬼何多。'又署内室之楼额曰'推仔楼',人多不解,玄恭曰:'才子佳人四字合抱也。'其怪僻如此。"

---

① [清]张穆:《顾亭林年谱》卷3康熙十二年注引《微云堂杂记》,台湾商务印书馆1987年版《新编中国名人年谱集成》本,第67页。

三四　顾炎武、阎若璩、杭世骏、刘逢禄诸人之谦抑

清代学者中，若顾炎武、阎若璩、杭世骏、刘逢禄诸人，皆睥睨一时，指斥名流，了不为意，然于友朋中学问精深者，则执谦自抑，衷心叹服。如顾炎武曰："苕文汪子刻集，有《与人论师道书》，谓'当世未尝无可师之人，其经学修明者，吾得二人焉：曰顾子宁人，李子天生；其内行淳备者，吾得二人焉：曰魏子环极，梁子曰缉。'炎武自揣鄙劣，不足以当过情之誉，而同学之士，有苕文所未知者，不可以遗也，辄就所见评之：夫学究天人，确乎不拔，吾不如王寅旭；读书为己，探赜洞微，吾不如杨雪臣；独精《三礼》，卓然经师，吾不如张若稷；萧然物外，自得天机，吾不如傅青主；坚苦力学，无师而成，吾不如李中孚；险阻备尝，与时屈伸，吾不如路安卿；博闻强记，群书之府，吾不如吴任臣；文章尔雅，宅心和厚，吾不如朱锡鬯；好学不倦，笃于朋友，吾不如王山史；精心六书，信而好古，吾不如张力臣。"[①] 清陈康祺引顾氏语后又曰："百诗先生论人物，尝称吴志伊之博览，徐胜力之强记，自

---

① ［清］顾炎武著，华忱之点校：《亭林文集》卷6《广师》，中华书局1986年版，第133—134页。

三四　顾炎武、阎若璩、杭世骏、刘逢禄诸人之谦抑

问不如。吾乡李杲堂先生，最心折万氏家学，尝云：'粹然有得，造次儒者，吾不如公择；事古而信，笃志不分，吾不如季野。'杭大宗太史亦自谓：'吾经学不如吴东壁，史学不如全谢山，诗学不如厉樊榭。'数公皆经术湛精，文章淹贯，尚乐集思广益，挹谦自下如此。今乡里晚学，粗识径涂，便谓朋辈中莫可与语，志高气溢，宜其画矣。"①陈氏又曰："顷读武进刘礼部逢禄集《岁暮怀人诗序》有云：'敦行孝友，厉志贞白，吾不如庄传永；思通造化，学究皇坟，吾不如庄珍艺；精研《易》、《礼》，时雨润物，吾不如张皋文；文采斐然，左宜右有，吾不如孙渊如；议论激扬，聪明特达，吾不如恽子居；博综今古，若无若虚，吾不如李申耆；与物无忤，泛应曲当，于不如陆邵闻；学有矩矱，词动魂魄，吾不如董晋卿；数穷天地，进未见止，吾不如董方立；心通《仓》、《雅》，笔勒金石，吾不如吴山子。'可见宏闻劼学之士，未有不訇訇翌翌集思广益者。礼部所举，皆同时一州之人，宜曾文正荐举人才疏，称常州奎娄应度，人才辈出，洵不诬也。"②

案今世学者，有略涉泛览，稍有著述，遂心傲气盛，平扫古今，号称大师，而横行于世者，较之顾、阎诸公，可谓秋虫之不知有夏也。

---

① ［清］陈康祺撰，晋石点校：《郎潜纪闻初笔》卷8"顾阎李诸公之挹谦"条，中华书局1984年版，上册，第168—169页。
② ［清］陈康祺撰，晋石点校：《郎潜纪闻二笔》卷5"常州人才之盛"条，下册，第417—418页。

三五　顾炎武、戴震、余萧客、江藩诸人之绝嗣

古人以身死嗣绝，为大不孝，即农妇骂街，亦以"断子绝孙"为最重矣。清代学者中，顾炎武元配王安人，无子。顺治六年，纳妾韩氏，翌年生子诒穀，四岁而殇。又更纳戴氏等，皆未育，以至近年六十，仍纳妾以冀生子。十一年，寓书弟子潘耒，议抚吴江族子衍生为子。十六年四月，与衍生相见于德州，始行父子礼。衍生虽撰有炎武《年谱》，然终不能承其家学。与炎武同时人，如颜元、李塨亦无嗣子矣。

至清中叶，戴震亦无子，以其族子中立为嗣。段玉裁为其师母所撰《戴母朱夫人八十寿序》称，戴震卒后，"夫人率子中立匍匐扶柩南归。……而中立又病殁。……中立已娶，无子。夫人谋于宗族，以先生之弟渔卿孝廉之子中孚为后，渔卿只此一子，俟中孚子多，分绍之。中孚娶妇，妇卒，又为继娶，今中孚补弟子员，有声。……好学不倦，方大其家声。夫人齯齿康健，寿未有艾，行且含饴弄孙，见

三五　顾炎武、戴震、余萧客、江藩诸人之绝嗣

中孚之一飞翀天也"。① 由段氏之语，可知中立又无子，而嗣孙之难得又若是之不易。然中孚亦终未能光大家声，段氏所言者，殷殷之期愿而已矣。又吴翌凤述余萧客"藏书多善本，身后无子，母妻又相继死，遂散如云烟矣"。② 萧客弟子江藩，亦无子。故顾、戴、颜、李、余、江诸人，皆伯道无儿，身灭嗣绝。康熙时方苞称"自阳明以来，凡极诋朱子者，多绝世不祀"，杨向奎先生严斥"此不类学者言，乃巫祝语，是在巫祝间亦文网密布，一如康雍乾三代之罗致文人入狱者"！③ 后姚鼐等承方氏之语，攻讦戴震无嗣，乃不尊程朱之故，亦可谓"师出有由"而无所不用其极矣。

顾、戴诸人，因无嗣而家学中绝，而惠栋家学，至其已四世矣。栋有五子：嘉学、嘉绪、嘉德、嘉附、嘉蓴。然嘉德早卒，嘉附中疯，其余诸子，才甚平平，不能承继家风。正所谓君子之泽，五世而斩者。然以上诸家之学，有弟子门生传之，有私淑艾者学之，终得发扬光大，彪炳史册，正非有子无子之可左右。非如金银珠宝，父卒子继者可同日而语也。

---

① ［清］段玉裁：《经韵楼集》卷8《诰封孺人戴母朱夫人八十寿序》，《续修四库全书》本，集部第1435册，第84页。
② ［清］吴翌凤：《怀旧集》卷7《余萧客》，第4册，第21b页。
③ 杨向奎：《清儒学案新编》三《望溪学案》，齐鲁书社1985年版，第3册，第32页。

三六 《亭林五书》与《高邮四种》

顾炎武著《音学五书》，即《音论》、《诗本音》、《易音》、《唐韵正》、《古音表》五种。其中如《古人韵缓不烦改字》、《古诗无叶音》、《古人四声一贯》诸文，破叶音之说，阐声音之理，最为析论详明。又《古音表》变更《唐韵》次序，分古音为十部，其最大贡献者，顾氏不仅知归并唐韵，更知离析唐韵，清代古音学发展之基本"范式"，即由顾氏奠定焉。

李文藻《南涧文集》卷上《送冯鱼山说文记》曰："国家以《说文》治经，惠半农侍读最先出，其子栋继之，近日戴东原大阐其义，天下信从者渐多，高邮王怀祖，戴弟子也。己丑冬，遇之京师，属为购毛刻北宋本，适书贾老韦有之，高其直，王时下第空囊，称贷而买之。王曰：'归而发明字学，欲作书四种，以配亭林顾氏《音学五书》也。'"① 案王念孙初本欲治《说文》，故不惜高值而购之。后知段玉裁有《说文解字注》事，遂改治《广雅》，终成《广雅疏证》、《读书杂志》，其子引之成《经义述闻》与《经传释词》，所谓"作书

---

① ［清］李文藻：《南涧文集》卷上《送冯鱼山说文记》，《丛书集成初编》本，第19页。

三六 《亭林五书》与《高邮四种》

四种",亦即后世所艳称之"高邮王氏四种"也。而其书较之顾氏《五书》,研音释词,愈阐愈精,更出其上矣。又台湾"中央研究院"史语所陈鸿森教授近年研究以为,《经义述闻》、《经传释词》二书,实亦成于念孙之手,归之引之者,为其子美誉而已矣。

三七　全祖望述顾炎武、黄宗羲事多误

全祖望《鲒埼亭集》，当时即有盛名。因其表彰遗民，痛斥奸人，激发故国之思，充溢浩然之气。故抗战时期，得陈垣、谢国桢诸先生表彰，以鼓励沦陷区士大夫坚守民族气节，此书遂更为学界所重。然全氏书中所撰明遗民之传记及明末清初史事，触事多误，甚有颠倒事实者，如其论谢三宾事，凡反复无常、助纣为虐、倒行逆施之事，是否三宾所为，皆隶于其身，柴德赓先生《谢三宾事迹考》已详论之矣。在全氏则诚表彰气节，痛恨降者，然于史实而言，终为非是。《师承记》卷八黄宗羲、顾炎武两《记》，江藩即采自全祖望所撰之黄、顾《神道碑》。全氏论黄、顾明末清初抗清诸事与顾炎武晚年之事，下笔辄失，笔者注此二篇时，多所纠正。全氏做法，亦遭清人不满。严元照于亭林《神道表》末评曰："文中序事岁月，以亭林《诗集》按之，颇多舛互，未能校定也。亭林初不藉后人表章，今既欲为之，而又不肯逊心考核，其意果何居乎？"[①] 责之虽切，亦可谓深中其弊矣。

---

① ［清］全祖望：《鲒埼亭集内编》卷12《亭林先生神道表》，《全祖望集汇校集注》本，上册，第233页。

三八　张尔岐论求学次第

张尔岐在明末清初，板荡之际，一生曲折，艰难倍尝。其《蒿庵集》卷二《日记又序》，自述其求学次第与志向，与时俱变，屡有更易，真切感人。其曰：

> 崇祯皇帝大行之年，予始焚弃时文，不复读，思一其力于经与史。乃悠泛无成绪，倍于读时文时之于经与史也。因自讼曰：古之君子之为学也，自一年而七年谓之小成，九年谓之大成，非无利钝，约略具是不甚远也。予十五闻有所谓圣人之道者而悦之，今二十年自视犹初也。初见先儒病干禄之学，意其咎在时文；焚且弃矣，又谁咎！若是乎，经与史之不可日月期也；若是乎，圣人之道之不可以力也；若是乎，天实生才不善不可强也。囷然者久之，忽自悟曰：是矣，是不可以他咎也，是不可以为天实生才不可强也。忆十五授《诗》矣，父师董之，有司岁时进退之。顾以多病，日学《黄帝内经》、《神农本草》，下迨《脉诀》、《甲乙》、《难经》，又以其说近老氏，学老氏，而《诗》废十九。学史矣，因并学《书》、《春秋》，父师董之，朋友言议，文章日需之。

清学札记

顾以兴亡之际,感慨不自已,旁及乐府、《选》、近诸体,填辞杂歌之,以淡予心,以平予气,而史又废。是时余力之及时文者,百一耳。又以时重诸子,学诸子。二十六,感友人之说,肆力于时文。时文喜杂引《周礼》、《礼记》,学《周礼》、《礼记》。己卯,有天日之恸。乡人鲜解《礼》者,学《礼》。从俗奉佛,学佛书。其时意有所属,学兵家言。兵家天时最杂,学太乙,学奇门,学六壬,学云物风角。岁属大祲,酷吏时杀人如草,釜量肉,泽量骨,惴惴潜身,不出户庭。日焚香诵《易》,学《易》。学此不成,去而之彼;彼又不可成,以又有夺彼以去者,不仅彼之夺此也。癸未前,学固如此其不一也。迨弃时文,学经史,君父之恨,身世之感,更至递起。自分永弃于时,心仪梅福、申屠蟠、王裒、孙登、陶潜之为人,时时取《老子》及《参同》、《文始》之流读之以自遣。杂坐田父酒客间,剧谈神仙、方技、星卜、冢宅不绝口。所谓经与史,名焉存耳。意之所至,乱抽一帙;意之所止,不必终篇。勿论不解,即解亦不忆。嗟乎!将安归谷哉。古人有言:"匪勤匪昭,匪壹匪测。"是殆不可悔也。自今往后,业有定纪,不敢杂。首《大学》,次《论语》,次《中庸》、《孟子》,次《诗》,次《书》,次《易》,次《春秋》,次《周礼》、《仪礼》、《礼记》;史则主《纲目》,次《前编》、《续编》,本朝《通纪》、《大政录》;杂书则《大学衍义》及《补》、《西山读书记》、《文献通考》、《治安考据》、《文章正宗》、《名臣奏疏》、《大明会典》。日有定课,不敢息。经

三八　张尔岐论求学次第

自日一章至日三章,史自日一卷至日二卷,视力为准。其修其废,各详于册。身既隐矣,安所用吾志！退者之不可不学,更甚于进者之不可不学也。不敢告人,且勖吾退者之务。

案《日记序》作于崇祯八年（1635年）,尔岐二十三岁时;《又序》之作,则在国亡以后耳。又罗有高《尊闻居士集》卷三《张尔岐传》:"先是,尔岐工科举之文。……久之,其父石首驿丞行素罹兵难,尔岐创怛甚,欲身徇。又欲弃家为道士,顾母老而止。然遂焚毁诸生业,别字曰蒿庵。郁伊屏处,不通人事,而大潭思《仪礼》、《周官》、《曲台记》、《易》、《诗》、《春秋》,作《资治通鉴纲目后语》以见志。志操既定,履苦节而甘,澹泊平中,宿光不耀。诣益精,游泳六艺,得其会通。"昔贤读书之艰难,求志之波折,虽国亡家破之际,身隐形消之时,亦矻矻不休如此,令今日天下太平、衣食无忧之我辈,岂不愧煞入地者乎！

三九　阎若璩、朱筠、阮元之口吃

《汉学师承记》记阎若璩生而口吃，其说乃袭自杭世骏《阎先生传》。《杭传》："六岁入小学，口吃，资颇钝，读书至千百过，字字著意，未熟，且多病，母闻读书声，辄止之，闇记不敢出声。十五岁，冬夜读书，有所碍，愤发不肯寐，漏四下，寒甚，坚坐沈思，心忽开，如门牖洞辟，屏障壁落，一时尽彻，自是颖悟异常。"[①] 无独有偶，乾隆时学者朱筠亦口吃，其在安徽学政任时，亲为诸生授课，然呐呐吃吃，甚不中听，及散，全场惟一纳凉之老农在焉，朱氏亦无愠色。又阮元亦自幼口吃，读《孟子》至"孟施舍之守气"，期期不能上口，为塾中童子所笑，其母耐心领读，方稍流利。阎、朱、阮堪为清初、中叶、后期学界之代表，阎氏辨《古文尚书》之伪，其功最巨；朱氏奏开馆辑《永乐大典》，间接导致《四库全书》之修纂；阮氏执东南学界牛耳数十年，所在行政兴学，成就斐然。此可见学问之事，自具胸中，正不必利齿灵牙，语如珠玑，呶呶不休，废话连篇，方能哗众取宠且影响方来也。

---

① ［清］杭世骏：《道古堂文集》卷29《阎先生传》，《续修四库全书》本，集部第1426册，第497页。

四〇　阎若璩、汪琬《丧服》之争

清代学术界,因学术争鸣而视若仇寇者,为例不少。如段玉裁、顾广圻之辨《礼记》中数字之校勘,至恶语相向,忘年之友,终至绝交,此为学界熟知之公案。阎若璩、汪琬之论难《丧服》,亦颇似之,详见阎氏《潜邱札记》中。其曰:"汪氏琬与予论《礼服》京师,不合,颇闻其盛气。既而归,近且合刊《正》、《续稿》,悉改而从我。"① 又《与陆翼王书》:"钝翁毁我于朝,又詈我于私室,终不肯已。"又《与陶紫司书》:"承示钝翁《古今五服考异》,酌古佐今,信为不刊之典。但《序》疑及《仪礼》处,谓丈夫三十而娶,为之妻者,乃有夫之姊之长殇之服,不亦异乎,疑姊字误,不知非误也。……此特向吾友弟云尔,不敢为钝翁道也。"又一通曰:"欲叩之,恐婴其怒也。宛转托人致讯,果不出弟所料,学术至此,竟成涂炭矣。"又《与江辰六书》、《与际冰修书》、《与李公凯书》、《与戴唐器书》等,皆驳汪氏之说。② 《四库

---

① [清]阎若璩:《潜邱札记》卷4《丧服翼注》,缩印《文渊阁四库全书》本,第859册,第487页。
② 以上所引,见《潜邱札记》卷6《与陆翼王书》、《与陶紫司书》二通、《与江辰六书》、《与际冰修书》、《与李公凯书》、《与戴唐器书》等,见缩印《文渊阁四库全书》本,第859册,第520页等。

全书总目》论汪氏《尧峰文钞》曰:"琬性狷急,动见人过,交游罕善其终者,又好诋诃,见文章必摘其瑕颣,故恒不满人,亦恒不满于人。与王士祯为同年,后举博学鸿词时,乃与士祯相忤。……又与阎若璩论《礼》相诟,若璩载之《潜邱札记》中,皆为世口实。然从来势相轧者,必其力相敌,不相敌则弱者不敢,强者不屑,不至于互相排击,否则必有先败者,亦不能久相支拄。……若璩博洽亦名一世,不与他人角,而所与角者,惟顾炎武及琬,则琬之文章学问,略可见矣。"①

若依《总目》之说,则若璩似为妄自尊大之人,实则阎氏笃于师友,敬礼有加。如论其业师吴一清曰:"余年二十五岁,始从同里吴太易先生学。"②又曰:"先师吴太易先生问余:'五福无贵,子知其说乎?'对曰:'未也。'先生曰:……此论甚精。"③又曰:"业师吴太易先生谓……语此时,岁在庚子,距今四十有二年。墓木徒拱,著书莫遂,恐有名字翳然之感,为识于此。"《自注》:"先生讳一清,大河卫人。丁酉北闱举人,甲辰拟会元,后二年卒。"④是阎氏于其师卒后四十余年,尚拳拳不忘矣。又阎氏对于友人之说可采者,亦皆虚心接受。如《疏证》卷五上:"余尝有感南沙熊氏将注《春秋》,先求明历。……癸亥三载,于京师就吴任臣志伊

---

① 《四库全书总目》卷173集部别集类二六《尧峰文钞》,下册,第1522页。
② [清]阎若璩:《潜邱札记》卷5《跋邵文庄简端录》,缩印《文渊阁四库全书》本,第859册,第508页。
③ [宋]王应麟撰,清阎若璩等评注:《困学纪闻》卷2"五福不言贵"下阎若璩注,缩印《文渊阁四库全书》本,第854册,第182页。
④ [清]阎若璩:《四书释地三续》卷上"天时不如二句"条,缩印《文渊阁四库全书》本,第210册,第446页。

四〇　阎若璩、汪琬《丧服》之争

学历,归而交秦渊云九里中,益研究之。久之,始得通其术。"① 又阎氏《四书释地三续》称:"胡朏明客京师,余时以书求助于朏明。久之,方肯草数条以应,中有余百思不到者。"② 又卷八论阎氏见姚际恒论《伪古文》之书,"凡十卷,亦有失有得,失与梅氏、郝氏同,得则多超人意见外,喜而手自缮写,散各条下"。③ 吴、胡、姚,皆阎氏净友,阎虽时驳其说,然亦不没其功也。又如阎氏之于黄宗羲,虽有微词,然终以师礼待之。张穆《阎潜邱先生年谱》引阎氏《南雷黄氏哀词序》称,黄氏既卒,阎氏闻凶讯,不觉失声。"闻先生名也久,而知先生爱慕我,肯为我序所著书,许纳我门墙。……余号恸曰:'已矣,吾不获亲及先生之门矣,奈何!'"经友人指点,阎氏遂仿聂双江礼王阳明故事,撰文为赞,拜师于黄氏位前,以"告于大徵君黎翁夫子之灵"。④ 故后来黄嗣艾《南雷学案》收及门弟子,阎氏亦厕其间焉。阎氏对于顾炎武,虽《潜邱札记》卷五驳顾氏六十余条,其中《日知录》四十余条,余则驳《肇域志》等书,但阎之于顾,始终礼敬不已。如《札记》曰:"宁人著有字书五种,托力臣缮写授梓,力臣曾寄一样本来,果博且精,不可及也。尝私愿此地缙绅有如马宛斯其人者,文学中有如傅青主、顾宁人其人

---

① [清]阎若璩:《尚书古文疏证》卷5上"第六十八"按语,缩印《文渊阁四库全书》本,第66册,第255页、
② [清]阎若璩:《四书释地又续》卷上"江汉"条,缩印《文渊阁四库全书》本,第210册,第382页。
③ [清]阎若璩:《尚书古文疏证》卷8"第一百二十一"按语,缩印《文渊阁四库全书》本,第66册,第503页。
④ [清]张穆:《阎潜邱先生年谱》康熙三十四年条,第95页。

者，使后生小子，感奋觉起，绍明古学，直追金华、嘉定诸先生之遗风，岂不盛哉！岂不快哉！"又曰："读陈游击季立书，自知古无叶音之说为精确，宁人书亦非呕数升血读之不可。弟素来鄙薄道学先生不博学。"又"复读宁人《音学五书》，心花怒生，背汗浃出，前辈所谓譬如美人经时再见，转觉昤睐有异耳。不知新城王侍郎何以病扫，几无一足取正。恐能诗未必通韵学也"。又"钝翁不足攻，生平所心摹手追者：顾也、黄也。黄指太冲先生，顾指宁人先生。赞有'观书眼如月'，何敢当！何敢当！"又《札记》中称顾氏，或称"宁人"，或称"宁老"，然则顾氏在阎氏心中，俨然长辈前贤耳。①然阎氏对汪氏则贬汰不留余地。一则曰："钝翁文略一披阅，竟同嚼蜡。无味，奈何？"再则曰"钝翁不足攻"，三则曰："钝翁读书，多不谙文理。难言！难言！"②此则因汪氏学问，远不及阎，而其护短又特甚，故阎氏屡激辱之。而顾氏则学纯品粹，故阎氏虽多驳《日知录》之失，而始终不敢越礼。

质言之，阎之于汪，既不重其学，又不重其人，故斥之不遗余力；阎之于顾，既重其学，又重其人，故驳之谨慎有度也。然《张谱》引《礼记丧服翼注》条后张氏注曰："《札记》有诗云：'汪笔王诗重本朝，

---

① ［清］阎若璩：《潜邱札记》卷6《与刘超宗书》第十八通、《又与石企斋书》第三通、《与戴唐器书》第二十七通、第三十五通，第859册，第558、544、538、541等页。又《札记》卷五《补正日知录》中，称顾氏为"宁老"有十余处之多。

② ［清］阎若璩：《潜邱札记》卷6《与戴堂器书》第二十八通、第三十五通、第三十六通，第859册，第538、541、542页。

四〇　阎若璩、汪琬《丧服》之争

诗尤兼笔挟风骚。晚来酬答争名甚，输与抽身价更高。'又尝称钝翁居乡，人品高绝，可谓恶而知其美矣。"[①]然则阎氏即于汪琬，亦留有余地，并不皆按之入地也。

---

① ［清］张穆:《阎潜邱先生年谱》康熙二十九年条，第84—85页。

四一 "使功不如使过"之出典

《师承记》论阎若璩:"研究经史,寒暑弗彻,尝集陶贞白、皇甫士安语,题所居之柱云:'一物不知,以为深耻;遭人而问,少有宁日。'"[①] 笔者曾遍检皇甫谧书,皆未得其出处,后北大中文系博士李畅然兄告知,检索《四库全书》网络版,方知其出《世说新语·文学》注中。后偶读李详《媿生丛录》曰:"阎潜邱先生少日,集陶贞白、皇甫士安'一物不知,以为深耻;遭人而问,少有宁日'为楹帖。钱竹汀先生文集《阎先生传》、江郑堂《汉学师承记》俱言之。贞白事明见传中,《晋书》士安本传无此。曾询缪艺风、杨星吾两先生,俱云未知。偶读《世说新语·文学篇》'左思'条,刘孝标注引王隐《晋书》有之,欣然如解症结。"[②] 始知先辈读书之广博,非我辈之可及,然今日之有网络,亦前人所未敢想之福分也。

又阎若璩以二十年之功,方考得"使功不如使过"一语乃出自《后汉书·索卢放传》之章怀注,遂慨言"学问之无穷,而尤不可以无年"。而此一掌故,亦遂为清儒勤学之典型,为世所传颂。然笔者曾

[①] [清]江藩纂,漆永祥笺释:《汉学师承记笺释》卷1《阎若璩》,上册,第38—39页。
[②] 李详:《媿生丛录》卷3,《李审言文集》,上册,第470页。

四一 "使功不如使过"之出典

于北大东门旧书摊中得中华书局缩印之宋佚名《重广会史》，偶翻阅之，见其书中有"使功不如使过"条，列《后汉书·索卢放传》《窦宪传》、《汉书·朱博传》、《张敞传》、《王嘉传》、《魏书·高柔传》、《新唐书·李靖传》、《郑从谠传》诸史所载将功补过之例，较阎氏所举更多。①使阎氏见其书，不知感慨又当何如，亦益令我辈感慨学问之无穷矣！

又"使功不如使过"之说，为宋朝君臣尤其为南宋君臣所常言，如《宋史·王显传》："时议亲征契丹，显言：……武臣以罪黜者，宜加容贷，不以一眚遂废，苟用之有恩，必得其死力，故曰'使功不如使过'也。"②他如苏轼《东坡全集》卷70《登州谢两府启》、包拯《包孝肃奏议》卷1《七事》、徐梦莘《三朝北盟会编》卷181《炎兴下帙》、袁燮《絜斋集》卷19《武翼大夫沈君墓志铭》、戴栩《浣川集》卷6《谢丞相得倅信州启》、王迈《臞轩集》卷9《代节推谢帅还职启》等，亦皆言之。盖宋代积贫积弱，屡战屡败，败将降卒，举国皆是，故在多事之秋，自不当苛责当时之文武官员。然失地损兵、辱国丧权之际，此语亦适为彼时君臣推卸责任之借口。故当时人亦有持不同意见者，如张虙论："有功之人盖已见之已试，以徵不仁，收攻必易，人谓'使功不如使过'，非也。"③又许应龙亦有"使功不如使过，以其必能立功

---

① [宋]佚名：《重广会史》卷41"使功不如使过第五"条，中华书局1986年缩印日本藏宋刊孤本，第108—109页。
② 《宋史》卷268《王显传》，中华书局1977年点校本，第26册，第9232页。
③ [宋]张虙：《月令解》卷7"天子乃命将帅"条，影印《文渊阁四库全书》本，经部116册，第572—573页。

自赎也,然奔军之将,不可以语勇,其果足使乎"之策题①。以此题入策,可见当日此语之流行、此法之常施。宋朝将帅,视归降如反掌,了不为斥,故屡战屡败,军纪荡然,宋其不亡,有是理乎!

---

① [宋]许应龙:《东涧集》卷10《召试馆职策问》,影印《文渊阁四库全书》本,集部第1176册,第517页。

四二　何焯之不擅时文

《清稗类钞》载:"阎潜邱,名若璩,初交何义门。何年二十四岁,日与议论时文。潜邱将明二百年名家制义,其中错解题误用事者悉标出之,装为一帙,凡百条,谓此乃代圣贤立说,岂有使别字用讹事者。义门击节叹赏,归而钞撰制义,为《行远集》,悉如潜邱之旨。义门曰:'如此,方见制义之难。'自是,义门益工制义,然构思颇不迅捷,每应举,俱曳白。而数游京师,其科第皆出钦赐,后以安溪李文贞荐,得校书祕阁。"①案何焯自谓:"学至于科举,古人以为末矣。然今日之科举所言,固圣贤之学也。"②故父子经营书坊,以刊刻高头讲章,闻名于世,然己所制则不能中矩,而屡困科场,则亦奇矣。

---

① 徐珂:《清稗类钞·考试类·何义门为不殿试之翰林》,第2册,第683页。
② [清]何焯:《义门先生集》卷10《杂著·义门书塾论文》。

四三　李因笃、武亿、章学诚、汪苍霖与凌坤诸人之好斗

世间凡夫莽汉，嬉皮年少，多喜斗殴滋事，乐在其中。而文人学士，亦有好斗者。吾读清人书，见数人焉：曰李因笃、武亿、章学诚、汪苍霖与凌坤也。陈康祺称李因笃其人：

> 性行忼爽，尚气概而急人患，秉秦中雄直之气。在都门，尝与毛西河论古韵不合，西河强辩，天生气愤填膺，不能答，遂拔剑斫之，西河骇走。①

偃师武亿，身长力沉，喜好金石，凡掘得古碑，皆肩扛之以归。洪亮吉谓武亿尝欲学不动心法，因时诣菜市口，观决囚。又曰：

> 翁学士方纲与亿有渊源，亿顾不善之。殿试日，对策保和殿。日晡，学士派收卷，亦至殿中，语亿曰："汝为我小门

---

① ［清］陈康祺撰，晋石点校：《郎潜纪闻三笔》卷11"卢抱经之遗泽"条，中华书局1984年版，下册，第854页。

四三 李因笃、武亿、章学诚、汪苍霖与凌坤诸人之好斗

生,汝知之乎?"亿忽怒,抵几起曰:"此岂认老师、太老师处乎?"欲拳殴之,临试诸大臣呵禁,乃止。①

翁氏为老不尊,实该受辱。然武亿竟欲于保和殿考试时殴人,其使气胆大可知。又洪亮吉《岁暮怀人》诗有《章进士学诚》一首:

> 鼻窒居然耳复聋,头衔应署老龙钟。未妨障麓留钱癖,竟欲持刀抵舌锋(自注:君与汪明经中议论不合,几至挥刃)。独识每钦王仲任,多容颇詈郭林宗。安昌门下三年住,一事何尝肯曲从(君性刚鲠,居梁文定相公寓邸三年,最为相公所严惮)。②

案实斋之学,在当时无有赏音,故寂喑怪僻,亦好詈斥他人者也。又洪氏记汪苍霖曰:

> 汪苍霖尝以公事赴吴门,回舟与汪明经中同载,二人者,性并傲,且其始皆歙产也。泛论世次,忽谓中曰:"余长君两世。"中曰:"君误矣,余实君曾大父行也。"苍霖恚

---

① [清]洪亮吉撰,刘德权点校:《更生斋文甲集》卷4《又书三友人遗事》,中华书局2001年版,第3册,第1041—1042页。
② [清]洪亮吉撰,刘德权点校:《卷施阁诗》卷15《岁暮怀人二十四首·章进士学诚》,第2册,第810—811页。

甚，欲缚中掷扬子江，以救获免。①

此则纯争口舌，甚无谓也。故容甫子喜孙，曾著文力驳洪氏之说为无据。然容甫之好为大言，目中无人，殆为事实也。盖因其体弱多疾，故虽脾气亦爆，而无力与人争锋，故若不获救，殆为苍霖掷江中为鱼饵矣。

又乌程凌坤，蚤丧母，后母督诸子严，日夕榜棰无人色，伯兄以杖死，坤幼罔知，则大惧，以为必死，遂数求死。或悯之曰："子不闻乎？孝子事亲，小杖则受，大杖则走。"坤遂走山西，乞食于道，有相者见而奇之，令习其技，得钱以自给。因变姓名，自称"铁箫子"。坤既尽相人术，又遍习阴阳家建除丛辰之学，言多奇中，一时惊为神。父执某方官山西，闻之，迹以来，劝之为制举业。道光十一年，应顺天乡试中式，始归见父，跽不敢起，父掖之起，乃退居室。晚年，铨授金华教谕。咸丰十年，浙西寇警，弃官归。家在晟舍，十一年，贼围湖州，众趋坤行，坤叹曰："行将炙之！"贼入其室，掠晟舍，坤方与所善潘生坐饮酒，贼不敢近，贼帅继至，胁之降，坤大骂并格，杀数贼，贼忿，攒刃刺之，死焉。此可谓读书人中"梁山好汉"也。又陈其元《庸闲斋笔记》称，凌坤：

性怪僻，敢为大言。论学直宗孔孟，于宋儒一概抹煞，

---

① ［清］洪亮吉撰，刘德权点校：《更生斋文甲集》卷4《又书三友人遗事》，第3册，第1043页。

四三　李因笃、武亿、章学诚、汪苍霖与凌坤诸人之好斗

而尤恶朱子，极口肆骂。至谓："朱子之父名松，与秦桧之桧字同班辈，而朱子之名则与桧子熺无异。"语极狂悖。课人读四子书，只诵白文，凡朱注尽删之。尝在金华府署中，与其同乡孙柳君孝廉谈及考亭，孙稍右之，遂欲加以白刃。以是人莫敢在其前称紫阳氏者。[①]

若凌氏者，真可谓卫道之儒也。案五陵年少，弄舌泼妇，皆喜以殴斗恶詈，为服人胜算之策。而学人立异，则多以文字罪人，一旦寻衅，铔钉之事，呶呶万言，终身仇毒，而莫能解。观清代段若膺（玉裁）与顾千里（广圻）之争《礼记》数字校勘，即可知也。反不若愚夫村姑，其性外露，心不隔肚。今日不共戴天，明朝仍为兄弟。故学人斗殴，虽有失学者态度，不可为训，然较之笔伐腹非，势若水火，反不若老拳相加，决胜负于瞬息之间为得之矣。

---

① ［清］陈其元撰，杨璐点校：《庸闲斋笔记》卷2"科场中鬼神"条，中华书局1989年版，第29页。

四四　东吴惠氏四世家学

惠栋为乾嘉考据学之首庸，其力主汉学，尤精汉《易》，重师承，守家法，使一代学风为之不变。其屡称"四世家学"，则上溯至其曾祖有声、祖周惕与父士奇。张舜徽先生论："栋则昌言四世。自述生平治《易》与《左传》，皆必上溯渊源于其曾祖朴庵公，所谓朴庵公者，名有声，以教授乡里终其身，乃明末一塾师耳。栋标榜家学，必高远其所从来，不能无溢美之辞，斯亦通人一病。"①案有声为明岁贡生，与同里徐枋友善。明亡，以《九经》教授乡里，尤精于《诗》。有《左传补注》一卷、《百岁堂书目》四卷等，皆不传。其子周惕少传家学，又从徐枋、王士禛、汪琬游，工诗古文词。康熙三十年（1691年），成进士。选庶吉士，因不习国书，外调密云知县，卒于官。精于经学，邃于《易》、《诗》。今传有《诗说》三卷。周惕次子士奇，少即力学，晨夕不辍，博通九经、诸子及《史》、《汉》、《三国志》，皆能闇诵。康熙四十八年（1709年），成进士。官至广东学政。有《易说》六卷、《礼说》十四卷、《春秋说》十五卷、《大学说》一卷等。考有声《左传补注》书虽不传，然其说传至惠栋，终补成《左传补注》六卷。周惕《易传》、

---

① 张舜徽：《清人文集别录》卷5《松崖文钞》，上册，第143页。

四四　东吴惠氏四世家学

《三礼问》、《春秋问》虽不传,然士奇遵其说成《易说》、《礼说》、《春秋说》。至《百岁堂书目》,乃其家世传,后为黄丕烈所藏。然则所谓四世家学者,非虚语也。且当时学者亦如此说,如顾栋高论惠栋之学曰:"盖先生经学,得之半农先生士奇,半农得之砚溪先生周惕,研溪得之朴斋先生有声,历世讲求,始得家法,亦云艰矣。"[1] 惠栋当时,其学大显,南北同尊,初不必借四世家学以壮大声闻,故张先生之说,恐不然矣。

---

[1] ［清］顾栋高:《万卷楼文稿》第四册《周易述叙》,国家图书馆藏钞本。

四五　惠士奇罢官之真相

明清皇帝之惩外任之大员，有俗所谓"杀熟"之法，即各省总督、巡抚、布政使、学政等要员，久任一地，必搜刮民脂，贪脏无度，故待其离任回京，则藉一罪名，迫其以赃款或修城，或治河等，惠士奇之惩修镇江城者，盖亦受此祸耳。士奇于康熙五十九年（1720年）冬，奉命任广东学政，因居官有令闻，雍正帝钦命其连任一届。故在粤六年，大倡经学，任满还都，送行者如堵墙，其得人心如此。然回京后因奏对不称旨，旋奉旨修镇江城。士奇奏对以何不称上意，今不可考，然据《雍正朝起居注册》载，雍正十二年九月："镇守江南京口镇海将军王钺奏：'原任直隶布政使杨绍、原任翰林院侍讲学士惠士奇奉旨修理镇江府城垣，查杨绍共用过银一万八百余两，惠士奇用过银三千九百余两，咸称家产已尽，应否令其回籍？候旨遵行'一疏。奉谕旨：'杨绍准其回籍。惠士奇夤缘督抚，保留两任学政，伊在广东惟事逢迎，巧诈沽名，致令士习浮嚣，毫无整顿约束，深负委用之恩。及离任回京，奸状毕露，派修镇江城垣，又复迟延推诿，将赀财尽为藏匿，只修三千余两之工程，兼欲邀清廉之名，希图脱卸，甚属奸鄙。著仍留镇江，再修二千金之工，该将军奏闻请旨，倘仍敢怠玩，即行

四五　惠士奇罢官之真相

纠参，另加重处。'"①

然雍正帝此前曾两度诏旨称"惠士奇居官声名好"，雍正四年（1726年），士奇尚奉旨"惠士奇在任六年，声名甚好，著来京陛见"。②然《起居注册》中诏语却不同如此，则清世宗自捆其面耳。又清梁章钜《国朝臣工言行记》录惠士奇舟中与子书曰："犹记康熙六十一年秋，试初毕还省城，与将军管源忠、巡抚杨宗仁燕语，管谓予曰：'老先生不名一钱，固善，万一日后奉旨当差，如之何？'杨正色曰：'天理可凭，决无此事，吾能保之。'予摇手曰：'保不得！保不得！'杨愕然曰：'何谓也？'予曰：'男儿堕地，死生祸福已前定，万一吾命当死，公能保我不死耶？君子惟洁乃心，尽厥职而已，他非所知也。'管左右顾，笑曰：'好汉！好汉！'予当时已料及此事，君能致其身，即粉骨分所不辞，倘有几微难色，便非好汉。汝当仰体我心，欢欣鼓舞，以乐饥寒，则我快然无憾矣。"③若如士奇之说，则修城之事，实为预料中事，岂不怪哉！

又考清代学政养廉银，各地不同，广东学政大约每年有三千两，士奇六年所得，亦当有一万八千余两，而修城七年所费，尚不足四千两，其一年养廉银耳，所修不及二十分之一，已家资告竭，终以产尽停工罢官，可知其家无余银如此。其子惠栋，南北奔波，赁屋以居，其祖居红豆斋，由在京之士奇广东籍弟子捐助赎回，此亦可知惠氏绝

---

① 《雍正朝起居注册》雍正十二年九月十六日引《丝纶簿》，第5册，第3999页。
② 《惠氏宗谱》卷五《朱批》，上海图书馆藏民间间刻本，第5册，第23a页。
③ ［清］梁章钜：《国朝臣工言行记》卷13引《测海集》，《清代传记丛刊》本，第55册，第657—658页。

无"将赀财尽为藏匿"之事,而其家道亦从此中衰,即此亦可决其非贪腐之官也明矣。至乾隆元年,士奇虽获起复,所欠修城银两得宽免,然亦成耳聋目昏、半截入土之老者矣。

四六　红豆庄、红豆先生、红豆斋、红豆词与红豆词人

江藩《汉学师承记》卷二《惠士奇》："海内学者称为红豆先生。初，研溪先生由东渚村迁居郡城东南香溪之北，郡城东禅寺有红豆一株，相传白鸽禅师所种，老而枯矣。至是时，复生新枝，研溪先生移一枝植阶前，生意郁然，僧睿目存为绘《红豆新居图》，自题五绝句，又赋《红豆词》十首，和者二百余人。四方名士过吴门者，必停舟访焉。因自号'红豆主人'。所以乡人称研溪先生曰'老红豆先生'，半农先生曰'红豆先生'，松崖先生曰'小红豆'先生。"

案"研溪先生"者，即惠周惕也。周惕尚有红豆斋，亦称红豆书庄，其诗集即有以《红豆集》名卷者，又有《红豆斋时术录》。民国《吴县志》卷三九下《第宅园林》："红豆书庄，惠吉士周惕宅，在城东南冷香溪之北。"又惠周惕《砚溪先生遗稿》卷下《论文十则·附记一则》曰："红豆庄，仆所寓地也。江南有三红豆：一在钱牧斋家，一在王太常家，一在东禅寺。今仆取为己有，故以名庄。"又民国《吴县志》称："四方名士过吴门，必停舟车访焉。传子及孙，六十年来铁干霜皮，有参天之势。庚申，兵燹，树被伐，遗址仅存。"案红豆，亦称相思子，植物名。原产岭南，子大如豌豆，略扁，色鲜红。因其豆

色鲜艳，又圆润可爱，寄物相思，最为可人。历代咏红豆者，以唐王维《相思》"红豆生南国，春来发几枝？愿君多采撷，此物最相思"最为有名。惠周惕五绝句今见《砚溪先生遗稿》卷上《余卜居城东以东邻红豆名斋目存上人为余作图且属诗人石年题其上得五绝句》，如其第二曰："辋川纵好图难肖，履道虽佳画不存。何似阿侬红豆宅，东涂西抹便成村。"又《红豆词》十首见《砚溪先生诗集》卷二《峥嵘集上》。其第三首曰："乌鹊桥头夜半风，馆娃残粉逐时空。可怜一树相思子，露压烟欺只自红。"

又明季清初，另有"红豆词人"焉。吴绮（1619—1694），字半兰，号听翁，一号菰叟，江苏江都（今扬州）人。贡生。著有《艺香词钞》四卷。《清史稿》卷四八四《文苑一·陈维崧传附吴绮》载，吴绮与陈维崧以骈文称。知湖州府，有吏能。"人谓其多风力，尚风节，饶风趣，称为'三风太守'。词最有名，妇孺皆能习之。以有'把酒祝东风，种出双红豆'之句，又称'红豆词人'。"

四七　惠栋之理想社会

惠栋自中年以后，即治汉《易》，而终其身，其《周易述》尚未成完帙，其矻矻孜孜以恢复汉学为己任者，因其理想之社会寓其中焉。此于其考明堂之制即可窥端倪，上古明堂之法，因《周礼·冬官》亡而同亡，后世学者，多有所考，可谓千年聚讼，为礼学一大公案。惠栋以为，《易》之《说卦》中尚存明堂之迹，故详考论之，为《明堂大道录》。其《明堂总论》曰："明堂为天子大庙，禘祭、宗祀、朝觐、耕籍、养老、奠贤、飨射、献俘、治历、望气、告朔、行政，皆行于其中，故为大教之宫。"① 又其《周易述》注解《说卦传》"帝出乎震……成言乎艮"句曰：

> 王者行大享之礼于明堂，谓之禘、郊、祖、宗四大祭，而总谓之禘者，禘其祖之所自出也。一帝配天，功臣从祀。圣人居天子之位，以一德贯三才，行配天之祭，推人道以接天，天神降，地祇出，人鬼格。夫然而阴阳和，风雨顺，

---

① ［清］惠栋：《明堂大道录》卷1《明堂总论》，《丛书集成初编》本，第1035册，第1—2页。

五谷熟，草木茂，民无鄙恶，物无疵厉，群生咸遂，各尽其气，威厉不试，风俗纯美，四夷宾服，诸物之福，可致之详，无不毕至，所谓《既济》定也。庖犠画八卦以赞化育，其道如此。①

案惠氏所论明堂以及禘制中，寓有其理想之社会，较之三代大同世界，似更胜之也。读上述文字，即令处今日之世之我辈，亦欣欣然有向往之志，无怪乎其考论不休也。

---

① ［清］惠栋：《周易述》卷20《说卦传》注，上海古籍出版社1990年版《四库易学丛刊》本，第238页。

四八　惠栋《后汉书补注》成书之不易

惠栋《后汉书补注》二十四卷，仿司马贞《史记索隐》之体，而精核过之。其友顾栋高《序》谓："援据博而考核精，一字不肯放过，亦一字不肯轻下，洵史志中绝无仅有之书也。……俾事粲然可观，约而不漏，详而不繁，注《八志》援引尤多。"[①] 至清末王先谦为《后汉书集解》，徵引惠书甚多，亦足见此书之价值也。

然惠氏注此书，却备受劬劳，今北京大学图书馆藏薛寿校德裕堂刊本《后汉书补注》一部，薛氏因见惠氏原稿，故详为过录惠氏之语，于研究是书及惠氏学行大有裨益。原书十二本，惠氏皆有识语。薛氏所录其第一本末惠氏自识云："雍正九年（1731年），缘事查产，对簿之暇，因著此书。十一年成。"第三本末题云："缘事查产，写吴中醋坊桥。"第四本末云："丁巳（1737年）馆尚衣署撰。"第五本末云："庚申（1740年）寓粤东西湖街撰。"第六本末云："辛酉（1741年）寓金陵库使署抄。"第七本末题云："壬戌（1742年）二月艮受丙撰毕。是年，立闺毕，课子弟。"第八本末云："壬戌三月巽受辛撰毕。"第

---

① ［清］惠栋：《后汉书补注》顾栋高《序》，《丛书集成初编》本，第3770册，第1页。

九本末云:"壬戌四月一日撰毕。"据此则可知惠氏注书之年月,时惠栋父士奇因罚修镇江城,故惠栋识语有"缘事查产"语,其时栋往来镇江、苏州、南京诸地,起居无定,流转他徙,乃一生中最困厄之时期。又从李保泰《后汉书补注跋》、焦循《后汉书训纂序》及薛寿《校本后汉书补注跋》诸说可知,惠氏晚年游扬州,体弱多疾,病于旅次,友人汪棣以参桂之药供之,不啻千金,栋无以报,因以此书稿本、缮本皆赠汪氏,而不自有之。后缮本失去,汪氏自留稿本。稿本因惠氏手订,改涂添补,如蚍蜉蚁子之迹,识辨为难;汪氏复又另缮一部,后因家产顿落,无力校刻,遂将另缮者付同里陈氏,陈氏又有添注、补录,杂缀于书之上方,然较稿本则厘然易读;焦循亦曾向汪氏借稿本缮钞一部,且细考校定;李保泰既手自写录,又乞朋好资助之,再钞录一部,且以此为底本,与汪氏藏稿本、陈氏藏缮本与焦氏钞校本互勘,所刻者即流传之德裕堂本也。于此可见惠氏于罹难中尚著述不辍,俾成完书;而汪氏之拳拳于死友之书,不使散佚;李氏之手自写录,又乞资刊刻。一注、一存、一刻,皆为此书之功臣也。

四九　惠栋妄改

惠栋《周易述》，自为注而自疏之，开清人《十三经》新疏之先河。然改字颇多，贻误后学。惠氏谓："《释文》所载古文，皆薛虞、傅氏之说，必有依据。郑康成传费氏《易》，多得古字，云其称《易》孟氏皆古文，虞仲翔五世传孟氏《易》，所采三家说为多，诸家异同，动盈数百，然此七十余字皆卓然无疑当改正者。"① 其所改易，如《小畜》九三"舆说辐"为"腹"，《泰》六四"翩翩"为"偏偏"，《同人》九四"乘其墉"为"庸"，《咸》初六"咸其拇"为"母"，《明夷》六五"箕子之明夷"为"其子"，《睽》上九"后说之弧"为"壶"，《井》"羸其瓶"为"累"等，实不止七十余字也。其所改之字，除少数脱文、衍文外，多为改今文从古文，或改俗字从古字，实皆不必改耳。后来学者臧庸曾驳惠氏曰："惠定宇氏，经学之巨师也，观戴东原所为《毛郑诗考正》，好逞臆说以夺旧学，谬误颇多，益觉惠氏之遵守古义而发明之，其功为不可及。而好用古字，顿改前人面目，以致疑惑来者，亦非小失，伊所校刻李鼎祚《易集解》，其经与开成刻孔氏正义往往

---

① ［清］惠栋：《九经古义》卷2《周易古义》下，中华书局《丛书集成初编》缩印本，第254册，第18—20页。

互异，初以为有本，后乃疑之，何其与古多合。近在吴门，得一明刻板勘对，始知《雅雨堂丛书》不足据。李《易》与今本不殊，其异者皆惠所私改，向为所欺，至今斯觉，意当世必有同受病者，不敢不为一告也。"[1] 又陈澧亦曾论曰："江氏（声）好改经字，乃惠定宇之派。虽云好古，而适足以为病也。"[2]

---

[1] ［清］臧庸：《拜经日记》卷8"私改周易集解"条，《续修四库全书》本，第1158册，第123页。
[2] ［清］陈澧：《东塾读书记》卷5《尚书》，三联书店1998年版，第94页。

五〇　江声论学术争鸣

　　江声著《尚书集注音疏》一二卷，依其师惠栋《周易述》之例而撰。其意在存今文二十九篇，而有别于梅氏所上二十八篇之伪。前十卷为疏解音注《尚书》本文，十一卷释百篇之叙六十七条，十二卷辑逸文六十二条又附二十条；又卷末补谊九条、续补谊五条；又《尚书集注音疏述》，则自述集之大意，同于叙也；又有《尚书经师系表》则分今文家、古文家，表列而详述之。江氏自刻是书，即乾隆五十八年篆书精刊本。此书之外，江氏即平日治学及与友朋通信，亦多用篆体书写，余曾撰《江声之喜篆书》札记焉。因其书为篆体，故后人多不能读。其书刊布后，孙星衍曾草《尧典质疑》，与之质证商榷。江氏见之，不以为其攻己，而甚悦于心，其于孙氏函札论曰："及阅《质疑》，喜甚。盖拙刻散布者多矣，其得之者以字不通俗而不能阅者有之，其仅仅涉猎者亦有之，其能潜心阅竟与夫爱之而反复数四者亦皆有之，未有如足下精研讨论，寻求间隙，以相驳难者。盖所贵乎朋友者，贵其能箴规训诲，匡所不逮也；所乐乎朋友者，乐其砭我之失，况我以善也。意见时有不合，固无取乎尽合，不合则辨论生，辨论生则谊理明，是此书之幸也。声何幸而得此于足下乎？但拙刻已成，不能追改，惟冀足下刻此《质疑》，以弟所辩者分条散附其间，亦足勒成一书以垂后。"见孙氏《问字堂集赠言》所引。又孙氏《问字堂集》卷四《答江处士声论中星古今不异》亦曰:"文章天下之公,非好辨也。"此足见江氏、孙氏之磊落胸怀也。而"盖所贵乎朋友者,贵其能箴规训诲,匡所不逮也;所乐乎朋友者,乐其砭我之失,况我以善也。意见时有不合,固无取乎尽合,不合则辨论生,辨论生则谊理明"之句,今日之强舌争辩与夫遮羞护短之辈,当书此以置诸案头,以作箴言指南可也。

五一　江永、戴震之不中科第

《汉学师承记》卷五《江永》："然所著《乡党图考》、《四书典林》，帖括之士窃其唾余，取高第掇巍科者数百人，而永以明经终老于家，岂传所谓'志与天地拟者其人不祥'欤！"案《乡党图考》十卷，取经传中制度名物，有涉于乡党者，分为图谱、圣迹、朝聘、宫室、衣服、饮食、器用、容貌、杂典九类，考核精密，其中如深衣、车制，及宫室制度，尤为专门。《四书典林》四十卷，分天文、时令、地理、人伦等二十六部，诸史子集杂书概为收录，大体仿《北堂书钞》之例，先儒说有未精者，辄加按语。又《四书古人典林》十二卷，分帝王、古贤、圣贤、诸侯、大夫、杂人、列女各部，凡二百余人。大旨为便习举业者而作。当时有习江氏书而科举得志者，故江藩有如是语焉。

又案江永弟子戴震，自乾隆二十七年中举，明年入都会试不第，遂南旋；三十一年，再入都会试，仍不第；三十三年，曾应直隶总督方观承之邀，修《直隶河渠书》，未成；三十四年，第三次会试不第；三十六年，第四次会试不第，后修《汾阳县志》；三十七年，第五次会试不第；四十年，第六次会试不第。戴氏之学，既博且精，然其不能为八股文，故屡考而屡不中焉。胡虔《柿叶轩笔记》："戴东原震数应礼部试，分校者争欲致之门下，每于三场五策中物色之不可得，既乃知其对策甚空，诸公以戴淹雅精卓，殆无伦比，而策则如无学者，大是异事。钱辛楣詹事曰：'此东原之所以为东原也。'戴中壬午江南乡试，年四十矣。出青田韩锡胙房，其文诘屈，几不可句读，后以徵修四库书，得庶吉士。"①段玉裁《戴东原先生年谱》乾隆四十年条："是年，会试不第。奉命与乙未贡士一体殿试，赐同进士出身，授翰林院庶吉士。"戴氏于乾隆四十二年五月，卒于官，享年五十有五，正著书之盛年期也。钱大昕《戴震传》："先生起自单寒，独以文学为天子所知，出入著作之庭。馆中有奇文疑义，辄就咨访，先生为考究颠末，各得其意以去。先生亦思勤修其职，以称塞明诏。经进图籍，论次精审。晨夕披览，靡间寒暑，竟以积劳致疾。丁酉夏，卒于官。"《段谱》乾隆四十二年："五月二十七日晡时，先生卒。……盖先生用心过劳，至于痿𤸪而不自止，病已深矣，心烦如欲吐者，庸医乃以黑山栀寒之而吐之，斯不可为矣。呜呼！伤哉！"②

案钱、段二氏，皆以为戴氏乃勤于纂修，积劳成疾，以致不起，所言极是矣！戴氏一生往来南北，奔波衣食，常以借贷度日，所著之书亦无力自刻，而署以他人之名刻之。入四库馆后，生活虽较前安定，然长安谋生，又谈何容易，故南旋之心早萌。是年三月，又获足疾，至于不能行动，以纂修事未毕，乃在寓办理，拟明春告成，乞假南旋。不意书尚未成，斯人已去。真所谓鞠躬尽瘁，死而后已者也！

---

① ［清］胡虔：《柿叶轩笔记》，《续修四库全书》本，第1158册，第38页。
② ［清］段玉裁：《戴东原先生年谱》乾隆四十二年条，北京图书馆藏珍本年谱丛刊影印民国间影印本，第104页。

五二　戴震之尊礼江永

　　学术界一向以为，戴震称江永为"老儒"，乃目无其师，无礼之甚也。《汉学师承记》论江永与戴震相见曰："时江君慎修来歙，见君，目为儒者。一日，举历算中数事曰：'吾积疑十有余年，而未剖析者。'君为之比较，言其所以然。江君惊喜曰：'今之定九也！'"① 又洪榜所撰戴氏《行状》云："婺源江先生永治经数十年，精于《三礼》及步算、钟律、声韵、地名沿革，博综淹贯，岿然大师。先生一见倾心，因取平日所学就质正焉。江先生见其盛年博学，相得甚欢。一日，举历算中数事问先生曰：'吾有所疑，十余年未能决。'先生请其书，谛视之，因为剖析比较，言其所以然。江先生惊喜，叹曰：'累岁之疑，一日而释，其敏不可及也！'先生亦叹江先生之学，周详精整。"② 从洪氏说可知，戴震倾心江永之学，故入其门下，师弟间相得甚欢也。

　　笔者在上海图书馆得阅江永《善余堂文集》吴县潘氏宝山楼核钞本，有戴震乾隆十五年（1750年）所撰《江慎修先生七十寿序》一篇。其曰："吾师江慎斋先生，生朱子之乡，上溯汉、唐、宋以来之绝学，

---

① ［清］江藩纂，漆永祥笺释：《汉学师承记笺释》卷5《戴震》，上册，第525页。
② ［清］洪榜：《戴先生行状》，《戴震全书》本，第7册，第7页。

以六经明晦为己任。震少知向慕；既数年，始获一见；又数年，始拜先生于吾邑之斗山。所读诸经，往来问难，承口讲指画，然后确然见经学之本末。既而先生就馆本邑，未能从学，深怅恨焉。……震少览近儒之书，所心折者数人：刘原甫、王伯厚之于考核，胡朏明、顾景范、阎百诗之于水经地志，顾宁人之于古音，梅定九之于步算，各专精一家。先生之学力思力，实兼之，皆能一一指其得失，苴其阙漏，著述若此，古今良难。"此文叙江氏承继绝学，"以六经明晦为己任"，戴氏少即慕其学，后师从江永，"然后确然见经学之本末"。中间论江氏著述与学问之精核，后论其学实能兼诸家之长，此评价可谓高极矣。民国以来，学界有戴氏不尊江氏之说，观此文当不攻而自破也。该文亦为今人整理之《戴震全集》与《戴震全书》所未收，笔者已整理发表，可补戴集之阙。① 又吾友徐道彬教授认为《善余堂文集》乃伪书，窃以为可能有部分文章非江永之作，然多数仍为江氏之文，戴震此文，非伪作也。

---

① 案关于戴震《江慎修先生七十寿序》全文，可参拙文《新发现戴震江慎修先生七十寿序佚文一篇》，见全国高等院校古籍整理研究工作委员会编《中国典籍与文化》2005年第1期，第122—123页。

五三　段玉裁之尊礼戴震

乾隆二十八年（1763年），戴震入都会试不第，居新安会馆，一时好学之士，皆从其问学，段玉裁亦与焉。别后段氏信札请安，遂自称弟子，戴氏辞之。三十一年，二人再次见于都下，段氏复求拜师，戴氏又面辞之。三十四年，三见于都下，复请，方勉为之。此可见段氏求师之真挚，亦可见戴氏不喜为人师之非虚伪也。此后师徒又两次谋面，皆匆匆而别。师生论学，多以函札往来。戴氏卒后，段氏撰《戴东原集序》，表彰其师之学；又刻《经韵楼丛书》，整理《戴东原集》、《声韵考》诸书，并撰《戴东原先生年谱》刊入丛书中。尤其撰《年谱》时，段氏亦至老耋之年，生活困苦，然仍拳拳于其师之著述，其尊师可谓有始有终矣！此惟崔述之弟子陈履和之事，可堪同风也。桐城姚鼐初亦欲入戴氏门下，为戴婉拒，遂愤郁在胸，戴氏卒后，更起而攻驳之，至苛斥戴氏无嗣乃不尊礼程朱所致，几如村妇之骂街，即此可知姚之非正人君子也审矣。

五四　戴震、钱大昕之高下

　　乾嘉考据学家，戴震与钱大昕同时为学界所尊，然近代以来学者多褒戴而贬钱，其因由则以为戴为哲学家而钱仅考据家耳。然江藩以为"东原之学，以肄经为宗，不读汉以后书，若先生学究天人，博综群籍，自开国以来，蔚然一代儒宗也"。① 则江氏以为钱在戴上。案戴、钱之相识，在乾隆十九年（1754年），当时钱氏仕途顺遂，高中进士，且声誉鹊起，被其座主钱维城称为是科"古学第一人"；而戴氏则因避仇入京，不仅声名全无，且困窘之至。钱氏叙初见戴氏之情形曰："性介特，多与物迕，落落不自得。年三十余，策蹇至京师，困于逆旅，饘粥几不继，人皆目为狂生。一日，携其所著书过予斋，谈论竟日。既去，予目送之，叹曰：'天下奇才也！'"② 二人论学大合，钱氏荐戴氏与修秦蕙田主持之《五礼通考》之编纂，并绍介与纪昀、朱筠、王鸣盛等人，一时"海内皆知有戴先生矣"。此后钱氏在京官运亨通，而戴氏则往来于南北，二人相见论学并交相影响，既各名其学，又所论多合。至朝廷开四库馆，戴氏以布衣入馆修书，结束其颠

---

① ［清］江藩纂，漆永祥笺释：《汉学师承记笺释》卷3《钱大昕》，上册，第321页。
② ［清］钱大昕：《潜研堂文集》卷39《戴先生震传》，第711页。

五四　戴震、钱大昕之高下

沛无定之生活。然钱氏旋离京南下，二人终身再未谋面。

戴、钱生时，相互推扬。钱称戴天算之学"学通天人"，又称赞其所校《水经注》"于经注混淆之处一一厘正，可谓大有功于郦氏矣"。①戴氏殁后，钱氏为作佳传，盛赞戴氏"讲贯礼经制度名物及推步天象，皆洞彻其原本。既乃研精汉儒传注及《方言》、《说文》诸书，由声音文字以求训诂，由训诂以寻义理，实事求是，不偏主一家，亦不过骋其辩以排击前贤"。②可谓表彰不遗余力。而戴氏以为"当代学者，吾以晓徵为第二人"③。东原毅然以第一人自居，但以钱氏居次席，亦足见其对钱氏之重视与推奖。后来尚有学者替钱氏抱不平曰："戴东原先生穷走京师，因钱少詹游扬之言，其名始著，而戴乃云'当代学者，吾以晓徵为第二人'。钱学之博，非戴君所可望，少詹且甘之，为作《戴先生传》附于潜邱、定宇、慎修诸先生后，其度真不可及！"④

若综而观之，戴、钱之学，各有千秋。而戴学未显时，钱氏为其扬名；戴学名天下，钱氏又引为知己，礼敬推服不已；戴氏殁后，钱氏又盖棺论定，推阐表彰其学。即此点而论，钱氏虚怀若谷、淡于争名之高风亮节，实超迈戴氏远甚。前代大师之气度风范，可为万世之楷模！今日学界断断不休、捉对厮杀以争一己之名者，倘略读《潜研堂集》，则亦可以止息矣。

---

① ［清］钱大昕：《潜研堂文集》卷29《跋水经注新校本》，第513页。
② ［清］钱大昕：《潜研堂文集》卷39《戴先生震传》，第710页。
③ ［清］江藩纂，漆永祥笺释：《汉学师承记笺释》卷3《钱大昕》引戴震语，上册，第321页。
④ 李详：《媿生丛录》卷2，《李审言集》本，上册，第454页。

五五　洪榜知戴氏《声类表》

洪榜，字汝登，一字初堂，安徽歙县人。乾隆三十三年（1768年）举人。后应天津召试第一，授中书舍人。卒年三十有五。洪氏精于声韵之学，撰有《四声均和表》五卷、《示儿切语》一卷。案戴震有《声类表》、《转语》二书，后人自段玉裁以还，皆以为《声类表》存而《转语》仅有《转语二十章序》一篇，全书已佚，不知《声类表》即《转语》，二者实为一书也。洪榜生前，与戴氏交密。段玉裁《戴东原先生年谱》乾隆三十七年即称"玉裁见先生于洪孝廉榜寓宅"。时洪、戴皆寓京之时也。洪氏《四声均和表》，依戴震《声类表》与《转语二十章序》之说，全表分喉、吻、舌、齿、唇五音，音有四等，按韵排列，字在某位，即属某母。其韵分等，则依江永《四声切韵表》。洪氏又有《广韵音和急就篇》、《考定广韵同独用四声表》，亦为论韵之作。《示儿切语》一卷，则悉采《广韵》所用切音，上一字定位，下一字定音，同位为双声，同音为叠韵，为三十六字母定位分等，各归其母，并列其等。其依声定位，亦完全仿戴氏《转语》二十章之章次，唯戴氏以"娘"母附"日"母，而洪氏以"娘"附"疑"为误耳。其较江氏，切字增多百三十九字，且分等更为精密。开篇附以《古切音歌》。又《示儿切语跋》："戴氏东原辨字最精，取古所谓牙音、舌头、

五五　洪榜知戴氏《声类表》

舌上、重唇、轻唇、齿头、正齿、喉音、半舌、半齿、凡十类,今戴氏定为喉、吻、舌、齿、唇五类,《四声均和表》所用,是其例也。较古法更为协和。"然则当时学者中,惟洪榜为戴氏音韵学之解人,段玉裁虽为戴氏弟子,又精古音之学,然因不能亲聆言教,更不细究,故于其师之书,竟盲昧莫明也。

五六　袁枚、纪昀之不能酒与刘权之、武亿之豪饮

余酒精过敏，不能饮酒，浅尝辄醉，故交游宴享，朋好痛饮，举桌狂欢，而余唯默坐无言，眼羡心慕而已。古代文士中，苏东坡不善饮，后读清人书，知袁随园（枚）、纪晓岚（昀）、阮伯元（元）等亦不善饮，袁、纪且皆拙于书法，余意方为稍平耳。

清梁章钜撰《浪迹三谈》："随园老人性不近酒，而自称能深知酒味。"又《清稗类钞》曰："袁子才性不饮酒，家中多藏美酿，又喜搜罗酒器。"又述纪昀之事曰：

> 献县纪文达公会试时，出孙端人官允人龙门下。孙豪于酒，尝憾文达不能饮，戏之曰："东坡长处学之可也，何并其短处亦刻画求似？"文达典试，得葛临溪太名正华，酒量冠一世，亟以书报孙。孙覆札云："吾再传而得此君，闻之起舞，但终憾君是蜂腰耳。"①

---

① 徐珂：《清稗类钞》诙谐类"君是蜂腰"条，中华书局2003年版，第4册，第1778页。

五六　袁枚、纪昀之不能酒与刘权之、武亿之豪饮

案苏氏、袁氏、纪氏皆美食家，东坡肘子，随园食单，今日尚且在酒宴间盛行耳。盖皆不善饮，故以美食代之耳。晓岚氏不酒，然极嗜烟，时称"纪大烟袋"。其门下葛正华外，刘权之亦称豪饮。清陈康祺称：

> 刘文恪公权之，酒户极洪，官京朝时，非前门涌金楼之酒不饮。罢相南归，门人史望之尚书致赙，核公饮数于楼肆，据公邸第自取者，五十年中不下二十余万钱，燕会馈遗不计也。①

此又可谓豪饮奢迷之典范焉。又清代河南学界寂寥无闻，惟偃师武虚谷（亿），为朱竹君（筠）门下士，善哭能饮，江郑堂（藩）《汉学师承记》记载甚详。又焦理堂（循）《理堂道听录》曰："乾隆乙卯春二月，予在山左，得晤虚谷，貌魁梧，白须萧萧然。故闻其善饮，是夕共食，见其饮高粱酒五六斤不醉。时已罢令，为临清书院院长。"

唯余小子福薄，每欲向酒海醉乡间觅生，而不能得，人生乐趣，太半去矣。倘有来世，愿生酒坊。酒酿头，酒糟脸，酒皶鼻，酒精肠，面生酒刺，眼自醉迷。长而为酒博士，日数酒枚。妻为酒家娘，子则酒中仙。余于昼日永夜，头挑醉帽，身衣醉缬，行则醉步，乘则醉车，怀抱酒瓵，手擎酒斾，浴在酒池，依于酒床，住醉翁亭，躺醉翁椅，

---

① ［清］陈康祺撰，晋石点校：《郎潜纪闻二笔》卷9"刘文恪酒量"条，下册，第484页。

卧醉翁床，为醉乡侯。拥则醉衾，梦则醉呓。品花则醉西施、醉杨妃，放歌则《醉扶归》、《醉梦迷》。于天神地鬼，睥睨平扫；人情世事，了了无知。而余酒量之洪，胜却刘伶，倍于李白，日与石曼卿辈，为酒狂酒魔。九吐而不少其量，夜阑而不减其兴。思则酒情，发则酒疯。醉会不绝，醉侣满室。酒地花天，酒虎诗龙。醉兀兀，醉陶陶，醉崩腾，醉如泥。醉死酒绿灯红坊，葬埋酒食地狱中。铭曰："酒疯小七之墓"。此生已焉，死则有憾。万祷千祈，冀诸来生！

五七　卢文弨为校书而生

卢文弨在乾隆时，以校勘精审名世，后世将其与顾广圻合称"卢顾"。《师承记》述卢氏所校之书曰："绍弓官京师，与东原交善，始潜心汉学，精于雠校。归田后二十余年，勤事丹铅，垂老不衰。所校之书，《大戴礼记》、《左传》、《经典释文》、《逸周书》、《孟子音义》、《荀子》、《方言》、《释名》、《贾谊新书》、《独断》、《春秋繁露》、《白虎通》、《吕氏春秋》、《韩诗外传》、《颜氏家训》、《封氏闻见记》诸。又取《易》《礼注疏》、《吕氏读诗记》、《魏书》、《宋史》、《金史》、《新唐书》、《列子》、《申鉴》、《新序》、《新论》诸本脱漏者，荟萃一书，名曰《群书拾补》，《抱经堂文集》三十四卷，及《锺山札记》、《龙城札记》刊行于世。"①

案卢氏一生所校之书，难计其数，赵鸿谦撰《卢抱经先生校书年表》载之详矣。卢氏曾自言其有校书之嗜曰："余年十五六，从人借书读，即钞之，久之，患诸书文字多谬误，颇有志于校勘。"② 又曰："文弨于世间技艺，一无所能，童时喜钞书，少长渐喜校书。在中书

---

① ［清］江藩纂，漆永祥笺释：《汉学师承记笺释》卷6《卢文弨》，下册，第566—567页。
② ［清］卢文弨：《抱经堂文集》卷11《书杨武屏先生杂诤后》，第160页。

日,主北平黄昆甫先生家,退直之暇,兹事不废也。其长君在云门,时为侍御史,谓余曰:'人之读书,求己有益耳;若子所为,书并受益矣。'余洒然知其匪誉而实讽也。友人有讲求性命之学者,复谓余此所为玩物丧志者也,子何好焉?斯两言也,一则微而婉,一则简而严,余受之皆未尝咈也,意怦怦有动于中。辍之,遂觉阙然有所失,斯实性之所近,终不可以复反。"①然则卢氏之始力志校书,夙心已早,且其意甚坚,非识戴氏后方始也。其欲尽得天下书而遍校之,且生平不喜奢华奔竞,称:"修炼服饰之事,吾不能为也。……志权势,营财利,侈美观,极耆欲,吾早已淡然不婴于怀已。终日所营营者,惟在乎书策之间。"②比至晚年,仍笃好如此,自称:"余今年七十有六矣,目眵神昏,而复自力为此,亦不专望于子孙,第使古人之遗编完善,悉复其旧,俾后之学者亦获得见完书,于余怀不大惬哉!"③段玉裁亦详记其事曰:"公好校书,终身未尝废。……虽耄,孳孳无怠。早昧爽而起,审阅点勘,朱墨并作……无置茗盌处。日且冥,甫出户散步庭中,俄而篝灯如故,至夜半而后即安。祁寒酷暑不稍闲。官俸脯修所入,不治生产,仅以购书。闻有旧本,必借钞之;闻有善说,必谨录之。一策之间,分别迻写诸本之乖异,字细而必工。今抱经堂藏书万卷皆是也。"④卢氏所刻《抱经堂丛书》与其所校之书,世间视如珍宝。其

---

① [清]卢文弨:《抱经堂文集》卷7《群书拾补小引》,第97页。
② [清]卢文弨:《抱经堂文集》卷10《书真诰后》,第152页。
③ [清]卢文弨:《抱经堂文集》卷10《李轨注扬子法言跋》,第142页。
④ [清]卢文弨:《抱经堂文集》卷首段玉裁《翰林院侍读学士卢公墓志铭》,第1页。

五七　卢文弨为校书而生

校一书而一书受益，天之生抱经先生者，殆即为校书而生也。而今日学界，稍知读古书然不能终卷者，亦持笔点勘，任情改易，使讹舛之本，大行乎书肆之上，古人所谓"灾木"者，正此类也。

五八　王杰之直道立朝

王杰（1725—1805），字伟人，陕西韩城人。乾隆二十六年（1761年）辛巳科一甲第一名及第。时状元本为江苏人赵翼，乾隆帝问群臣方知本朝陕西未出状元，又加之当时西陲用兵得胜，故以王杰为状元。史称"殿试进呈卷列第三。高宗孰视字体如素识，以昔为尹继善缮疏，曾邀宸赏，询知人品，即拔置第一。及引见，风度凝然，上益喜。又以陕人入本朝百余年无大魁者，时值西陲戡定，魁选适得西人，御制诗以纪其事"，乾隆帝诗云"西人获魁西平后，可见天心厌武时"，借代天意，粉饰太平。故王杰为报君恩，一身清廉立朝，不为权贵屈服。官至内阁学士、右都御史、军机大臣、东阁大学士等。王氏"在中枢十余年，事有可否，未尝不委曲陈奏。和珅势方赫，同列隐忍不言，杰遇有不可，辄力争。上知之深，和珅虽厌之而不能去。杰每议政毕，默然独坐。一日，和珅执其手曰：'何柔荑乃尔！'杰正色曰：'王杰手虽好，但不能要钱耳。'和珅赧然"（《清史稿》卷340《王杰传》）。嘉庆五年，荣休返韩城，帝赠诗赞曰"直道一身立廊庙，清风两袖返韩城"。九年入京，卒于京师。追赠为太子太师，谥号文端，祀于北京贤良祠。后人谓其高不逾中人，白发数茎，和蔼近情，而时露刚坚之气。史谓："君子小人消长之机，国运系焉。王杰、董诰、

五八　王杰之直道立朝

朱珪皆高宗拔擢信任之臣,和珅一再间沮,卒不屈挠。一旦共、骦伏法,众正盈朝,摅其忠诚,启沃新主,珍寇息民,苞桑永固。天留数人,弼成仁宗初政之盛,可谓大臣矣。"

五九　钱大昕学有"九难"

钱大昕之学，在乾隆朝可堪与惠栋、戴震鼎足而三。阮元《十驾斋养新录序》谓钱氏之学有"九难"。其曰：

> 国初以来，诸儒或言道德，或言经术，或言史学，或言天学，或言地理，或言文字音韵，或言金石诗文，专精者固多，兼擅者尚少，惟嘉定钱少詹辛楣先生能兼其成。由今言之，盖有九难：先生讲学上书房，归里甚早，人伦师表，履蹈粹然，此人所难能一也；先生深于道德性情之理，持论必执其中，实事必求其是，此人所难能二也；先生潜研经学，传注疏义，无不洞彻原委，此人所难能三也；先生于正史杂史，无不讨寻，订千年未正之讹，此人所难能四也；先生精通天算，《三统》上下，无不推而明之，此人所难能五也；先生校正地志，于天下古今沿革分合，无不考而明之，此人所难能六也；先生于六书音韵，观其会通，得古人声音文字之本，此人所难能七也；先生于金石，无不编录，于官制史事，考核尤精，此人所难能八也；先生诗古文词，及其早岁，久已主盟坛坫，冠冕馆阁，此人所难能九也。合此九难，求

五九　钱大昕学有"九难"

之百载,归于嘉定,孰云不然!

因此之故,后人有将钱氏比作汉代郑玄以来一人而已。即以清儒相较,亦有称其学近顾炎武、朱彝尊者。如王豫《群雅集》卷五《钱大昕小传》注:"竹汀研精经史,制行纯粹,近之顾宁人、朱竹垞也。"更有人称钱氏为"当代通儒第一",如《清史稿·李锐传》:"受经于钱大昕,得中、西异同之奥,于古历算尤深。……当是时,大昕为当代通儒第一,生平未尝亲许人,独于锐则以为胜己。"[①]戴震生前,称"当代学者,吾以晓徵为第二人"。后有李详等人为钱氏抱不平,以为"钱学之博,非戴君所可望,少詹且甘之,为作戴先生传附于潜邱、定宇、慎修诸先生后,其度真不可及"! 见余所记《戴震钱大昕之高下》条。又陈鸿森教授则以为,戴氏说此语时,钱氏之著作,尚多未成,而戴氏将其比作第二人,其评价之高,与夫识鉴之准,非常人所可比,故非有意贬抑钱氏可知,此又一说也。详参拙著《汉学师承记笺释》陈先生大序焉。

---

① 《清史稿》卷507《畴人二·李锐传》,第46册,第13982—13983页。

六〇 "南钱北纪"

清陆以湉《冷庐杂识》卷三曰:

> 嘉定钱竹汀少詹大昕,生周岁能言,祖母沈指"玉"、"而"二字教之,更以他书指示,皆能确认。晬日,盘陈百物,惟取一笔,祖青文茂才王炯谓"此儿他日必有文誉"。入词林后,与纪文达公齐名,有"南钱北纪"之目。①

案纪昀、钱大昕同为乾隆十九年(1754年)进士,又皆以博学多闻,享誉春明。且二人私交甚密,相互钦服。纪昀自乌鲁木齐放还,钱大昕亲往郊外迎接,纪氏出其《乌鲁木齐杂诗》请钱氏作序,今见钱氏《潜研堂文集》中。后四库开馆辑书,纪昀主持馆事,一生心力,萃于其事。时钱大昕已南旋,执教钟山、娄东、紫阳诸书院,专力于《廿二史考异》诸书之撰写。然纪氏于钱氏之学,重视有加,《四库总目》中,《辽》、《金》、《元》诸史及他书提要,多据钱说写定。如《辽

---

① [清]陆以湉撰,崔凡芝点校:《冷庐杂识》卷3"钱少詹"条,中华书局1984年版,第148页。

六〇 "南钱北纪"

史提要》曰:"《文献通考》称辽道宗改无寿昌……殊不思圣宗讳隆绪,道宗为圣宗之孙,何至纪元而犯祖讳。"又《元史提要》:"至于《姚燧传》中,述其论文之语,殆不可晓。证以《元文类》,则引其《送畅纯甫序》而互易其问答之辞,殊为颠倒……"云云。《总目》所言,皆见钱大昕《廿二史考异》,《考异》成于乾隆四十七年(1782年),正提要编纂期也。故翁方纲称此亦可为友朋间"钦服"之证焉。

后人或斥《四库总目》错讹炽盛,以为纪昀不能辞其咎,且谓"南钱北纪"虽然同享美名,然"北纪"之学,远不及"南钱",故若钱氏主持馆事,则《总目》之成书,必不至如此。余窃以为不然,钱氏博通四部,然其所长,在于经、史、小学,且精于考究,而短于会虚;纪氏之学,固不及钱氏之专精,然其于四部皆能会通,其精研《易经》,又于子集两部,较钱氏为长。尤可贵者,纪氏擅于议论,有高屋建瓴之大局观。故《总目》虽于一家一部之书,所论多有缺失,然于四部源流之概述,及通代学术之演绎,言简意精,如数家珍,正章学诚所谓"辨章学术,考镜源流"者,乃目录学之最高境界也。故即钱氏主持编纂《总目》,亦未必能胜纪氏焉。

六一　王昶随清军征川西诸地名

乾隆三十六年（1771年），清廷平缅甸，清高宗命温福移师四川平叛，温福奏请以王昶佐军务，奉旨赏给主事，随往四川军营办事。案川西诸地，其名多为藏语译为汉字，辨别为难。乾隆时，又因四川边外诸番，多用西藏语而地名率与唐古忒字音不合，命国师章嘉瑚土克图重译之，如沃日改为鄂克什，斑斓山改为巴朗拉，日耳改为资哩等。因地名屡经更易，故当时清军交战之地，今为何地，甚难识辨。今以《汉学师承记》中所载王昶等经行之地，辨而明之。金川，土司名。分大、小金川，位于今四川省大、小金川江流域，大金川藏语名"促浸"，意为"大河之滨"，自金川县可至丹巴县章谷镇；小金川藏语"攒拉"，意为"小河之滨"，跨小金、丹巴两县境内。又沃日，安抚司名，乾隆二十年，颁土司沙拉达安抚司印信（后更名鄂克什，亦称鄂什），官寨在沃日，因沃日河得名，位于今四川小金县沃日乡。又革什咱，亦安抚司名，其先魏珠布策凌，康熙三十九年归附。在今四川康定境内。斑斓山，亦作巴朗拉，今作巴朗山，藏语"桎柳"之意，位于今四川小金县东部日隆乡以南，属邛崃山之中段，地势险要，为小金县至灌县必经之道。又斯当安，亦作四道湾，今称四大安，有四大安沟，藏语"上下沟"之意，位于今小金县日尔乡东。又日耳寨，

六一 王昶随清军征川西诸地名

即今日尔街，藏语"山楞"之意。又木雅斯底，亦作木拉斯底，今称木纳斯，藏语"禾苗状之青草"之意，位于今小金县日尔乡木纳斯村。又达乌，今称达维，藏语"石碉"之意，位于小金县达维乡。又墨垄沟，亦作墨陇沟，溪名，位于今小金县抚边乡，有墨垄村。又格六古，亦作博六古，疑为今格尔古，嘉戎语"山包"之意，位于今金川县河西乡。又翁古尔垄，亦作翁古垄，为美诺厅旧治，位于屯务厅西北，前懋功屯治所。又空喀，今作空卡、空卡梁子，山名，位于今四川金川县东南、小金县西部，藏语"白色山洞"之意，为两县之界山。山势险峻，陡峭难攀，终年积雪，为通往金川之主要关隘。又绰斯甲，亦作卓斯甲，因有绰斯甲河（今作杜柯河）得名，原绰斯甲土司周山官寨在此，位于今金川县金川镇西北。又日傍，今作日旁，亦称日旁梁子、日旁岭，山名，位于今四川金川县金川镇北。又俄坡，位于今金川县沙耳乡。又木果木，藏语嘉戎语"右下之地"之意，位于今金川县卡撒拉乡，有木果木山。清军在木果木惨败，几全军覆没，自温福而下文武官员战死88人、士兵3000余人、军粮17000余担、银5万两、大炮5尊，损失惨重，小金川得而复失，史称"木果木之难"。又登达，位于今小金县抚边乡；占固，位于今小金县达维乡北。登春，藏语"窄小"之意，位于今小金县木坡乡，有登春沟。八卦碉，因有八棱形石碉得名，今小金县八角乡，有八角街。又大板昭，藏语"设置官员"之意，位于今小金县两河乡大板村，时平金川，在此设大板昭屯，料理粮务。又谷噶，山名，在今金川县勒乌东北，大金川河东岸。逊克尔宗，亦作僧克宗，今作僧格宗，藏语意为"似狮子之地"，位于今小金县新格乡，为小金川门户。又勒乌，亦作勒外，乾隆前称勒乌围，藏语意为"地势如裙"，为大金川土司官寨所在地，位于今金川县勒乌乡。则朗噶克，近藤光男注以为似为策拉角克，在小金川河西与抚边屯西。若然，则当位于今小金县抚边区。然据上下文意与地形判断，则似当在勒乌围与噶朗依之间为是也。又雍中喇嘛寺，古名金川寺，藏语嘉戎语"雍忠朗"，义为"吉祥神"，即今广法寺，位于今金川县安宁乡。原为藏区波教（黑教）圣地，乾隆四十一年，改为黄教寺庙，赐名广法寺，清代四大皇庙之一，为统治四川西北藏族地区之宗教中心。又噶喇依，亦称嘎尔额，藏语嘉戎语"气候温和小麦成熟"之意，位于今金川县安宁乡安宁村，时为索诺木官寨也。

六二　王鸣盛之所谓"滥用驿马"

六二　王鸣盛之所谓"滥用驿马"

乾隆二十四年（1759年）夏，王鸣盛充福建乡试正考官。"还京，有御史论其驰驿滥用驿马，罣吏议，左迁光禄寺卿。"①案钱大昕记此事曰："未几，御史论其驰驿不谨，部议降二级。明年，授光禄寺卿。"②王昶《王鸣盛传》："事竣还京，以滥用驿马被吏议，左迁光禄寺卿。"③黄文相《西庄居士年谱》乾隆二十四年条：六月甲子，充福建乡试正考官。十二月，罣吏议，去官。《清实录》云："吏部议：御史罗典参奏内阁学士王鸣盛，奉命典试，于路置妾，奉旨交部议处，应将王鸣盛照不应重律私罪，降三级调用。有加一级准抵，仍降二级调用。从之。"④然则所谓"滥用驿马"、"驰驿不谨"者，为王氏讳之也。若无《实录》所载，今人又安能知为王氏"于路置妾"，因风流而降调耶？然此事亦未可全归之王鸣盛风流焉，实则王氏当时仍未有子

---

① ［清］江藩纂，漆永祥笺释：《汉学师承记笺释》卷4《王兰泉先生》，上册，第262页。
② ［清］钱大昕：《潜研堂文集》卷48《西沚先生墓志铭》，第839页。
③ ［清］王昶：《春融堂文集》卷65《王鸣盛传》，《续修四库全书》本，集部第1438册，第302页。
④ 《清高宗实录》卷603乾隆二十四年十二月甲午条，中华书局1986年影印本，第16册，第770页。

嗣，故欲纳妾以冀生子，故深获当时群臣之同情，而罗典虽按律实奏，然终为舆情所不允焉。

六三 "凤洲四部"与"西庄四部"

王鸣盛有贪名，且颇自负，无论古人先贤，皆睥睨如无物。王豫《群雅集》卷五《王鸣盛小传》注："尝问豫曰：'余于古人谁比？'豫曰：'远希伯厚，近匹凤洲。'光禄曰：'余经有《尚书后案》，史有《十七史商榷》，子有《蛾术篇》，集有《诗文》，以匹凤洲四部，其庶几焉！'"

案王世贞（1526—1590），字元美，号凤洲，又号弇州山人，明太仓州人。二十二岁中进士，累官至南京刑部尚书。世贞与李攀龙、徐中行、梁有誉、宗臣、谢榛、吴国伦合称"后七子"。攀龙死，世贞独领文坛二十年，著有《弇州山人四部稿》一百七十四卷（含《艺苑卮言》八卷，《附录》四卷）、《弇州山人续稿》二百零七卷、《弇山堂别集》一百卷、《凤洲笔记》、《全明诗话》、《觚不觚录》、《嘉靖以来首辅传》等。负博一世之才，下笔千言，波谲云诡，而又尚论古人，博综掌故，下逮书、画、词、曲、博、弈之属，无所不通。其曰"四部"者，《赋部》、《诗部》、《文部》、《说部》也。《正稿·说部》凡七种：《札记内篇》、《札记外篇》、《左逸》、《短长》、《艺苑卮言》、《卮言附录》、《宛委余篇》。《续稿》但有《赋》、《诗》、《文》三部，而无《说部》。《四库全书总目》称："考自古文集之富，未有过于世贞者。其摹秦仿汉，与七子门径相同。而博综典籍，谙习掌故，则后七子不及，前七子亦不及，无论广续诸子也。惟其早年，自命太高，求名太急，虚憍恃气，持论遂至一偏。又负其渊博，或不暇检点，贻议者口实。故其盛也，推尊之者遍天下；及其衰也，攻击之者亦遍天下。""然世贞才学富赡，规模终大。譬诸五都列肆，百货具陈，真伪骈罗，良楛淆杂，而名材瑰宝，亦未尝不错出其中。知末流之失可矣。以末流之失而尽废世贞之集，则非通论也。"故世贞才学，以一人奄古今制作而有之，虽为七子之一，实则一雄独霸，后来诸人，莫不仿而学之。又喜奖护后进，衣食寒士，惓惓如若己出，影响之大，一代少有匹俦焉。

而王鸣盛尝取杜少陵诗句，以西庄自号，年少即具大志。入紫阳书院沈德潜门下，与王昶、钱大昕、吴企晋、曹仁虎、赵文哲、黄文莲相唱和，德潜以为不下"嘉靖七子"，时号"嘉定七子"。乾隆十九年庄培因榜，以一甲第二名及第。著有《尚书后案》、《十七史商榷》、《蛾述篇》、《西沚居士集》等。《后案》三十卷《尚书后辨附》一卷，王氏自称所以为发挥郑氏一家之学也。其书广搜郑注，以为准的，其残阙者，则取马融、王肃传疏益之。名曰后案者，以言最后所存之案也。至伪古文尚书二十五篇，则别为后辨以附其后。《十七史商榷》一百卷，十七史者，谓史、汉、后汉书、三国志、晋书、南史、宋、齐、梁、陈书、北史、魏、齐、周、隋书、新、旧唐书、新、旧五代史，实则十九史也。《缀言》二卷则为讨论编年体与通鉴等史家之义例。凡讹脱衍倒，皆为勘正，又举其中典制事迹，诠解蒙滞，审核踳驳，以成是书，故名曰《商榷》。《蛾术编》原本一百卷，其目有十：说录、说字、说地、说制、说人、说物、说集、说刻、说通、说系。其书辨

六三 "凤洲四部"与"西庄四部"

博详明，与洪容斋、王深宁不相上下。后所刻之本为八十二卷，为王氏平时论学之作之汇编。由迮鹤寿参校，校刻时核对原文，为注出处，出言过分者则稍圆其说，迮氏所注亦存书中。鸣盛诗宗盛唐，中年出入于香山、东坡，晚年独爱玉溪生，谓少陵以后一人，手定《西沚居士集》二十四卷，古文若干卷。又纂有《周礼军赋说》四卷，主编有《江左十子诗钞》十卷、《宝山十家诗》十卷、《江浙十二家诗选》二十四卷等，可谓著述等身，不让他家焉。

究而言之，凤洲在当时及后来，尤其诗文领域，影响甚大，远超西庄居士在当时之声名；然以治学之严谨，经史四部学问之博涉专精，则凤洲远非西庄之匹。鸣盛自负自傲，亦所谓有恃而无恐者也。惟其好诋诃先辈时贤，其妻弟钱大昕曾撰文以劝，以为"学问乃千秋事。订讹规过，非以訾毁前人，实以嘉惠后学。但议论需平允，词气需谦和。一事之失，无妨全体之善。不可效宋儒所云，一有差失，则余无足观尔。郑康成以祭公为叶公，不害其为大儒；司马子长以子产为郑公子，不害其为良史。言之不足传者，其得失固无足辩。即自命为立言矣，千虑容有一失；后人或因其言而信之，其贻累于古人者不少。去其一非，成其百是；古人可作，当乐有诤友不乐有佞臣也。且其言而诚误也，吾虽不言，后必有言之者，虽欲掩之，恶得所掩之。所虑者，古人本不误，而吾从而误驳之。此则无损于古人，而适以成吾之妄"。① 钱氏此论，则不仅为王氏说法，乃学界当共尊共守之法戒也。

---

① ［清］钱大昕撰、吕友仁校点《潜研堂文集》卷35《答王西庄书》，上海古籍出版社1989年版，第636页。

六四　汪中之好骂与被骂

汪中生前，人称"狂生"，其好骂与被骂，一时罕有其俦。《师承记》述其事曰："君性情伉直，不信释老阴阳神怪之说，又不喜宋儒性命之学。朱子之外，有举其名者，必痛诋之。……且言世多淫祀，尤为惑人心，害政事。见人邀福祠祷者，辄骂不休，聆者掩耳疾走，而君益自喜。于时流不轻许可，有盛名于世者，必肆讥弹。人或规之，则曰：'吾所骂者，皆非不知古今者，惟恐莠乱苗尔；若方苞、袁枚辈，岂屑屑骂之哉！'"①卢文弨《公祭汪容甫中文》："君实不狂，而众曰狂。皮里春秋，泾渭分明。彼妄男子，号召群愚。如膻集蚁，如矢丛蛆。世奉尊奢，君实唾弃。"②又孙星衍《汪中传》称，汪氏于当代名流"皆辩难无所让，别自书当代名人姓字，品核高下，人愈嫉之，以为汪中善骂人。中曰：'吾乡多贾人，不知学短长，日见诼者众，遭骂乃疑为俊士，且吾不骂庸俗人也。得吾骂亦大难。或言遭骂，妄传耳。'"③又洪亮吉《又书三友人遗事》："中议论故抑扬以耸从听。时侨居扬州

---

① ［清］江藩纂，漆永祥笺释：《汉学师承记笺释》卷7《汪中》，下册，第721页。
② ［清］卢文弨：《抱经堂文集》卷34《公祭汪容甫中文》，第463页。
③ ［清］孙星衍：《五松园文稿》卷1《汪中传》，《丛书集成新编》本，第77册，第713页。

六四　汪中之好骂与被骂

程吏部晋芳、兴化任礼部大椿、顾明经九苞，皆以读书该博有盛名。中众中语曰：'扬州一府，通者三人，不通者三人：通者高邮王念孙、宝应刘台拱与中是也，不通者即指吏部等。'适有荐绅里居者，因盛服访中，并乞针砭。中大言曰：'汝不在不通之列。'其人喜过望。中徐曰：'汝再读三十年，可以望不通矣。'中诙谐皆此类也。"①诸家之说，汪中子喜孙以为不尽符实，故其《孤儿编》辨之甚悉，然虽事有出入，而汪中之好骂与被骂，则皆为实情也。当时痛批汪氏者多，最著者则有三人：曰翁方纲、曰方东树、曰章学诚。翁氏曰："有生员汪中者，则公然为《墨子》撰叙，自言能治《墨子》，且敢言孟子之言兼爱无父为诬墨子，此则又名教之罪人，又无疑也。昔翰林蒋士铨，掌教于扬州，汪中以'女子之嫁往送之门'是何门为问，蒋不能答，因衔之，言于学使者，欲置汪中劣等，吾尝笑蒋之不学也。今见汪中治《墨子》之言，则当时褫其生员衣顶，固法所宜矣。"②方东树曰："汪氏既斥《大学》，欲废《四子书》之名，而作《墨子表微序》，顾极尊墨子，真颠倒邪见也。"又曰："扬州汪氏，谓文之衰自昌黎始，其后扬州学派皆主此论，力诋八家之文为伪体，阮元著《文笔考》，以为有韵者为文，其旨亦如此。"③

---

① ［清］洪亮吉：《更生斋文甲集》卷4《又书三友人遗事》，《洪亮吉集》本，第3册，第1040—1041页。
② ［清］翁方纲：《复初斋文集》卷15《书墨子》，《续修四库全书》本，集部第1455册，第493页。
③ ［清］方东树纂，漆永祥汇校：《汉学商兑》卷中之上，第87页；又同书卷下，第213页。

又章学诚《文史通义·外篇一·立言有本》、《述学驳文》以及《章氏遗书》卷二九《外集二·又答朱少白》诸文，皆力斥汪氏者，其论汪氏《述学内篇》曰：

> 大约杂举经学、小学、辨别名诂义训，时尚所趋。初无类例，亦无次序。苟使全书果有立言之宗，恐其孤立而鲜助也。杂引经传，以证其义，博采旁搜，以畅其旨，则此纷然丛出者，亦当列为《杂篇》，不但不可为内，亦并不可为外也。观其《外篇》，而况本无著书之旨乎？彼谓经传小学，其品尊严，宜次为内篇乎？呜呼！古人著书，各有立言之宗，内外分篇，盖有经纬，非如艺文著录，必甲经传乙丙子史也。汪氏之书，不过说部杂考之流，亦田氏之中驷，何以为内篇哉？古人著书，凡内篇必立其言要旨，外杂诸篇，取与内篇之旨相为经纬，一书只如一篇，无泛分内外之例。观其《外篇》，则序记杂文，泛应词章，斯乃与《述学》标题，如风马牛，列为《外篇》，以拟诸子，可谓貌同而心异矣。此正汪之所长，使不分心于著述，固可进于专家之业也。内其所外，而外其所内，识力闇于内，而名心骛于外也。惜哉！①

---

① ［清］章学诚著，仓修良编：《文史通义新编·外篇一·立言有本》，上海古籍出版社1993年版，第254—255页。

六四　汪中之好骂与被骂

案章氏所讥汪氏者，后人又以其说讥章氏《文史通义》之《内》、《外篇》，亦杂乱如汪氏之书，正所谓察之千里而失之目睫者也。荀子曰："肉腐出虫，鱼枯生蠹。"人之有能有不能，善攻人之短者，己亦必有所短为人所攻，此亦理之所必然者也。

六五　汪中父子有遗传之心脏病

《师承记》又述汪中曰:"藩弱冠时即与君定交,日相过从,尝谓藩曰:'予于学无所不窥,而独不能明九章之术。近日患怔忡,一构思则君火动而头目晕眩矣。子年富力强,何不为此绝学。'"① 又汪中子喜孙《容甫先生年谱》乾隆四十二年条曰:"先君少习经世之学,三十以后病怔忡,闻金鼓鸡犬声,夜不成寐。"又五十五年条引汪中《上谢侍郎书》曰:"某心悸日加。"又乾隆九年条:"计先君生五十有一年,少苦孤露,长苦奔走,晚苦疾痰。"又五十二年条引汪中《与赵昧辛书》曰:"某素有肝气。"② 又汪喜孙《自撰年谱》嘉庆十五年条:"是年冬,病弱,自分必死。"③ 又喜孙《与王念孙书一》:"因数年前久病心悸……昏瞀之余,怔营何似!"又同卷《与朝鲜李尚迪书》:"仆心悸,并平日服习之书名、人名,一时健忘,忽忽若瞽。……怔忡不

---

① ［清］江藩纂,漆永祥笺释:《汉学师承记笺释》卷7《汪中》,下册,第727页。
② ［清］汪喜孙:《容甫先生年谱》,《汪喜孙著作集》,下册,第1110、1144、1069、1138页。
③ ［清］汪喜孙:《自撰年谱》嘉庆十五年条,《汪喜孙著作集》,下册,第1188页。

六五　汪中父子有遗传之心脏病

寐。"① 汪氏书中，此类之语尚多。

案怔忡，即心悸症，汪氏父子同患此病。明朱橚《普济方》卷18《心脏门·怔忡》：

> 夫怔忡者，此心在不足也。盖心主于血，血乃心之主，心乃形之君，血富则心君自安矣。每因汲汲富贵，戚戚贫贱，又思所爱，触事不意，真血虚耗，心帝失辅，渐成怔忡不已，变生诸证，舌强恍惚，善忧悲，少颜色，皆心病之候。

考汪中父一元（1708—1749）年仅42岁，素患咯血之疾。汪中51岁，喜孙（1786—1847）年62岁。由此可知，汪氏家族盖有遗传之心脏病，又易染肝疾。时人谓汪中"有三畏：一畏雷电，二畏鸡鸣，三畏妇人诟谇声"。② 此正因汪氏心悸之症，易静不易噪，故畏震雷、鸡鸣及吵嚷耳。汪中卒之前夜，与友人痛饮于西湖，正因饮酒过量而导致心脏病骤发而逝也。

---

① ［清］汪喜孙：《汪孟慈集》卷5《与王念孙书一》、《与朝鲜李尚迪书》，《汪喜孙著作集》，上册，第182、198页。
② ［清］易宗夔：《新世说》卷1《言语》，《清代传记丛刊》本，第18册，第207页。

六六　汪中"六君子赞"、"七君子颂"与"通者十九人"说

凌廷堪《校礼堂文集》卷三五《汪容甫墓志铭》：

> 君治经宗汉学，谓国朝诸儒崛起，接二千余年沉沦之绪，通儒如顾宁人、阎百诗、梅定九、胡朏明、惠定宇、戴东原，皆继往开来者。亭林始闿其端；《河》、《洛》图书，至胡氏而绌；中西推步，至梅氏而精；力攻古文者，阎氏也；专治汉《易》者，惠氏也；及东原出而集大成焉。拟作《六儒颂》，未成。

案汪中"六儒"之说，近代以来颇有影响，为学术界所称引。然其子喜孙《孤儿编》卷三《校礼堂文集凌仲子先君铭正误》曰："朱光禄云：'先生欲为《七君子颂》，有万季野。'"又同书卷二《先君学行记》亦述此事。又汪喜孙《汪氏学行记》卷四《刘逢禄容甫先生遗书序》，论其父"又尝标举国初以来大儒七人，通十九人，以诏后学，其自命盖司马迁、扬雄之俦"。案所谓十九人者，张其锦《凌次仲先生年谱》卷一乾隆四十九年条曰：

六六　汪中"六君子赞"、"七君子颂"与"通者十九人"说

　　扬州汪容甫先生中，其论学最恶宋儒。……于时流恒多否而少可，及与先生相见，辨论古今，深为折服，手书一十六人姓名示之：嘉定钱少詹大昕，江宁府学教授钱学渊塘，陕西候补直隶州州判钱献之坫，廪生金其章曰追，附生李生甫赓芸，长洲布衣江艮庭声、江国屏藩，江浦副贡生韩绍真廷秀，阳湖进士庄保琛述祖，歙举人程易田瑶田、修撰金辅之榜，宝应举人刘端临台拱，高邮进士李孝臣惇，余姚编修邵与桐晋涵，曲阜检讨孔㧑约广森，仁和翰林院侍读学士卢召弓文弨。曰："此皆海内通人也，与吾凤相交契者，今得君，合十有七矣。"

　　案此所称"君"者，指凌廷堪也。汪中所谓"通"者，博通、会通之谓也。洪亮吉《更生斋文甲集》卷四《又书三友人遗事》曰：

　　汪中恃学傲物，少所许可。少孤贫，事母极孝，家无书，因日往书肆中翻阅，即十得六七，补博士弟子，后肄业安定书院。……人目之为"狂生，狂生"。中议论故抑扬以耸众听。时侨居扬州程吏部晋芳、兴化任礼部大椿、顾明经九苞，皆以读书该博，有盛名。中众中语曰："扬州一府，通者三人，不通者三人。通者高邮王念孙、宝应刘台拱与中是也；不通者即指吏部等。"适有荐绅里居者，因盛服访中，兼乞针砭。中大言曰："汝不在不通之列。"其人喜过望，中徐曰：

149

"汝再读三十年书，可以望不通矣。"中诙谐皆此类也。

案上述十七人中，刘台拱已赫然在列，若洪氏之说不误，则再增入高邮王念孙与汪中本人，则恰合"十九人"之数也。

六七 "谈天三友"

"谈天三友"之说，一般说法多以为乃嘉庆间焦循（1763—1820）、汪莱（1768—1813）、李锐（1773—1817），如《畴人传·李锐传》称："尚之（李锐）在嘉庆间与汪君孝婴、焦君里堂齐名，时人目为'谈天三友'。"然亦有不同说法者，如阮元《定香亭笔谈》卷四称，焦循"朴厚笃学，邃于经义，尤精于天文步算，与李尚之（锐）、凌次仲（廷堪）为'谈天三友'"。又焦循子焦廷琥《先府君事略》引焦循语称"凌仲子（廷堪）先生、李尚之（锐）先生、汪孝婴（莱）先生为'谈天三友'"。案凌廷堪之学，长于《仪礼》，精于戏曲，于天算虽亦兼通，然非其所擅，且与汪、李二人交接为少，故论"谈天三友"，仍当以焦循、汪莱、李锐三人为确焉。

焦、汪、李三人关系密切，共研算学，现略述之：焦氏于乾隆五十五年（1790年）以所著《群经宫室图》寄钱大昕求正，亦分赠一部与李锐，李函札相谢，是为二人交往之始。焦与汪莱相识在乾隆五十七年（1792年），汪莱与李锐之相识，则在嘉庆六年（1801年）。三人皆精算学，故时称"谈天三友"。此后三人往来于杭州、扬州、京师等地，或面晤，或信札往来，商讨争论，各致其力。焦氏《答李尚之书二》曰："弟终日孤坐，颇伤离索，中夜不寐，每思得吾兄与孝婴争辨一室，而弟从旁评论之，不可得也。"可见三人当时争论算学乃常有之事。汪氏《衡斋算学》第五册著成寄焦氏，焦出示于李锐，李读后称"是书穷幽极微，真算氏之最也"，见其所作《跋》。且后因争论算学，汪、李二人乃至交恶。《汉学师承记》卷六《洪榜》附论其事称，汪莱"与元和李尚之锐论开方题解，及秦九韶立天元一法不合，遂如寇仇，终身不相见。噫！过矣"。《衡斋算学》第七册汪氏《序》曰："太守之客则吾友沈君狎鸥、李君尚之，聚散离合，于斯感焉。"盖有所感而发焉。今《衡斋算学》第七册《诸乘方数根数真数糅杂设题式并诀》一卷及李氏《开方说》，皆二人争论后产生之成果。关于汪、李之争及两家数学之别，焦循《汪孝婴别传》末所论甚详，其曰："今世精九数之学者，惟孝婴及李尚之，尚之善古人所已言，而阐发得其真；孝婴善言古人所未言，而引伸得其间。尚之精实，如诗之有少陵也；孝婴超异，如诗之有太白也。"焦氏下详论两家之观点，末平衡两家之说曰："尚之究乎既商之后，孝婴审于未商之先，言若殊趋，义实互证，亲此者或斥彼，迩彼者或诋此，故相传其龃龉焉。然而绝学之显，端由两君。"另参李兆华《衡斋算学校证·汪莱及其衡斋算学》，吴文俊、李兆华主编《中国数学史大系》第八卷《清中期到清末》第一编第二章《焦循汪莱李锐的研究工作》诸书。

六八　焦循之讥刺隐士

自清季至民国以降，论及清代考据学之发达，每谓清廷禁书与文字狱厉禁之恶果，复谓考据学家乃埋首故纸，以隐为生者，若龚自珍诗称"避席畏闻文字狱，著书都为稻粱谋"之谓也。实则大谬不然。若焦循一生阻于功名，又体弱多疾，坎坷贫困，故治《易》以终，似为隐士矣，然焦氏极恶时人称其为隐士。其曰："余以病家处者十年，每莎笠短衣，与一二佃客杂刺船湖中，不知余姓名者或亦谓非尝刺船者也。然余逢人必告以姓名，唯恐人疑余为隐于舟者。"① 焦氏又纵论隐士曰：

> 人不可隐，不能隐，亦无所为隐！有周公、孔子之学而不仕，乃可以称隐，然有周公、孔子之学则不必隐。许由、巢父、沮、溺、荷蓧丈人、直郭、平原、朱桃椎、仲长、子光之流耳，自负其孤子之性，自知不能益人家国，托迹于山溪林莽以匿其拙，故吟咏风月则有余，立异矫世、苦节独行则有余，出而操天下之柄则不足。巢父、许由必不能治鸿水；

---

① ［清］焦循著，刘建臻点校：《雕菰集》卷17《〈舟隐图〉序》，上册，第322页。

> 沮、溺、丈人必不能驱猛兽、成《春秋》以惧乱臣贼子；四皓、严光必不能与萧、曹、邓、寇并立功勋。是故耕而食、凿而饮，分也；出则为殷浩、房管，贻笑天下。宜于朝则朝，宜于野则野，圣人之藏，所以待用也。无可用之具而自托于隐，悖也。隐，不隐者也。故曰：不可隐，不能隐，亦无所为隐也！[①]

焦循以治世致用为准的，推翻传统以隐为高尚之传统观念，讥刺自古以来隐逸之士为"无可用之具而自托于隐"。乾嘉学者无论仕与不仕，皆反对消极隐遁，焦氏此语足以代表他们共同之心理，谓其为屠刀下之苟活者。然耶？否耶？

---

① ［清］焦循著，刘建臻点校：《雕菰集》卷7《非隐》，上册，第126页。

六九 "南江北江"

邵晋涵（1743—1796），字与桐，号二云，又号南江，浙江余姚人。乾隆三十六年（1771年）进士，入四库全书馆任编修。以史学著称。垂髫时，侍寝于乃祖。每丙夜，老人睡醒，辄持学士足，令背诵日间所读书，或举经史疑义、前贤故实相告，语不熟记，则摇之使不得畅眠。以是学士湔润家诰，卒成通儒。[1] 洪亮吉少孤，其父未及命名，初名莲，字华峰。壬辰年改名礼吉，辛丑京试礼部，以嫌名当有所避，复改今名，号北江。洪氏《送邵秘校晋涵入都补官》诗有"礼堂若写群经定，君署南江我北江"句。自注云："君据《汉书·地理志》许君《说文》，定分江水从余姚入海，因自号南江；余亦据《地理志》毗陵北江在北东入海，因彦其堂曰西蠡北江。"[2]

---

[1] ［清］陈康祺撰，晋石点校：《郎潜纪闻二笔》卷1"邵二云幼时之逸事"条，中华书局1984年版，下册，第339页。
[2] ［清］洪亮吉撰，刘德权点校：《卷施阁诗》卷八《灵岩天竺集·送邵秘校晋涵入都补官》，中华书局2001年版，第2册，第614页。

七〇　洪亮吉、王念孙上时政疏

嘉庆帝亲政，洪亮吉入京修《高宗实录》，教习庶吉士，因与同馆不合，将乞假南归矣，时朝廷大开言路，洪氏遂"陈时政数千言，谓故福郡王所过繁费，州县供亿，致虚藏帑；故相和珅擅权时，达官清选或贽门下，或屈膝求擢。罗列中外官罔上负国者四十余人，作书上成亲王，及朱文正、刘相国权之，进呈御览"。[1]案此即洪氏《乞假将归留别成亲王极言时政启》，中有"日侍三天，追随匝岁"语[2]，可知其与成亲王过往甚密，而朱珪乃其师朱筠之弟，且为洪氏乾隆五十五年中进士时之座师，刘权之为其乾隆三十九年中副榜时之座师，故洪氏此疏抄为三份，上呈三人，冀达御览。然史载："编修洪亮吉上书王大臣言事戆直，成亲王径以上达，权之与朱珪未即呈奏，有旨诘问，自请严议。上以权之人品端正，平时陈奏不欺，宽其处分。"[3]此可知朱、刘二人因惧祸而皆未敢上达，而成亲王乃皇亲国戚，无所顾忌，故上呈帝览，遭嘉庆帝严斥后，朱、刘二氏方将疏文上达也。

洪氏此疏在当时反响极大，其《哭任军门承恩》"不游爱咏新奇

---

[1]　[清]江藩纂，漆永祥笺释：《汉学师承记笺释》卷4《江亮吉》，上册，第458页。
[2]　[清]洪亮吉撰，刘权之点校：《卷施阁文甲集·续卷》，第1册，第223页。
[3]　《清史稿》卷341《刘权之传》，第37册，第11097页。

七〇　洪亮吉、王念孙上时政疏

句,分道为收旧奏章"句自注曰:"予去岁大考后,以弟丧乞假归,都下盛传予疏,竞相传写,间有失真者,公恐又成伪稿之事,百计为购而焚之。"① 然疏文不载其集中,盖因其子饴孙有所避讳之故。当时流传者,多非原稿之文,江藩纂《汉学师承记》时亦未亲见其文,故其所谓"罗列中外官罔上负国者四十余人"(诸家传状亦同),及上文"故福郡王所过繁费,州县供亿,致虚藏帑",皆与疏文不符。今存疏文中所罗列诸官,如苏凌阿、戴如煌、吴省兰、吴省钦、福康安、和琳、孙士毅、宜绵、惠龄、福宁、景安、秦承恩、李奉翰、郑元璹、富纲、江兰等,不及二十人而已。

洪氏此启有"自三四月以来,视朝稍晏,又窃恐退朝之后,俳优近习之人荧惑圣听者不少",又称"乾隆初年,纯皇帝宵旰不遑,勤求至治"等语。② 此则直刺嘉庆帝晏于视朝,身近俳优,为宵小所惑,而乃父则勤求至治,岂不又暗含之子不肖之讥,无怪乎嘉庆帝震怒不已也。

而嘉庆四年(1799年),王念孙弹劾和珅,其奏折有句曰:"臣闻帝尧之世,亦有共骥,及至虞舜在位,咸就诛殛。由此言之,大行太上皇帝在天之灵,固有待于皇上之睿断也。"③ 以帝尧与共骥,比之乾隆帝与和珅,而以虞舜许之嘉庆帝,冀其诛殛权奸。此设喻之妙,用

---

① [清]洪亮吉撰,刘权之点校:《卷施阁诗》卷20《哭任军门承恩》,第2册,第938页。
② [清]洪亮吉撰,刘权之点校:《卷施阁文甲集·续卷》,第1册,第223—224页。
③ [清]王念孙:《王石臞先生遗文》卷1《敬陈剿贼事宜摺》,江苏古籍出版社2000年影印《高邮王氏遗书》本,第119页。

典之切,出言之谨慎含蓄,可谓极矣。且既不失乾隆、嘉庆二帝之颜面,又极言和珅之当诛,故为嘉庆帝嘉纳焉。和珅既除,王念孙遂为名御史,直声中外,时人称之为"凤鸣朝阳"[①];而洪亮吉则以私论国政,免死遣戍伊犁,头颅得以保全,已是万幸矣。或言念孙折中此数句,乃与其子引之切磨之结果,然则王氏父子之精敏,与洪亮吉之戆直,真不可以道里计矣!

---

① 《高邮王氏六叶传状碑志集》卷1徐士芬《原任直隶永定河道王公事略状》,《高邮王氏遗书》本,第9页。

七一　凌廷堪论学术盛衰

凌廷堪(1757—1809)，字次仲，安徽歙县人。从翁方纲习举业。乾隆五十五年(1790年)中进士，例授知县，自请改为教职，为宁国府学教授。治学广博，以礼见长，有《礼经释例》诸书。其《辨学》论学术盛衰曰：

> 今夫天地之气，一废一兴，一盛一衰，学术之变迁亦若斯而已矣。故当其将盛也，一二豪杰振而起兴之，千百庸众愆而争之；及其既衰也，千百庸众坐而废之，一二豪杰守而待之。故肆力于未盛之前，则为矫枉之术；攘臂于既兴之后，则为末流之失。……且夫积重难返者，依古之大惧也；贵远贱近者，天下所深恶也。寒极则必暑，旸极则必雨，刚极则必柔，发极则必收。……若夫斤斤于声音文字者，盖闵小学之不行而六书久昧也；迟迟于二《传》三《礼》者，盖知异说之未淆而古义之尚在也。其又何怪乎？且吾闻之，气之所开，势不能禁。庸众以从俗为良图，豪杰以复古为己任。……夫伪士不可以乱真儒也，犹之鱼目不可以混美珠也；虚声不可以紊实学也，犹之燕石不可以冒良珏也。……

未盛而扶之,豪杰矫枉之术也;既兴而趋之,庸众末流之失也。是故为所为于举世不为之时,则谓之抱遗守阙;为所为于众人共为之时,则谓之雷同剿说。彼拾人余唾而甘之者,特猩猩之效人言耳,乌足与守先待后之儒并论列乎![1]

案凌氏此论,可谓通达卓见,若以清代考据学而论,则清初之顾炎武、黄宗羲,乾隆朝之惠栋、江永诸人,皆可谓之"振而起兴"之豪杰;而清季之俞樾、孙诒让,以及更后来之章太炎、王国维,可谓"守而待之"之豪杰焉。

---

[1] [清]凌廷堪著,王文锦点校:《校礼堂文集》卷4《辨学》,中华书局1998年版,第33—34页。

七二　李慈铭好大言谩骂

清代学术界，好清议学者、雌黄得失者，如清初之阎若璩、毛奇龄、全祖望、方苞辈，清中叶之汪中、章学诚、姚鼐、方东树等皆是也。而喜咒骂他人、指斥几不能人为者，则莫若李越缦（慈铭）为甚焉。李氏《越缦堂日记》及文集书札中，处处皆谩骂讽刺之语也。刘体智《异辞录》论李氏曰：

> 于时人谩骂殊甚。谓左湘阴为"耄昏"，李高阳为"要结取名"，阎朝邑为"兽心狗冠之徒"，张南皮为"壬癸祸首"，张丰润为"妄人"、为"宵人"，陈闽县为"轻险之士"，又谓南皮为"鼠辈"，闽县之劾张靖达为"狐埋狐搰"，王湘绮为"江湖傀客"，吴恙斋为"吴下书画清客"，赵㧑叔为"妄子"，子晦若为"风狂"。周星诒兄弟称为"周蜮"，犹以为有怨也。他如戴子高、杨海琴、鲍子年、何子贞、李山农、陈寿卿、吴平斋，皆致不满，或加丑诋，适成其为无忌惮之小人而已。
>
> 尝合一时之人而论之，谓嘉庆以后学者游谈废务，奔竞取名。于光绪十年政府易人，则曰"易中驷以驽产，代芦菔

以柴胡",于朝臣则曰"大臣非暗陋则偏愎,小臣非鄙猥则诪张"。可谓一网打尽。又尝合一处之人而论之,曰"北人昏狂",曰"皖人无一可用",曰"江西无学者",曰"杭人之诗,以江湖涂抹为事",曰"吾乡粤逆之变,持节者逃窜,缙绅之属,输贡贼廷,受伪职毒乡里者,不可悉数",曰"攘窃为闽人之惯技",曰"顾、黄从祀,出于福建子之请"。辱斯甚矣。①

刘氏又谓李氏《日记》"记所读之书全无宗旨,嫌其太杂。经史子集,无一不有,读之未毕,随手札记,难免首尾不贯"。又举《禹贡锥指》、《尚书古文疏证》、《道古堂全集》等书,"多长篇巨帙,或专门名家,在他人毕生精力所在,仅看一序,以一日了之,便加评语,谓之读书,孰能信之。最可笑者,丛书目录抄写多种,连篇累牍,视为珍秘,甚至《搢绅录》亦删节记入,无复著书之体。同光以来,文人不笃志于学,咸以书籍作谈柄,为欺人之计,悉是类也"。刘氏书中,又有"李慈铭读书不终卷"、"李慈铭于小学未识门径"、"李慈铭隐善扬恶"、"李慈铭词章差强人意"、"李慈铭未能尽通古礼"、"李慈铭有揶揄之笔"、"李慈铭记妻妾争斗"、"潘鼎新赠李慈铭金"等条,皆抨击李氏之语也。其所肯定者,唯一句"莼客一生学问,惟词章差

---

① [清]刘体智撰,刘笃龄点校:《异辞录》卷3"李慈铭谩骂时人"条,中华书局1988年版,第156—157页。

七二　李慈铭好大言谩骂

强人意耳"①。此即所谓咒人者终为人所咒也，可不慎哉！

又刘禺生《世载堂杂忆》中，载李氏与赵之谦之交恶，亦可证李之为人也。其曰：

> 李越缦之妹，为周季贶之继配。周畇叔以越缦学问才调，沉沦可惜，劝其纳赀为宦。越缦乃售出田产，决意捐纳。时季贶亦纳赀，以同知分发福建，李则愿捐京官，指捐郎中。越缦捐官之款，交季贶带京办理。季贶抵京，部中书吏告周曰：查福建省同知，如加捐小花样，即可补缺。但所携款不敷，乃移越缦捐郎中款，将原捐"不论单双月"者，为李仅捐"双月"。李到京，不能到部，乃住畇叔家，畇叔为游扬于翁叔平、潘伯寅之门，越缦后经翁、潘推荐，皆畇叔为之先导也。又推荐于商城周祖培之门，祖培延教其子，移住其家，越缦更得交游朝士。
>
> 季贶抵福建，即补汀州本缺，托傅节子入京引见之便，带还李款。傅见李作诗辱骂季贶，且逢人讪诅，丑不入耳，乃匿款不交。问李曰：如季贶全款奉还，尚存友谊否？李曰：虽本息加倍，亦不为友。傅遂决不代还。至同治甲子年冬，畇叔适有人馈多金，李又责令畇叔代弟还款，畇叔不可，李乃攻击畇叔。会赵扬叔之谦公车入京，赵为越缦表弟，亦畇

---

① ［清］刘体智撰，刘笃龄点校：《异辞录》卷3"李慈铭词章差强人意"条，第155页。

清学札记

叔乡人姻亲也。昀叔介绍见潘伯寅,潘时刻意重碑版,执叔以善金石闻,潘一见大嘉许,伯寅客座中,赵在李上。又潘之书室,榜曰:"不读五千卷者,不得入此室。"赵能随时出入。李更大恨,迁怒于昀叔,呼昀叔为"大蜮",季贶为"小蜮",赵为"天水妄子"。从此与周家兄弟绝迹,视为仇家。冒鹤亭云:闻之外祖季贶,谓越缦骂我,应该,可谓以德报怨。骂昀叔,则太负心,不免有以怨报德之诮矣。①

案人生在世,或为人喜,或为人恶,或喜某人,或恶某人,亦极正常之事耳。为一人所詈,而为千人所喜,无忧也;若为一人所喜,而为千人所詈,则其人若何,盖不言而自明也。若李越缦者,岂所谓千夫所指乎!

---

① [清]刘禺生撰,钱实甫点校:《世载堂杂忆·李蒪客的怨气》,中华书局1997年版,第85—86页。

七三　方东树《汉学商兑》诟詈过甚者失著述之体

方东树《汉学商兑》四卷，以攻驳汉学为能事，全书充斥讥刺怒责、谩骂毒诟之语。其以汉学家反对程朱理学，为"支离悖诞"，"粗谬已极"①，"欲自绝于日月"②；攻击汉学家品德有亏，"皆溺于货色，忿欲私曲，邪佞者众"③；指斥汉学家攻宋学空虚，然"汉学之实，如饱乌头附子，鸩酒毒脯，裂肠洞胃，狂吼以死而已"，④汉学家因发狂而致"神明乱而不可药矣"。⑤汉学诸说"蔽昧无知，殆由病狂丧其心之神识而谵语也"⑥，"真所谓诊痴符也"⑦；方氏甚至咒钱谦益为"悖畔

---

① [清]方东树纂：《汉学商兑》卷中之上，《万有文库》本，第74页。
② [清]方东树纂：《汉学商兑》卷中之上，《万有文库》本，第60页。
③ [清]方东树纂：《汉学商兑》卷中之上，《万有文库》本，第68页。
④ [清]方东树纂：《汉学商兑》卷中之上，《万有文库》本，第39页。
⑤ [清]方东树纂：《汉学商兑》卷中之上，《万有文库》本，第42页。
⑥ [清]方东树纂：《汉学商兑》卷上，《万有文库》本，第6页。
⑦ [清]方东树纂：《汉学商兑》卷中之上，《万有文库》本，第73页。

之徒，人头畜鸣"①，怒斥戴震"为论披猖至此，肆无忌惮"。②"所谓兽死不择音者也"；他痛斥汉学家"土苴韩、欧"乃"真无目而唾天"，"及观其自为，及所推崇诸家，类如屠酤计帐"③；汉学家"譬如荡姬淫女，而忧共姜之失节，致败坏风俗，而切切然苦争之，岂不可笑"；④最失厚道者，方氏讥刺茅星来、施朝幹时，特意注明二人"无子"⑤，以证其不宗程朱之学之报应，真可谓适口快意，无所不用其极矣。

《汉学商兑》书中，轻蔑侮辱、谩骂毒诟之语，遍及全书。诸如"邪说"、"愚昧"、"欺诬"、"诬诞"、"妄庸"、"违戾"、"偏蔽"、"悖道"、"横逆"、"蔑理"、"翳障"、"邪妄"、"穿凿"、"昏蔽"、"鄙陋"、"灭性"、"陷溺"之类的字词，刺眼触目，无处不见，据笔者统计多达一七六〇余次（包括极少数引用他人文中的用语）。在一册约十三万字的书中，恶詈咒语，随文即见，甚至不惜人身攻击，令人无法卒读。方氏之攻讦，已超越学术驳辨之氛围，有失学者气度。《商兑》一书，几成恶语詈词之大全本与活用词典矣！

---

① ［清］方东树纂：《汉学商兑》卷上，《万有文库》本，第11页。《汉学商兑刊误补义》，中国国家图书馆藏民国间钞本，第9a页。
② ［清］方东树纂：《汉学商兑》卷中之上，《万有文库》本，第44页。
③ ［清］方东树纂：《汉学商兑》卷下，《万有文库》本，第146页。
④ ［清］方东树纂：《汉学商兑》卷下，道光辛卯初刻本，第15b页。
⑤ ［清］方东树纂：《汉学商兑》卷上，《万有文库》本，第20页；又卷中之上，第46页。

七四　江藩之转益多师

江藩一生，虽举业无成，屡试屡败，然其精于经史四部，亦一时之雄者。藩父起栋（1722—1786）笃信佛法，江藩受其影响，自幼即喜诵经，有辟支迦罗居士之号。又少受业于薛起凤（1734—1774）、汪缙（1725—1792），学诗古文词，薛、汪皆以儒入佛者，故江氏后来虽攻佛甚力，然亦深通释典，观其为罗聘（1733—1799）所撰《正信录序》可知。后师从惠栋（1697—1758）弟子余萧客（1729—1777），余氏精《文选》，江藩受其影响，亦擅《选》学。余氏卒后，又从惠栋弟子江声（1721—1799）学，通训诂，治汉学，精于汉《易》及《尔雅》，遂成为惠氏再传弟子之代表人物。又曾从朱筠（1729—1781）、王昶（1724—1806）游，在京时又久馆于王杰（1725—1805）府邸，在广州入阮元（1764—1849）幕中，在扬州入曾燠（1760—1831）幕中。故交游极广，往来扬州、北京、南昌、广州等地，所到之处，与名家胜流，时有切磋。其学既泛览博涉，又专擅精审，此与其转益多师，大有关系。《汉学师承记》一书，合于史裁，别择谨严，叙述整饬，文辞兼备，为学界所重，亦可谓良有以也。

七五　江藩之精于《文选》

曾钊（？—1854）叙江藩《隶经文》曰："郑堂先生善汉学，不喜唐、宋文，每酒后耳热，自言文无八家气。"[1] 当时扬州学者，胜擅四六文。扬州旧城有文选楼、文楼巷，考古者以为即曹宪故宅。隋唐时"以《文选》授诸生，而同郡魏模、公孙罗、江都李善相继传授，于是其学大兴"。[2] 善亦江都人，故扬州旧有选学传统。至乾嘉时，汪中、阮元、凌廷堪、江藩等又共倡之，如阮元幼时即为《文选》学，以为古人古文、小学与词赋同源共流。其《文言说》曰："孔子于《乾》、《坤》之言，自名曰'文'，此千古文章之祖也。为文章者，不务协音以成韵，修词以达远，使人易诵易记，而惟以单行之语，纵横恣肆，动辄千言万字，不知此乃古人所谓直言之言，论难之语，非言之有文者也，非孔子所谓文也。"[3] 后来李详称阮氏此论"实能窥文章

---

[1] ［清］江藩著，漆永祥整理：《隶经文》曾钊《隶经文序》，上海古籍出版社2006年版《江藩集》本，第1页。

[2] ［清］阮元撰，邓经元点校：《揅经室二集》卷2《扬州隋文选楼记》，中华书局1993年版，上册，第387页。

[3] ［清］阮元撰，邓经元点校：《揅经室三集》卷2《文言说》，中华书局1993年版，下册，第605页。

七五　江藩之精于《文选》

之源。当时汪容甫、凌仲子、江郑堂皆持此说"。① 今读《汉学师承记》前叙及论说称引,时化用《文选》,多与之相表里,又全录孔广森《戴氏遗书序》、汪中《自序》诸文入记中,足见其嗜骈文,精《文选》,且受其影响甚深焉。

---

① 李详:《媿生丛录》卷1,江苏古籍出版社1989年版《李审言文集》本,上册,第447页。

七六　江藩鬻书

江藩一生，早年家道隆裕，父子两代蓄书达三万余卷，经史大备，插架森森，在吴门藏书家中占得一席之地。然乾隆五十一年至五十二年间（1786—1887），江南大祲，斗米值五百钱，雁户流离，一时载道，大家子女，亦所不免，小民贫户，因饥冻而死者无算。焦循《荒年杂诗》，有"昨日死十七八，今日死廿三四。荻楉卷如蚕，十穴百十殚。君不见农夫饿死西原头，鸢鸟攫肠犬食臂"等句，极述当时灾情之严重与灾民之惨恸。[1] 江藩度日为艰，日唯一馆粥而已，且天灾之外，重以两丧。乾隆五十一年二月五日，父秋庄公卒。翌年，母吴孺人卒。丧荒频仍，计无所出，遂以所聚书易米，书仓为之一空。时贫极无聊，遂自作《书窝图》以寓感，一时耆宿题咏殆遍。五十二年十月杪，王昶抵江西布政使任，江藩遂投其门下。自此以往，江氏遂北上南下，摩踵颠连，为奔波衣食，终身无已时矣。

---

[1] ［清］焦循：《雕菰楼集》卷2《荒年杂诗》，《丛书集成初编》本，第2191册，第8页。

七七　江藩之鄙薄方苞

今时学者，每谓乾嘉时惠栋、戴震、钱大昕、江藩等为汉学派，方苞、姚鼐、方东树等为宋学派，亦即所谓考据学派与桐城派，双方公然为敌，相互攻讦。实则桐城称派，乃后来之事。方苞自《三礼疏义》成，悄然回籍；姚氏在戴震生前求入其门下未允，戴氏卒后方大肆评击戴氏之学，于时桐城诸人无对抗惠、戴诸人之力与势也。后方东树抨击汉学家"举凡前人所有成说定论，尽翻窠臼，荡然一改，悉还汉唐旧规，桃宋而去之，使永远万世，有宋不得为代，程朱不得为人，然后快足于心。……而程朱之门，独寂然不闻出一应兵"。① 此正说明当时汉学独盛，宋学者难于应敌之情势焉。就方苞而论，其词章有名当时，然其经学，时人即不甚重之。如全祖望曰："古今宿儒，有经术者未必兼文章，有文章者或未必本经术，所以申、毛、服、郑之于迁、固，各有沟浍。唯是经术文章之兼固难，而其用之足为斯世斯民之重，则难之尤难。前侍郎桐城方公，庶几不愧于此。然世称公之文章，万口无异辞，而于经术已不过皮相之。"后来严元照甚至

---

① ［清］方东树纂，漆永祥汇校：《汉学商兑》卷下，第215—216页。

清学札记

评论曰："方公实无所谓经术，非皮相也。"①

治汉学者，多轻视方苞，钱大昕、汪中、江藩等人皆是，而江氏《师承记》中，凡涉方苞者，屡鄙薄之。如《师承记》卷五《江永》："三礼馆总裁方侍郎苞自负其学。见永，即以所疑《士冠礼》、《士昏礼》数事为问，从容答之。苞负气不服，永哂之而已。"②考清廷于乾隆元年（1736年）开三礼馆，命大学士鄂尔泰、张廷玉、朱轼、兵部尚书甘汝来为总裁，礼部尚书杨名时、礼部左侍郎徐元梦、内阁学士方苞、王兰生为副总裁。江氏入京，为三礼馆开之后，故有方苞问礼之事。然戴震《江慎修先生事略状》曰："先生尝一游京师，以同郡程编修恂延之至也。三礼馆总裁方侍郎苞素负其学，及闻先生，愿得见，见则以所疑《士冠礼》、《士昏礼》中数事为问，先生从容置答，乃大折服。"③王昶撰江氏《墓志铭》、钱大昕《江永传》、刘大櫆《江永传》所论皆同，唯江藩改"乃大折服"为"苞负气不服，永哂之而已"，然则于方苞学问人品，俱有所诬矣。又《师承记》卷二《沈彤》："有人荐修《三礼》及《大清一统志》，议叙得九品官，耻不仕。"④考惠栋《沈君果堂墓志铭》："著《群经小疏》若干卷，凡所发正，咸有义据，侍

---

① ［清］全祖望撰，朱铸禹汇校集注：《全祖望集汇校集注》卷17《前侍郎桐城方赠公神道碑铭》，上海古籍出版社2000年版，上册，第305页。
② ［清］江藩纂，漆永祥笺释：《汉学师承记笺释》卷5《江永记》，上海古籍出版社2006年版，上册，第492页。
③ ［清］戴震：《戴东原集》卷12《江慎修先生事略状》，黄山书社1995年版《戴震全书》本，第6册，第413页。
④ ［清］江藩纂，漆永祥笺释：《汉学师承记笺释》卷2《沈彤》，上册，第215页。

七七　江藩之鄙薄方苞

郎方公苞绝重之。"① 又沈廷芳撰沈氏《墓志铭》曰:"雍正间至京师,望溪方公见其所疏三经,谓得圣人精奥;读其文,又谓气格直似韩子。乾隆初元,辑《三礼义疏》,遂荐入馆,名动辇下。"② 又据李富孙《鹤徵后录》,沈彤"由内阁学士吴家骐荐举"③。然则荐举入京者为吴家骐,而荐入三礼馆者,则实为方苞也。又吴德旋谓:"冠云以诸生应博学鸿词举,至京师,最为方侍郎灵皋所推重,荐修《一统志》。"④ 可见方氏之礼敬江永甚重,且屡荐其入馆修书,江藩书中多诬方氏,故讳而不举其名耳。无怪乎《师承记》出,方东树即撰《汉学商兑》,与江藩立异,正所谓风起则浪兴也。至刘声木又以沈彤"师事方苞"⑤,此则为壮大桐城派之势力,以沈氏为方苞弟子,较之江藩,亦所谓过犹不及矣。

---

① [清]惠栋:《松崖文钞》卷2《沈君果堂墓志铭》,《丛书集成续编》本,第191册,第596页。
② [清]钱仪吉纂:《碑传集》卷133沈廷芳《沈先生墓志铭》,中华书局1993年版,第11册,第3980页。
③ [清]李富孙:《鹤徵后录》卷9,《四库未收书辑刊》本,第2辑,第738页。
④ [清]吴德旋:《初月楼续闻见录》卷1,《丛书集成三编》本,第76册,第542页。
⑤ 刘声木:《桐城文学渊源考》卷2《沈彤》,《丛书集成三编》本,第6册,第730页。

173

七八　江藩与袁枚之关系

袁枚在乾隆朝，标举性灵，为诗坛领袖，影响所及，"赢得随园才子，处处家家个个呼"①，又"随园弟子半天下，提笔人人讲性情"②。袁氏为旗帜鲜明反对考据学之第一人，故受惠栋、汪中、孙星衍、凌廷堪诸人攻驳甚烈。袁氏屡称"考据之学，枚心终不以为然"，又以为"考据之学，离诗最远"③。然袁氏对江藩则甚为称许，其曰："凡攻经学者，诗多晦滞，独江郑堂藩诗能清拔，王兰泉司寇之高弟子也。《登齐云山》云：'危梯高百步，曲折径通幽。人与鸟争路，僧邀云住楼。山收千里翠，石放众溪流。空际闻钟声，声从何处求。'《寓楼》云：'东风料峭觉衣单，楼阁虚空梦未残。病里已教花事去，愁来肯放酒杯宽？画图劝客看山色，书卷留人忍夜寒。去岁家书今岁达，老亲为我定加餐。'《送兰泉从方伯司寇入都》云：'民情爱冬日，朝命转秋官。'抑何工切。"④

初读此文，大感奇异，袁枚既与惠栋诸人为难，而江藩坚执汉学，

---

① ［清］袁枚：《随园诗话补遗》卷8，下册，第772页。
② ［清］袁枚：《随园诗话补遗》卷8，下册，第786页。
③ ［清］袁枚：《随园诗话补遗》卷2，第615页。
④ ［清］袁枚：《随园诗话补遗》卷1，第576页。

七八　江藩与袁枚之关系

且为惠氏再传弟子，何以受袁氏如此青睐？后读江藩《伴月楼诗钞》中有《呈简斋先生》四首，方知缘故。其诗曰：

> 公才如大河，从天下地注。一泻一万里，气可吞淮泗。
> 不屑事章句，读书通大义。发为古文辞，毕天下能事。
> 徐庾作奴隶，韩柳亦愕眙。文章见性情，经史供驱使。
> 读者眩生花，作者实游戏。仁者见为仁，智者见为智。

其二曰：

> 高论法汉魏，稍卑宗李杜。此皆诗因语，捃拾前人吐。
> 作诗写性灵，何必立门户。公诗通造化，挥洒天花雨。
> 藩篱破腐儒，灵音振聋瞽。并驱蒋（心余先生）与赵（鸥北先生），余子何足数。
> 大哉诗世界，公作风骚主。置身天地外，安得不千古。

其三曰：

> 垂老不佞佛，居山不学仙。出处任所之，万事皆随缘。
> 休官筑别墅，六朝山色前。园中花与木，亦各全其天。
> 看山行万里，缩地至海边。诗文到处佳，往往如参禅。
> 方知仙与佛，公身早兼焉。

其四曰：

> 昔我年二十，拜公于山塘。十年复见公，仍在云岩傍。
> 春花正烂熳，月照琉璃舫。须鬓白于雪，欲争花月光。
> 望之若神仙，剪水双瞳方。声名斗牛悬，四海所仰望。
> 嫫母不知丑，技痒呈篇章。定当拜床下，私心拈瓣香。[①]

读此数诗，知二人不仅有往来，且江之尊袁，可谓极至。且江藩妹江珠亦欲纳于袁氏门墙，后因病未果。笔者昔年论袁枚曾与江藩之太老师惠栋发生过激烈争论，若以常情推之，江之与袁，应势同水火，不能相容，今方知乃大误也。此可见学界流派乃一事，涉及具体之个案与学者之私交，又为一事，岂可等同一律而视之耶！

---

① ［清］江藩：《伴月楼诗钞》卷下《呈简斋先生》，上海图书馆藏清钞本。

七九　江藩与洪亮吉之交恶

《师承记》卷四《洪亮吉》曰：

> 嘉庆四年，藩遇君于宣城，论《说文解字》五龙六甲之说及"冕旒"字不合；君出示所作古文，藩又指摘其用事讹舛。君断断强辩，藩曰："君如梁武之护前矣。"君愠见于色。因藩谈次偶及舆县，君云在江都，藩又据《文选注》赤岸山之证，当在六合。藩又谓《太平寰宇记》邓艾石鳖城白水陂事，不见于史而已，并未言无此事也。君忽寓书于藩，谓舆县实在江都，而邓艾事乐史本之《元和郡县志》，岂可疑为无此事者，洒洒千言，反复辨论。藩不答一字，恐激君之怒耳，岂知益增其怒，遂不复相见矣。今作君传，潸然泪下，自悔卤莽，致伤友道，能不悲哉！①

案洪亮吉嘉庆四年未曾到过宣城，是年二月，清高宗升遐，洪氏以内廷翰林例应奔赴，随束装北上抵都，同年即发往伊犁。然则此

---

① ［清］江藩纂，漆永祥笺释：《汉学师承记笺释》卷4《洪亮吉》，上册，第468页。

年与江藩在宣城论学，似无可能。考洪氏有《径山大涤集三月十五日凌教授廷堪约同人南楼小集酒半率赋即赠江上舍藩》、《十六日集宾月阁饯江上舍藩》二诗，皆作于嘉庆十一年，时洪氏受聘修《宁国府志》，凌廷堪主敬亭书院，故常得相见聚饮，疑二人论学当在此时也。洪氏饯别诗云：

> 宾月楼头月是宾，主人除我恐无人。
> 贫交又放邗江棹，小往同垂宛水纶。
> 红豆一株传绝学，黄花十里扬残春。
> 著书匡阜他年约，瀑布香炉共此身。①

盖十五日凌氏为东道，约洪氏等为江氏饯行；翌日，洪氏又以主人身份在宾月楼另为江氏饯别，可见二人当时关系亲密，且洪氏盛赞江氏为"红豆一株传绝学"者，二人关系未见不合。盖后来书札往复论难，始为交恶。惜今二人集中，皆不见所辩论文字。然洪氏《北江诗话》论江藩"为惠定宇徵君再传弟子，学有师法。作小诗亦工，其过毕弇山宫保墓道诗曰：'公本爱才勤说项，我因自好未依刘。'亦隐然自具身分。余识上舍已二十年，惜其为饥寒所迫，学不能进也。"②《北江诗话》为洪氏晚年自订，其论江氏"学不能进"，则洪氏晚年仍

---

① ［清］洪亮吉撰，刘德权点校：《更生斋诗续集》卷4《径山大涤集·十六日集宾月阁饯江上舍藩》，中华书局2001年版，第4册，第1635页。
② ［清］洪亮吉著，陈迩冬点校：《北江诗话》卷4，人民文学出版社1983年版，第69—70页。

七九　江藩与洪亮吉之交恶

犹恨恨而不能释怀；较之江氏"潸然泪下，自悔卤莽，致伤友道，能不悲哉"者，可谓不厚矣！

八〇　江藩《汉学师承记》之误录程晋芳

《师承记》卷六有《程晋芳》，然详考程氏学行，其非主汉学，且为反汉学者也。程氏著述有《周易知旨》《尚书今文释义》《左传翼疏》《礼记集释》《勉行斋文集》《蕺园诗集》等。今除诗文集外，他书多不传。然诸书之序皆存集中，如《勉行斋文集》有《正学论》七篇，言程朱之学为正，陆王为偏，又论当时汉学诸家之弊，皆时人所未言者。可知其虽与汉学诸人往来密切，然治学宗旨大不同也。又有《周易知旨编序》曰：

independ念《易》经辅嗣之廓清，又得康伯、仲达纂续疏解，宋贤辈出，大义愈明，我朝安溪讲肄于前，家绵庄剖晰于后，凡诸乘承比应之拘牵，阳位阴位之傅会，与夫互卦、卦气、卦变、方圆、先后图位，固已一举而空之，宜乎四圣人之心思，昭揭于千古矣。而三十年来学士大夫，复倡汉学。云《易》非数不明，取辅嗣既扫之陈言，一一研求，南北同声，谓为复古，使其天资学力，果能上逮九家，吾犹谓之不知《易》也。况复好奇骋异，志在争名，徒苦其心，自堕于茫智

八〇　江藩《汉学师承记》之误录程晋芳

之域，不可叹耶！①

又《尚书今文释义序》曰：

《孔传》虽晚出，而得于周秦汉之旧闻者多，数典辨物，中者十之六七，宋人取诸心得，不免武断之讥，而于汉晋诂训蔽塞丛结处，亦颇爬梳一二，均未可偏废也，矧说九族者不明五服之定制，论五刑者不知肉刑之非古，其有关于世道尤大。②

又《礼记集释序》曰：

天之生宋贤也，既使彰孔、孟之绝学以昭来兹，又使阐注疏未罄之藏刮垢而磨光，使人不蔽于章句，而又将开数百年制艺之学，为士子登仕之阶，故其所著书，不独理明典备，亦简括易读，假以注疏为功令，俾士子习以作时文，必有难于措手者矣。③

---

① ［清］程晋芳：《勉行斋文集》卷2《周易知旨编序》，《续修四库全书》本，第1433册，第302页。
② ［清］程晋芳：《勉行斋文集》卷2《尚书今文释义序》，《续修四库全书》本，第1433册，第303页。
③ ［清］程晋芳：《勉行斋文集》卷2《礼记集释序》，《续修四库全书》本，第1433册，第305页。

清学札记

读程氏诸语可知,程晋芳绝非汉学中人,故其卒后为志铭者为翁方纲、袁枚,亦坚持宋学而攻汉学者,正所谓气味相投也。程氏《文集》刻版甚晚,江藩隶程氏入《师承记》,惟因其为江都人,又与朱筠关系亲密,与当时治汉学者多有往还,见有好学者,必推毂延誉,使满其意。以故京师语曰:"自竹君先生死,士无谈处;自鱼门先生死,士无走处。"[①] 江氏实不知程氏所治何学,于影响之间遂入其人《记》中。又中国国家图书馆藏李慈铭校嘉庆二十三年刻本《师承记》,李氏于《程晋芳记》批曰:"慈案:程晋芳实不知学,其《勉行斋文集》中,妄言甚多。……其说经皆臆造故实,与并时上元程廷祚相似。此《记》于汉宋门户别择甚严,而晋芳独滥入者,由江氏未见其书故也。"此说是矣。

---

① [清]袁枚:《小仓山房文集》卷26《程晋芳墓志铭》,《续修四库全书》本,第1432册,第292页。

八一　江藩隶事之多误

江藩纂《师承记》，广采碑传文字与传主著述，或删节汰省，或增益补辑而成是书。尤为有趣者，《师承记》一书中全袭或摘录最多者为钱大昕之著述，几占全书字数之三分之一，如阎若璩、胡渭、惠士奇、惠栋、褚寅亮、王鸣盛、钱塘、戴震、邵晋涵、李文藻等人之记皆出钱氏碑状或序跋文字，即《钱大昕记》亦是如此，摘录钱氏《潜研堂集》诸书中论学之语。故即此而言，《汉学师承记》几为钱、江二氏之合著矣。然亦正因资料来源复杂，故书中错讹，所在而有：有姓名字号误者，有生卒年月误者，有仕履年月事实误者，有引文误者，有节引太简而失其义者，有事实不清可补者，有传述诬罔失实者，有原文已误而江氏误从者，有故意歪曲史实者等等。笔者注《师承记》，已辑出有二百余条，为《汉学师承记考异》，或于是书有所补益焉。

八二　江藩之排宋而尊汉

江藩书名既称《汉学师承记》，则严判汉、宋门户，为其主旨，故书中凡涉宋明理学者，或明加驳责，或避而不谈，甚或删改原意，以就己义。今举数例以明之：《师承记》曰：

> 至于濂、洛、关、闽之学，不究礼乐之源，独标性命之旨，义疏诸书，束置高阁，视如糟粕，弃等弁髦，盖率履则有余，考镜则不足也。……而有明三百年，四方秀艾困于帖括，以讲章为经学，以类书为博闻，长夜悠悠，视天梦梦，可悲也夫！①

此则显斥宋明学者之失。又同卷论乾隆帝御纂之《钦定诗义折中》曰："于《诗》则依据毛、郑，溯孔门授受之渊源。事必有徵，义必有本，臆说武断，概不取焉。"此为节录《四库简明目录》之《钦定诗义折中提要》，其原文此下尚有"而宋儒微论，不失风人之意者，亦

---

① ［清］江藩纂，漆永祥笺释：《汉学师承记笺释》卷1，上册，第12—15页。

八二 江藩之排宋而尊汉

不废参考"。① 江氏删而不取也。又《王兰泉先生》:"肄业紫阳书院,时从惠徵君定宇游,于是潜心经术,讲求声音训诂之学。"② 而阮元《述庵王公神道碑》曰:"公治经与惠栋同,深汉儒之学,《诗》、《礼》宗毛、郑,《易》学荀、虞。言性道则宗朱子,下及薛河津、王阳明诸家。"③ 又江藩曰:"先生从徵九年,虽羽书旁午,然磨盾之暇,马上吟咏,穹庐颂读,无一日废也。"④ 此段大意出自严荣《述庵先生年谱》,其原文曰:"大兵久撤,幕府清闲,乃借《性理大全》、《语类》、《或问》、《王文成公集》读之,求天人性命修身立行之要。"⑤ 此皆有意避王昶读理学书之事,益似其专意汉学者也。又《卢文弨》:"长为桑调元甥婿,师事之。于是学有本原,不为异说所惑。"⑥ 考卢氏自述曰:"文弨弱冠执经于桑弢甫先生之门,闻先生说《中庸》大义,支分节解,纲举目张,而中间脉络无不通贯融洽,先生固以为所得于朱子者如是。盖先生少师事姚江劳麟书(史)先生,劳先生之学,一以朱子为归,躬行实践,所言皆见道之言,虽生阳明之里,余焰犹炽,而

---

① [清]永瑢等:《四库简明目录》卷2经部三诗类《钦定诗义折中提要》,上海古籍出版社1985年版,第68页。
② [清]江藩纂,漆永祥笺释:《汉学师承记笺释》卷4《王兰泉先生》,上册,第336页。
③ [清]阮元撰,邓经元点校:《揅经室二集》卷3《诰授光禄大夫刑部右侍郎述庵王公神道碑》,中华书局1993年版,上册,第424页。
④ [清]江藩纂,漆永祥笺释:《汉学师承记笺释》卷4《王兰泉先生》,上册,第354页。
⑤ [清]严荣:《述庵先生年谱》卷上"乾隆三十六年"条,台湾商务印书馆1978年版王云五主编《新编中国名人年谱集成》本,第27页。
⑥ [清]江藩纂,漆永祥笺释:《汉学师承记笺释》卷6《卢文弨》,下册,第561页。

独卓然不为异说所惑。"① 如此，则卢氏之学，初亦宋学根底也，江藩忌不言之。又《刘台拱》："君六世祖永澄问学于蕺山，以躬行实践为主，子孙世传其学。至君，又习闻王予中、朱止泉之绪论，深研程朱之学，以圣贤之道自绳。然与人游处，未尝一字道及也。"② 然阮元《刘端临先生墓表》曰："十岁，心慕理学，尝于其居设宋五子位，朝夕礼之，出入里闬，目不旁睐，时有'小朱子'之目。年十五，从同里王君雒师学，及见王予中、朱止泉两先生书，遂笃志程、朱之学。"③ 江氏虽言刘氏治宋学，然又言"与人游处，未尝一字道及"，似刘氏意未在此者。此皆江氏有意为之，宗汉而抑宋之故所致也。故虽有龚自珍去札商讨，称书名"汉学"名目有"十不安"，若改为"经学"，"则浑浑圆无一切语弊矣"④，然江氏囿于门户，仍坚持不改，执是故也。

---

① [清]卢文弨著，王文锦点校：《抱经堂文集》卷2《中庸图说序》，中华书局1990年版，第20页。
② [清]江藩纂，漆永祥笺释：《汉学师承记笺释》卷7《刘台拱》，下册，第747页。
③ [清]阮元撰，邓经元点校：《揅经室二集》卷2《刘端临先生墓表》，上册，第399—400页。
④ [清]龚自珍著，王佩诤校：《龚自珍全集》第五辑，上海古籍出版社1999年版，第347页。

八三　江藩不信日本足利本《论语义疏》

《师承记》卷二《余古农先生》："惟皇侃《论语义疏》，其书出于著《钩沉》之后，且为足利赝鼎，何得谓之钩而未沉者乎！"[1]案皇侃（488—545）《论语义疏》十卷，疏何晏《集解》，又采晋卫瓘等十三家说与《集解》无妨者，互为证明，以示广闻，是书多存汉、晋人旧注古义。其书《宋志》、《中兴书目》、晁公武《郡斋读书志》、尤袤《遂初堂书目》，皆尚著录，至陈振孙《直斋书录解题》，遂不著录，知其佚在南宋时，中土早已失传，故余萧客尚未能见，江藩为其师辩护是也，然江氏谓皇侃书为"足利赝鼎"者，则非也。

案日本足利学校，位于今栃木县足利市。日本平安时期由小野篁创建，屡有废兴。明治三十六年，设置足利学校遗迹图书馆，存古物书籍至今。皇氏《义疏》隋时即传入日本。康熙九年，日本人山井鼎等作《七经孟子考文》，自称其国有是书，然中国无得见者。故朱彝尊《经义考》，注曰"未见"。乾隆三十七年，浙江布政使王亶望得是书日本传本，入四库全书馆中，著录于《四库全书》中。同时王氏

---

[1] ［清］江藩纂，漆永祥笺释：《汉学师承记笺释》卷2《余古农先生》，上册，第492页。

亦刻有巾箱本，其版后归鲍廷博，鲍氏入其《知不足斋丛书》中。是书因日本传本已改原书体例，且四库馆臣又有剜改，故经文与今本多有异同，为清代学者所疑，然与钱曾《读书敏求记》所引高丽古本合，其疏文与余萧客《古经解钩沉》所引，虽字句或有小异，而大旨悉合，故《四库总目》谓"确为古本，不出依托"①。是书有日本学者武内义雄整理本，为恢复古钞本之旧貌，今存《武内义雄全集》第一卷中。

---

① ［清］永瑢等：《四库全书总目》卷35经部四书类一《论语义疏》，中华书局1965年版，上册，第290页。

八四　江藩未注清高宗《御制诗小注》

乾隆五十六年（1791年），江藩负箧北上入京，馆于东阁大学士兼管礼部事务军机大臣王杰府第。其在京期间，当时盛传江氏曾注清高宗《御制诗集》，并几乎得召见之事。江藩后辈、仪徵人王翼凤《挽江郑堂藩先生》诗记述其事曰：

  蚤年负书游，声华轹京辇。呎笔窥宸章，旁徵引坟典。钞成奏松扉，五云翼丹篆。皇情颜忻悦，召传俞未遣。金鞍奉赐函，荣耀照轩冕。（自注：先生恭撰《纯庙诗小注》，由王韩城相国进呈，恩赏《御制诗五集》，后许召对圆明园，因闻林爽文逆信，庙谋劳昃，遂未果召。）脱略时公卿，无心致通显。①

当时人此种说法甚多，然此事矛盾不少：其一，林爽文事件发生在乾隆五十一年，此时江藩正值丧荒猬集，无入京之可能性。其

---

① ［清］王翼凤：《舍是集》卷4《挽江郑堂藩先生》注，道光辛丑冬刻本，第4册，第4a页。

二,《御制诗五集》初刻于乾隆六十年,与林爽文事件相隔十年,乃风马牛不相及①。其三,清高宗乃中国从古至今最高产的"作家",清人梁章钜曾曰:"恭读我朝乾隆一朝御制,以集计者五,分卷者四百三十四,分篇者四万二千七百七十八,而《乐善堂全集》三十卷,更在前焉,则真亘古所未闻,穹昊之繁星,不足为其灿列,广舆之画井,不足比其分罗矣。"②然清高宗早年之《乐善堂全集》在修《四库全书》期间,是乃属查缴之禁书,江藩不可能为此书作注。江藩即便有可能注清高宗之诗,亦只能是《御制诗初集》与《四集》之间之某一部,而此四集诗有334卷34000余首之多,注亦只能是选注,江氏一介监生,岂敢随意选注当今天子之诗集?③其四,按常理而言,在封建时代,受到皇帝重视,无论召对是否能成,都是极其荣耀之事,但奇怪的是在他江藩自己的书与函札中,却从未提到过有这回事。然则此事之真相究竟如何呢?

---

① 案:乾隆五十一年十一月,台湾林爽文起事,清廷命闽浙总督常青率兵镇压。直至五十二年底,方平定之。翌年正月,以台湾总兵柴大纪劣迹昭彰,降旨革职解京治罪。林爽文等被押往北京候审。关于此矛盾之处,近藤光男已经指出,参其《清朝考证学の研究》,日本东京研文出版社1987年版,第32页。
② [清]梁章钜撰,陈铁民点校:《浪迹丛谈》卷10"诗集之富"条,中华书局1981年版,第196—197页。
③ 当时注清高宗文者,有姚培谦《御制乐善堂集》4卷,题"江南松江府华亭县学生员臣姚培谦恭注"。实际上是为《乐善堂集》原本40卷中之赋4卷共56篇之注,其"分卷及列行敬遵御刻元本",注极简略。全书1函6册,乾隆六年刻本,国家图书馆有藏本。又王杰曾有写本《御制诗三集暨余集》不分卷,现藏陕西省图书馆,盖即为其在浙江学政任时所写之本,因未寓目,故不敢断定其必然如是。

八四　江藩未注清高宗《御制诗小注》

乾隆四十一年十二月，时任浙江学政之王杰，曾奏请将《御制诗三集》颁发各省布政使刊刻，广布艺林，永为盛事，至浙省一部，并请自行选工敬刊，得到允许。[①]此时王杰与江藩尚不相识，故此事与江氏毫无关联。事实是，清高宗《御制诗五集》100卷《目录》12卷，凡编高宗自乾隆四十九年至六十年（1784—1795年）所作诗共8700余首，正是由王杰、孙士毅、董诰诸人为总纂，编成后乾隆六十年由内府刊刻。如果略略翻阅《五集》之诗，即可见其中有大量的诗注，江藩所做的正是查核与校订诗中注文之类的工作，而不是自己另起炉灶，专门做《御制诗》的注释。江藩挚友阮元晚年回忆说："子屏嘉庆初年入京师，予荐馆王韩城师相家，备查列《御制诗》注之事，终落魄归扬州。"[②]阮氏之语，除时间有误差外，其余是准确的。"备查列《御制诗》注之事"，被误传为"恭撰《纯庙诗小注》"，又将相差甚远之林爽文事件无端拉入，后人不考而尽信之，正所谓以讹传讹。实际上正因为江藩只是协助王杰的编纂工作，并没有单独注成过清高宗的诗集，自然亦无有召见之可能性矣。

---

① 《清高宗实录》卷1022乾隆四十一年十二月壬子条，中华书局1988年版影印本，第21册，第703页。
② [清]阮元：《揅经室再续集》卷3《高密遗书序》，《续修四库全书》本，集部第1479册，第610—611页。

清学札记

八五　江藩之喜收藏端砚

　　道光三年（1823年）十月，江藩应肇庆府知府夏恕之聘，往肇庆主纂《肇庆府志》。肇庆盛产端砚，江氏极嗜之，日事收藏，且著《端研记》，参稽前人如宋张世南《游宦纪闻》、宋佚名《端溪研谱》、清高兆《端研考》等书，考端砚始于唐，盛于宋。当时所开达二十余坑，江氏皆考其名而列之。又论砚品中端石，人皆贵重之，载于谱记，凡数家，取予各异，或佳其有眼为端，或以无眼为贵。然石之青脉者必有眼，嫩则多眼，坚则少眼，石嫩则细润而发墨，所以贵有眼，不特为石之验也。末附录白端石、绿端石、五道石、垩土、白脆五种名石。其嗜砚如此，故顾廷龙先生称"味乎《端研记》所述，允为寝馈有得之言也"。① 五年，江氏决意归里，"所得馆金，尽易端溪石砚，以归装压担，暴客疑其挟巨金，尾之兼旬，易舟发箧，乃唾而去"。② 江氏为此砚石，几乎送命，其友黄承吉《许楚生病没以诗悼挽兼怀亡友胡丙皋》诗称许珩"西湖非是受勾留，南海何曾定依倚。归来前度还复

---

① ［清］江藩：《炳烛斋杂著》顾廷龙《跋》，民国三十七年合众图书馆刊《炳烛斋杂著》本，第1b页。
② ［清］江藩：《扁舟载酒词》张丙炎《跋》，光绪十二年江巨渠补刻《江氏丛书》本，第2a页。

八五 江藩之喜收藏端砚

出，砚不成田但求市"。注："数载前，君持端砚数百归，希以沽直。"江藩与许珩二人，生时交好，又同年而逝。

今臆江藩之意，盖当时二人同在岭南，又同时回扬，购得端砚若干，船载以归，"希以沽直"。而回扬之后，出手阔绰之江氏，又将良砚多分送友朋，如时任两淮盐政之老友曾燠即收到江氏所赠端砚。曾氏有诗纪其事曰："往闻陆贾说赵佗，奇琛大贝归装罗。江生箧重不可驮，得数石耳人讥诃。以一赠予予手抄，信端人也无偏颇。……"[1] 与曾氏看法相同，阮元晚年亦记述此事时称，江藩"饥驱至岭南，余延总纂《广东通志》，数年书成，余调任云南，遂归扬州，不再相见。子屏随手挥霍，虽有陆贾装，无益也"。[2] 随手挥霍的特性，使虽有"陆贾装"亦无益。故回到扬州之江藩，馆金用尽，穷老益甚，落寞无助，晚景凄凉矣。

---

[1] ［清］曾燠：《赏雨茅屋诗集》卷17《郑堂自岭外归见惠端砚为作歌》，《续修四库全书》本，集部第1484册，第174页。

[2] ［清］阮元：《揅经室再续集》卷3《高密遗书序》，《续修四库全书》本，集部第1479册，第610—611页。

八六　江藩之卒年

江藩之卒年，向以为其卒于道光十一年（1831年），乃据张丙炎《扁舟载酒词跋》"卒年七十一"之说而推定之，闵尔昌《江子屏先生年谱》即据此说而定。江氏生于乾隆二十六年（1761年），乃其本人自述，确定无疑。至其卒年，笔者遍考与江氏交游诸家书，以为江氏确切之卒年应为道光十年（庚寅，1830年），而非十一年。其一，江藩同时人陈逢衡（1778—1848）《汪冬巢寒林独步图》诗序曰："道光庚寅，江郑堂藩、许楚生玕、李练江、周乐夫相继殂谢，汪子哀之，为作图以寓士衡叹逝之意，不忘旧朋也。呜呼！厚矣。"①陈氏此序称江藩卒于"道光庚寅"，乃唯一言之凿凿且有确切记年之孤证。其二，江藩密友黄承吉有《许楚生病没以诗悼挽兼怀亡友胡丙皋》、《李练江猝病而没其子以笺乞挽走笔成诗》与《江郑堂没已数月秋窗坐忆恻然成诗》三首，同时人汪潮生亦有《曩以卜生庵图册乞题于郑堂练江题未成而两君皆殁秋窗展玩怆忆为诗》，由此我们可知江氏同年卒者尚有许玕、李澄二人，惜此二人之卒年亦不可考。然黄氏此卷诗开卷

---

① ［清］陈逢衡：《读骚楼诗二集》卷1《汪冬巢寒林独步图》，嘉道间陈氏读骚楼刻《陈氏丛书》本，第34册，第23a页。

八六　江藩之卒年

为《烬后买书》诗,本卷诗中亦多次提到家中遭祖龙之祸,而黄氏《诗集》前道光十二年之《自序》称原有诗四十卷,"庚寅正月毁于火"①。此可证黄氏作三人挽诗之年为庚寅,与陈逢衡之说从时间上完全重合。其三,师从黄承吉、江藩之仪徵人王翼凤《舍是集》卷三有《奉挽凌晓楼曙先生》,卷四有《挽江郑堂藩先生》、《哭李明经澄并序》,卷五有《辛卯正月戏咏扬州土俗四首》等诗。考凌曙(1775—1829)卒于道光九年,然则从王氏诗之卷三、卷四、卷五,可明显看出乃按道光九年(己丑)、十年(庚寅)、十一年(辛卯)之次序编排。此亦足证挽江、李二诗为作于庚寅,与陈、黄二氏之说亦相吻合。其四,江藩自道光九年命族侄顺铭等刻成《节甫老人杂著》后,遂再无存世之点滴踪影,尤其道光十年、十一年,亦无事可隶,此从反面亦证明江氏当卒于道光十年。至其卒时之具体季节,黄承吉《诗集》中在挽江藩诗前尚有《八月十七日约同人重展七夕》等诗,而挽江诗又题为《江郑堂没已数月秋窗坐忆恻然成诗》。由此可知,江氏大略卒于道光十年春间或在春夏之交。

---

① [清]黄承吉:《梦陵堂诗集·自序》,咸丰元年刻本,第1册,第1a页。

八七 《河赋注》为江藩自注

《河赋》为江藩《炳烛室杂文》之首篇，时人评其可与郭璞、木华《江》、《海》二赋相匹。旧题王昶评"本《汉书》、《水经》以立言，故晋、魏后置莫论也。醇厚斑驳，亦似邹、枚"[1]。江阴缪荃孙于光绪、宣统间刻其入《藕香零拾》中，台北《丛书集成续编》本，即据此本影印。是篇题为钱坤注，然钱氏生平事迹，皆不可考。胡玉缙先生以有王昶跋，疑为王氏"自为注而托名坤"者[2]。然王昶于江藩为先辈为尊师，师者反而注弟子之赋而又托名他人，于情于理，皆不能通。最可疑者，《河赋注》"西北时㵢"句下注曰："㵢，《尔雅正字》曰：'郭注杨子《方言》云：㵢之言空也，皆丘墟耳。'……"云云。考《尔雅正字》为江藩早年所著，晚年改为《尔雅小笺》三卷，世人无由得见，后方有《鲫斋丛书》本行世（查今本《尔雅小笺》亦无此条，盖为江氏晚年所删）。故窃以为此所谓"钱坤"者，或江氏自注而化名也。故注释称引繁富，淹雅宏通，皆因自注自疏，知根知底故也。

---

[1] ［清］江藩著，漆永祥整理：《江藩集》，上海古籍出版社2006年版，第146页。
[2] 胡玉缙著，吴格整理：《许庼经籍题跋》卷4《江郑堂河赋注书后》，《续四库提要》三种本，上海书店出版社2002年版，第726—727页。

八八 《汉学师承记》初刻初印本与后来各本有异

《汉学师承记》初刻于嘉庆二十三年,天津图书馆藏赵之谦等批注本,著录嘉庆十七年刻本,乃据汪喜孙《跋》文,大误。案是书初刻初印本,笔者惟在国家图书馆普通古籍部见一部,有李慈铭批校。后来刻本皆有之阮元《序》,是本独无。又卷二《褚寅亮》末原文作"撰公羊义疏二十九卷又以玉篇广韵诸书中字体之不悖于六书者补许氏说文之阙名曰说文补遗其书藏于家乾隆五十三年以老疾告归未几卒"①,与后来刻本皆不同。又卷四《王昶》"刑部江西司郎中"下是本有"是年诏开经咒馆令章嘉胡图克图偕其徒重译首楞严经及诸经密咒充兼校经咒馆先是纯皇帝以三藏中有俚俗猥琐者命刘文正公议加删定公以属之先生与汪舍人孟铒按日稽览六阅月而毕上知先生深入内典故有是命"一段②,后来刻本皆删去,盖因事涉佛门,无关经术之故也。他处亦有与后来刻本别异,而惟此本才有之文字。窃以为江藩

---

① 《国朝汉学师承记》嘉庆二十三年初刻初印本,上册,卷2《褚寅亮》,第27b页。
② 《国朝汉学师承记》嘉庆二十三年初刻初印本,上册,卷4《王兰泉先生》,第11b页。

初刻是本时,尚未及请阮元作序,盖江书刻后,阮氏方撰《序》,江氏极重《阮序》,遂再为删削修板,且添入《阮序》后速刻,因时间相隔不远,故封面与书板仍用初刻之板片,唯删改处为剜去字句而已。是书有李慈铭圈点、补注、批校甚多。李氏曾论《师承记》一书,"文少蒉裁,又不免门户之见。其述诸君爵里事迹著作,亦有舛漏。然谨守汉学,不容一字出入,殊有班氏《儒林传》、《艺文志》家法,非陆氏《释文叙录》等书所得比肩。遗文轶事,亦多藉以考见,诚有功于诸儒矣"。[1] 书中多补江氏所未逮,或纠其讹误,勘正文字。故是书为笔者唯一所见之真正初刻初印本,与后来刻本,并皆不同,诚可宝也。

---

[1] [清]李慈铭著,由云龙辑:《越缦堂读书记》(同治癸亥十月初四日),第478页。

八九 《古书疑义举例》非抄自《经解入门》

案《经解入门》八卷,旧题江藩著。前有《凡例》与阮元之《叙言》,前7卷51条,论治学源流,古书读法,历代石经,自汉至清通经诸儒,经与子史之关系,说经必先识文字、通训诂、明假借、知音韵、审句读、明家法,文字、音韵源流、目录、校勘、训诂、考据诸学,解经不可虚造及他弊,平日读书课程等,卷八附选他人经学论文。末有冯德材等跋文。笔者曾据其卷一有"古书疑例"条与俞樾《古书疑义举例》相似,撰文论俞书钞自江藩,实不知此书乃民国间人假江氏之名伪之耳。近读刘声木《苌楚斋四笔》,则刘氏亦为所欺。其曰:"嘉道间,甘泉江子屏茂才藩,撰《经解入门》八卷,成于晚年。……全书为茂才自撰解经义例,共伍拾贰篇。……其第柒篇,为茂才自撰之《古书疑义例》,开示涂径,尤属有益经训。太史后撰《古书疑义举例》,体例全从此出,兹将全文录之。……细玩太史《古书疑义举例》,实以此篇为蓝本,而书无一语道及,迹近攘善,诚为太史惜也。"①

笔者之文发表后,有司马朝军与李若晖、谷建、伏俊琏诸学兄先

---

① [清]刘声木撰,刘笃龄点校:《苌楚斋四笔》卷5"江藩古书疑义"条,中华书局1998年版,下册,第785—786页。

后发表论文,纠拙说之谬,笔者亦曾撰文就此向学界检讨,现据诸文就江书之伪略为说明如下:①

其一,著录情况:《经解入门》最初之本,今可考见者,为"光绪戊子(1888年)鸿宝斋石印袖珍本",而《古书疑义举例》早在同治十年(1871年)就收入俞氏《春在堂全书》中,较前者早十七年。其二,阮元之《叙言》:《经解入门》前有阮元之叙,其疑颇多:第一,《叙言》末题为"协办大学士两广总督阮元",但阮氏平日行文习惯,罕书官衔,且此叙写作时间为道光十二年(1832年),时阮氏早已调任云贵总督;第二,叙既作于道光十二年,而江藩逝于此前一年,叙文却了无伤感缅怀友人之情,文中语气,似江君宛然尚在;第三,阮氏《揅经室一集》卷一一有《国朝汉学师承记序》、《二集》卷七有《通鉴训纂序》,皆为阮氏为江藩书所作之序,却无本篇《叙言》;第四,本《叙言》与《汉学师承记序》文字相近,阮氏为一人之书作序,断不至于节取成文,塞责敷衍,实则此《叙言》当为钞撮补缀《汉学师承记

---

① 关于拙作与诸人纠谬之作,请参阅漆永祥《乾嘉考据学研究》,中国社会科学出版社1998年版,第95—97页;漆永祥《俞樾〈古书疑义举例〉系袭江藩〈经解入门〉而成》,《中国语文》1999年第1期,第60—61页;司马朝军、李若晖《俞樾〈古书疑义举例〉系袭江藩〈经解入门〉而成吗?——与漆永祥先生商榷》,《中国语文》1999年第5期,第393—394页;谷建《〈经解入门〉辨伪》,北京大学中国古文献研究所编《北京大学古文献研究所集刊》(1),北京燕山出版社1999年版,第406—420页。伏俊琏《〈古今疑义举例〉不是袭〈经解入门〉而成》,《古汉语研究》2000年第2期,第91—93页。漆永祥《读书不谨的一次教训——关于拙文〈俞樾古书疑义举例系袭江藩经解入门而成〉之误》,姚小平主编《马氏文通与中国语言学史》,外语教学与研究出版社2003年版,第285—292页。

八九 《古书疑义举例》非抄自《经解入门》

序》而成。其三,《经解入门》中多记江氏身后之人与事:此书中,如卷三"国朝治经之儒"条,有"阮元谥文达"之语,而江氏逝时,阮氏尚康强在世,江氏何由知其谥号?他如书中收金锡龄《八蜡说》、陈奂《诗毛氏传疏》、马瑞辰《毛诗传笺通释》、胡培翚《仪礼正义》、宋翔凤《孟子赵注补正》以及书中出现如黄式三、刘宝楠、魏源、侯康、郑珍等人之名,诸人皆后于江藩甚或为后辈,当时既无声名,又著述未成,江氏不可能选录其成果,足见此书当成于江藩之后,甚至在以上诸人成名之后。又江藩行文,第一人称惯用"藩"或"予",然《经解入门》却一律用"余",此一细微差别,又恰能证明此书非江氏之作。其四,《经解入门》为抄撮他书而成:此书多为抄当时名家之书而成:第一,有抄自江藩《汉学师承记》与《国朝经师经义目录》者:除前述阮元《叙言》外,如卷一"群经源流"、卷二"两汉传经诸儒"、卷三"近儒说经得失"等条,多为离析江藩《国朝经师经义目录》而成。第二,有抄自张之洞《书目答问》与《輶轩语》者:如卷三"国朝治经诸儒"条,即钞自《书目答问》所附《国朝著述家姓名略》中"经学家"、"小学家"等;卷五"有校勘之学"条钞自"校勘学家"条;卷七"平日读经课程"条钞自《輶轩语·语学篇》。第三,有抄自王引之《经义述闻》者。如卷七"方音异同不可不晓"条中有抄自阮元《经义述闻序》之痕迹;卷四"说经必先明假借"条抄自王氏书卷三十二《通说下》之"经文假借";"不可增字解经"条,抄自王书"增字解经"条;"不可妄改经文"条,抄自王书"后人改注疏释文"条,等等。第四,有抄自俞樾《古书疑义举例》者。如卷一"古书疑例"条抄自俞书卷七。此外,《经解入门》书中与江藩《汉学师承记》及江氏本人学术观点大相径庭者,尚在在而有焉。

　　关于《经解入门》之作伪者,前人以为崔适、缪荃孙、章太炎皆有可疑,然究三人中一人伪作,抑或属他人之作,则因无直接证据,难以确定。今司马朝军兄新撰《〈经解入门〉整理与研究》一书,以为《经解入门》编者应为《皇朝五经汇解》的编纂者"抉经心室主人"凌赓飏,且有确据,则是书作伪者之官司,亦可成定谳矣。

九〇　集句诗与《汉学师承记》之体裁

阮元主纂《儒林传稿》与《畴人传》，其子阮福称所采之法为"群书采集甚博，全是裁集句而成，不自加撰一字"①。日本学者近藤光男以为江藩纂《汉学师承记》，亦用此"集句式"纂辑，其是否受阮元"示唆"虽无证据，但应有相当之影响。②案阮元当时曾向焦循、张鉴、臧庸、朱锡赓等函札商讨《儒林传》之编纂问题，然是否曾徵询江藩之意见，今不能知；反之亦不能证明江藩纂《汉学师承记》期间，曾向阮元或焦循徵求意见，但《师承记》之编纂方法，几乎与诸家之思路完全一致。笔者以为，此为当时学者所共同之思想，江藩在其《炳烛室杂文》中有《原名》一篇，亦纯用集句法撰成也。

考集句法之祖，当自集句诗而来。《四库总目》论黄之隽《香屑集》曰：

> 集句为诗，始晋傅咸，今载于《艺文类聚》者，皆寥寥

---

① ［清］阮元撰，邓经元点校：《揅经室一集》卷2《拟国史儒林传序》，上册，第38页。
② 近藤光男译注：《汉学师承记译注·解说》，日本明治书院2001年版，上册，第40页。

数句,声韵仅谐,刘勰《明诗》,不列是体,盖继之者无其人也。有唐一代,无格不备,而自韦蟾妓女续《楚词》两句之外,是体竟亦阙如。至北宋石延年、王安石,间以相角,而未入于集,孔武仲始以入集,而别录成卷,尚未单行。南宋李弇之《梅花衲》、《剪绡集》,文天祥之《集杜诗》,始别著录,然卷帙无多。之隽是编,虽取诸家之成句,而对偶工整,意义贯通,排比联络,浑若天成。①

宋时集句诗大兴,文文山入狱,求死不成,百无聊赖,遂集杜诗以度日,有《文信公集杜诗》四卷(一名《文山诗史》),盛行于世。乾嘉时,学者纂书,为客观徵信,遂用集句之法,缀合史料,编辑成篇,又双行夹注,明其出处,尤以传记为最焉。

---

① [清]永瑢等纂:《四库全书总目》卷173集部·别集类二十六黄之隽《香屑集》,下册,第1529页。

九一　赵之谦《汉学师承续记》

江藩《汉学师承记》刊行，风靡一世，自嘉庆末至光绪间，诸种版本即达20种以上，其刷板次数之多，可与流行书籍相比，影响极大，为研治清代学术必读之工具书。如孙诒让谓"年十六七，读江子屏《汉学师承记》及阮文达公所集刊《经解》，始窥国朝通儒治经史小学家法"。[①] 然因江氏乃乾嘉时人，又因体例所限，故所记学者时间止于嘉庆时，此后则付诸阙如。江氏之后，续之者不绝，但传世者几稀。受《师承记》影响，或仿其体而略变之者，有张星鉴《国朝经学名儒记》不分卷、曹允源《国朝经师谳述略》二种，曹氏书未见传本。至于完全依仿《汉学师承记》体例进行续编者，笔者所见所闻存世之书有赵之谦《国朝汉学师承续记》不分卷（残稿本），曾文玉《国朝汉学师承续记》8卷《续国朝经师经义目录》1卷（稿本）二种，另有梅毓《续汉学师承记商例》，只是一篇纂例而已。在《汉学师承记》的注释与翻译方面，笔者所见则有清谢章铤《国朝汉学师承记注》（残稿本），周予同《汉学师承记注》（选注）以及日本学者近藤光男《国朝汉学师承记》（译注）等。

---

① ［清］孙诒让撰，梁运华点校：《札逸·自序》，中华书局1989年版，第1页。

清学札记

赵之谦《汉学师承续记》，残稿本，三册，今藏国家图书馆。前后无目录，无序跋，无页码。其中第一册所记依次为张澍，凌堃（又附妻安璿珠），张穆附苗夔，丁履恒（又附子嘉荫、嘉葆），刘文淇附子毓崧、戴清；又一册为汪喜荀，王念孙，龚巩祚（又附曹籀），洪震煊，胡匡宪，胡秉元附汪泽（又附子培系、培受、培字），胡秉虔附胡肇昕（又附胡培孝、族孙胡澍）；又一册为胡培翚附章遇鸿、胡绍勋、胡绍煐、杨大堉、涂煊、韩印、席元章、马钊（又附葛良冶、汪士铎、马寿龄、杨秉杷），胡廷绶（又附周白山），钱大昭附子东垣、绎，钱侗附从子师徵（又附子师璟），胡承珙，朱右曾附葛其仁、陈诗廷、陈瑑，汪莱，王引之。全稿正传20人（另附录19人，又附15人，总54人），适为江书之半。已经完稿无缺者有钱大昭、钱侗、朱右曾、王念孙、汪莱、洪震煊、丁履恒、张澍、龚巩祚、凌堃、张穆、胡承珙、胡匡宪、胡秉虔、胡秉元、胡培翚、胡廷绶。而有全稿尚未完成或缺略太甚者，如《胡匡宪记》为未完之稿；《朱右曾记》附陈瑑，录其《祁大夫字说》一篇，仅有"说曰"二字，下无正文；又如《汪喜荀记》仅述生平，尚未论学焉。

赵书除了体例依仿江书外，其史料来源、编纂方式、叙事方法皆步趋江氏，优于江书者，赵书叙事简洁，整饬有法。全稿笔者已经整理发表，亦附拙著《〈汉学师承记〉笺释》后，有兴趣之读者，可参稽赵氏原文及拙文《赵之谦〈国朝汉学师承续记〉整理记》、《从赵之谦〈论学丛札〉看〈汉学师承续记〉》二文，对赵书编纂之由、全书体例、特点皆都有详尽之述论焉。

九二　袁枚之讥刺考据学

乾嘉间考据大盛，即翁方纲、程晋芳、章学诚诸人，反对考据，然亦多持义理、考据、词章之说，视考据为学问之一端。唯袁枚标榜"性灵"，以"考据"与"著作"中分学术，并认为"钞撮故实为考据，抒写性灵为著作"，①"著作之文形而上，考据之学形而下。各有资性，两者不能兼"。② 又云：

> 一主创，一主因；一凭虚而灵，一核实而滞；一耻言蹈袭，一专事依傍；一类劳心，一类劳力。二者相较，著作胜矣。且先有著作而后有书，先有书而后有考据。以故著作者，始于六经，盛于周秦，而考据之学，则自后汉末而兴者也。郑、马笺注，业已回冗，其徒从而附益之，抨弹蹲驳，弥弥滋甚。孔明厌之，故读书但观大略；渊明厌之，故读书不求甚解。二人者，一圣贤，一高士也。余性不耐杂，窃慕二

---

① ［清］孙星衍撰，骈宇骞点校：《问字堂集》卷4《答袁简斋前辈书》引袁氏语，中华书局1996年版，第90页。
② ［清］袁枚著、王志英点校：《小仓山房续文集》卷28《〈随园随笔〉序》，江苏古籍出版社1993年版，第2册，第497页。

人之所见，而又苦本朝考据之才之太多也。盍以书之备参考者尽散之！①

袁枚因持此说，并与惠栋信札往还相争，此后又有焦循、孙星衍等，亦与袁氏争辩。然袁枚固持己见，终老不悔，其七十岁时，又成《考据之学莫盛于宋以后而近今为尤余厌之戏仿太白嘲鲁儒一首》，极尽讥刺之能事。其诗云：

> 东逢一儒谈考据，西逢一儒谈考据。
> 不图此学始东京，一丘之貉于今聚。
> 《尧典》二字说万言，近君迷入公超雾。
> 八寸策讹八十宗，遵明揭揭强分疏。
> 或争《关雎》何人作，或指明堂建某处。
> 考一日月必反唇，辨一郡名辄色怒。
> 干卿底事漫纷纭，不死饥寒列章句。
> 专数郢书燕说对，喜从牛角蜗官赴。
> 我亦偶然愿学焉，顷刻挥毫断生趣。
> 挦扯故纸始成篇，弹弄云和辄胶柱。
> 方知文字本天机，若要出新先吐故。
> 鲁人无聊把浦拾，齐士谈仙将影捕。

---

① ［清］袁枚著，王志英点校：《小仓山房续文集》卷29《散书后记》，第2册，第505—506页。

九二　袁枚之讥刺考据学

> 作《尔雅》非磊落人，疏《周官》走蚕丛路。
> 当时孔圣尚阙疑，孟说井田亦臆度。
> 底事于今考据人，高眂大谈若目睹。
> 古人已死不再生，但有来朝无往暮。
> 彼此相殴昏夜中，毕竟输赢谁觉悟。
> 次山文碎皇甫讥，夏建学琐乃叔恶。
> 男儿堂堂六尺躯，大笔如椽天所付。
> 鲸吞鳌掷杜甫诗，高文典册相如赋。
> 岂肯身披腻颜袑，甘逐康成车后步。
> 陈迹何妨大略观，雄词必须自己铸。
> 待至大业传千秋，自有腐儒替我注。
> 或者收藏典籍多，亥豕鲁鱼未免误。
> 招此辈来与一餐，锁向书仓管书蠹。①

袁氏《小仓山房诗集》初刻本，不见此诗，盖迫于压力，故不入之，后来刊本方补录而刻焉。此诗之于考据学家，冷嘲热讽，极尽讥刺之能事焉。

---

① ［清］袁枚：《小仓山房诗集》卷三一《考据之学莫盛于宋以后而近今为尤余厌之戏仿太白嘲鲁儒一首》，袁枚著，王英志点校：《袁枚全集》，第1册，第733页。

九三　乾嘉考据学家不喜诸经唐宋人旧疏

乾嘉时学者，于唐修诸经《正义》，颇多不满，概而言之，有五因焉：其一，注疏之体，疏不破注。故疏文申注，每每曲从，犯株守之弊。其二，唐人小学疏浅，疏文往往暗于训诂而不明假借。其三，疏文释经申注，多缘词生训，不得真解。其四，疏文成于众手，体例不一，诸经诂字，又矛盾错出。其五，疏文冗繁复沓，读之令人昏昏。如钱大昕曰："唐初《正义》，曲狥一家之言，彼经与此经矛盾者甚多。要其义据闳深，则《诗》、《礼》为上，《春秋》次之，《易》、《书》为下。"[①]此亦清人代表性观点。故至乾嘉间及后来学者，遂弃旧疏而另为疏释，今中华书局刊《十三经新疏》中诸本皆是也。

---

① ［清］钱大昕：《潜研堂文集》卷9《答问六》，第135页。

九四　乾嘉考据学家多患目疾

今人读书，多近视眼，而电视、电脑之害，已波及孩童。清人读书，亦多为目病所苦。顾炎武幼患痘症，右目为眇。乾嘉时学者，益刻苦励学，戴震入四库馆时，已戴西人近视镜。余萧客读书于朱焕之滋兰堂，因得博览。手一编，终夜不寝，遂患目病，不见一物。有人传以坐暗室中，目蒙蓝布，存想北斗七宿，一年之后，目虽能视，然读书但能读大字而已。遂构一室，无窗户，上穴一方，以通天光。设修几，书册鳞次，潜心纂《古经解钩沉》。同时长洲江筠，精于《三礼》、《三传》之学。晚失明，教授生徒以终，时人称"盲先生"。王鸣盛年六十八，两目忽瞽，唯右目仅辨三光。其子遍访名医，阅两岁，得吴兴医针之而愈。邵晋涵少多病，左目微眚，清羸如不胜衣，而独善读书，数行俱下，寒暑舟车，未尝顷刻辍业。凌廷堪晚年患白内障，至其母卒，毁瘠憔悴，遂眚一目，以至难于握管。章学诚晚年亦为眼病所苦。诸人虽目盲程度有所不同，然皆与读书太过大有关系也。唯可惊叹者，钱大昕四十岁即为耳聋目昏所苦，五十后患散光日遽，跬步不睹人物，晚年益甚，见客必令左右相导，始能揖让，肴核必从人以匕箸纳口，而后能进。惟观书纵字小如豆，犹能在灯下披阅，无不了了。若是公者，真可谓为读书而生也！

九五　近视眼与近视镜

余自大四时，即患近视，此后目力愈亏，至今益甚，若摘除眼镜，则睹物模糊，几于男女不辨。余亦曾撰《乾嘉考据学家多患目疾》札记一条，论"今人读书，多近视眼，而电视、电脑之害，已波及孩童。清人读书，亦多为目病所苦"。并举戴震、余萧客、江筠、王鸣盛、钱大昕、邵晋涵、凌廷堪、章学诚诸人为例。近读《清史稿·戴敦元传》曰：

> 敦元博闻强记，目近视，观书与面相磨，过辄不忘。每至一官，积牍览一过，他日吏偶误，辄摘正之，无敢欺者。奏对有所咨询，援引律例，诵故牍一字无舛误。宣宗深重之。至老，或问僻事，指某书某卷，百不爽一。尝曰："书籍浩如烟海，人生岂能阅尽？天下惟此义理，古今人所谈，往往雷同。当世以为独得者，大抵昔人唾余。"罕自为文，仅传诗数卷。①

---

① ［清］赵尔巽等纂：《清史稿》卷374《戴敦元传》，中华书局1991年版，第38册，第11552页。

九五　近视眼与近视镜

戴氏博闻强记，当时颇具声名。而"观书与面相磨"之句，描摹其以近视而读书之憨态，形象逼真，惟妙惟肖，跃然纸上。读书近视，亦自古而然，宋人叶梦得《避暑录》言，文人学士"平生用力常数倍于他人，安得不敝"？因历稽古来左丘明、杜钦、郑玄、高堂隆、左思诸人，皆以读书致然。清初王士禛亦曰：

> 余自幼小，凡博弈诸戏，一无所好，唯嗜读书，虽官户部侍郎、刑部尚书最繁剧之地，下直亦手不释书卷也。自甲申归田六年矣，目力益昏，始悔少壮之过用其力。然老矣，终亦不能废书也。①

又王筠以为，"唐以前书，少言目昏者，韩昌黎文而视茫茫，杜诗老年花似雾中看，然则目之花也，必巾箱五经为之厉阶矣"。其言古书简一简二十二字，或二十五字，古篆文一简八字，佛书皆作大字。后人以费笔墨，不便舟车，于是作蝇头。"不知害及于目，为终身之累也，于是知古人之虑远矣。"②

自西方凹透镜之术传入中土，清初流行水晶眼镜。陈康祺称水晶镜"兴于国初，珍贵逾珠玉。康熙癸未，赐少宗伯孙岳颁晶镜。时蒋文肃以庶常仕内廷，奏臣母曹氏，年老眼昏，上亦赐之。当世以为

---

① ［清］王士禛撰，张士林点校：《分甘余话》卷1"读书过用目力"条，中华书局1997年版，第8—9页。
② ［清］王筠：《菉友未编》卷下，《续修四库全书》本，第1159册，第246页。

殊荣"。① 然则此物当时，唯宫内才有，外间即重臣亦不易得，堪称稀珍焉；又知此盖为放大镜，非真正之近视镜也。乾隆时人李光庭《乡言解颐》曰：

> 世有转眐为明、缩远为近，人以为多一层，而己则喜其自得者，眼镜是也。数十年前，琉璃厂眼镜铺不过数家，今则不啻倍蓰矣。古今人不相及，惟目亦然。②

此则为标准之近视镜，且走出深宫，即庶民百姓，亦可配戴矣。又李氏论当时近视镜之度数，以十二辰编号，从"亥"逆数，由浅入深。而眼镜铺名，有"远瞩"、"深衡"等，较之今日之"大明"、"雪亮"诸店名，更为恰切隽永。李氏又言"卖眼镜者，多似短视"。今日眼镜店中亦然，店员即不近视，亦多戴眼镜。盖近视配镜之人，见店员亦如此，顿增同病相怜之感，亦赚钱之生意经也。

---

① [清]陈康祺撰，晋石点校：《郎潜纪闻二笔》卷12"水晶眼镜"条，中华书局1997年版，下册，第544页。
② [清]李光庭撰，石继昌点校：《乡言解颐》卷4《物部上·杂物十事·眼镜》，中华书局1997年版，第76页。

九六　乾嘉考据学家著书之先为长编

古人著述，率不偶作，即有撰著，亦先详考细辨，俾资料完备，方可下笔，史迁之纂《史记》，涑水之编《通鉴》，皆如此也。《通鉴》之修，先成《长编》，然后删汰增省，别白精审，故为史家之典范。乾嘉时学者著书，多仿其意而行之，今举惠栋、戴震、段玉裁三例以明之。惠栋之撰《周易述》、《古文尚书考》、《左传补注》、《九经古义》诸书也，先成《九经会最》，其书今仅存《周礼会最》一种，凡汇录自汉唐注疏至宋元以来学者论《周礼》诸说，详列原文之下，几无己说，皆为抄撮储材之用。又其注《后汉书》，先成《汉事会最》24卷，全书从诸经子史中采摘条目，按类排列，以备查阅，亦有只标在某书某卷者，更见其备查之索引功能。又辑《汉事会最人物志》3卷，取《史》、《汉》、诸家《后汉书》、汉魏以来诸书及唐宋类书正文或注文所引，凡起高帝迄徐英，计210余人，西汉1卷，东汉2卷。皆注明出处，或一人一条，或一人数条，多者达十数条，亦为备史料之所需耳。又戴震之著述，终其身未成者，则为其《七经小记》，其有《经考》与《经考附录》，亦录先秦至宋元以来诸家说经之条，类列而次序之，以备取用。段玉裁之注《说文》，亦先成《长编》，至其晚年，《说文注》方成，遂成一家言。今人不明惠、戴之意，以《周礼会最》"为惠氏考证《周礼》之作，尤详官制典章。每考一事，首引原文，次汇诸家异同，后述己见"。① 又有学者以戴氏《经考》中多列宋儒经说，以证其重视宋学。实则皆皮附之论，既未详检全书，更不明其辑书之旨耳。

---

① 陈秉才、张玉范编，北京大学图书馆藏：《稿本丛书》(1)《前言·周礼会最》，天津古籍出版社1996年版，第1册，第4页。

九七　乾嘉考据学家多不擅时文

乾嘉时考据学家，多不擅时文。以《师承记》中所论诸人而言，掇巍科者，以金榜为最，其为乾隆三十七年一甲第一名及第，其次则王鸣盛为乾隆十九年庄培因榜、江德量为乾隆四十五年恩科汪如洋榜、洪亮吉为乾隆五十五年恩科石韫玉榜一甲第二名及第，卢文弨为乾隆十七年恩科秦大士榜一甲第三名及第，余则邵晋涵为乾隆三十六年恩科会试第一名，然殿试在二甲第三十名也。他如钱大昕、王昶、朱筠、武亿等中进士者，皆在二、三甲之列，若戴震之进士名，乃清高宗之所赐耳。他若江永、惠栋、沈彤、余萧客、江声、汪中、江藩、臧庸等，则或屡败科场，或绝意不为时文以终其身。惠栋乡试，因用《汉书》见黜。江永乃一代通儒，且其所编《乡党图考》、《四书典林》，帖括之士窃其唾余，取高第掇巍科者数百人，而永以明经终老于家。又乾隆元年举博学鸿儒科，沈彤被荐入京。全祖望评曰："君平生有所述作，最矜慎，不轻下笔，几几有含毫腐颖之风，予以为非场屋之材。而君果以奏赋至夜半，不及成诗而出。"① 又胡虔记："戴东原震

---

① ［清］全祖望：《鲒埼亭集内编》卷20《沈果堂墓版文》，《全祖望集汇校集注》本，上册，第361页。

清学札记

数应礼部试,分校者争欲致之门下,每于三场五策中物色之,不可得。既乃知其对策甚空,诸公以戴淹雅精卓,殆无伦比,而策则如无学者,大是异事。钱辛楣詹事曰:'此东原之所以为东原也。'戴中壬午江南乡试,年四十矣。出青田韩锡胙房,其文诘屈,几不可句读,后以徵修四库书,得庶吉士。"[1]清季李慈铭曾论曰:"盖汉儒之经学,为利禄之路,其从师传业者,无异今之举业。而国朝诸儒之学,则实与时背驰,宜其愈上而愈困也。"[2]乾嘉诸儒,虽治汉学,然与汉时学术与时代皆不相同,诸人皆注全力于经史,则场屋文字不时作,比至考场,自然生疏;又科举时文,皆须烂熟《四书》朱注之类,而诸人又不喜朱子,则其落选也必矣。

---

[1] [清]胡虔:《柿叶轩笔记》,《续修四库全书》本,子部第1158册,第38页。
[2] [清]李慈铭撰,由云龙辑:《越缦堂读书记》光绪丙子二月初五日《鹤徵录》,第466页。

九八　乾嘉考据学家多困顿以终

　　乾嘉考据学兴盛，世人推论其因，多归之于清廷禁书与文字狱所致。陈寅恪先生谓清代史学不振，"未可悉由当世人主摧毁压抑之所致"，其论甚伟。然陈先生究其原因，则以为"往昔经学盛时，为其学者，可不读唐以后书，以求速效。声誉既易致，而利禄亦随之，于是一世才智之士，能为考据之学者，群舍史学而趋于经学之一途"。此语为学界所熟知。依陈先生之说，则当时考据学家皆利禄之徒如汉代治经者，所谓"遗子黄金满籝，不如一经"者也。然如详辨当时考据家之情状，即知此说为不然矣。乾嘉时考据学家功名黯然，屡败科场，其求生之手段，或入幕府，或修志书，其生活无着，常为衣食所困者，在在而有。李慈铭曾综论清代汉学家之情状曰：

　　呜呼！汉人传经，时主所好，专门授业，多致通显，上为帝师，次典秘籍。故或贿改夫漆书，或争论于讲殿，桓荣以车马夸稽古，夏侯以青紫诱明经。士风景从，犹非无故。下至宋之谈礼，宗庙以为号；明之讲学，朝廷畏其党。习俗之靡，尚缘势利。若我朝诸儒之为汉学也，则违忤时好，见弃众议，学校不以是为讲，科第不以是为取。其初开国草昧，朴学椎轮，则亭林以遗民终，潜邱以布衣死。西河、竹垞，老籍词赋，暂陪承明，旋即废退。东樵献书，仍沦草莽；玉林著述，不出里闬。吴江二长（朱长孺、陈长发），鄞江二万，青衿饰终，黄齮就木。而渊源宋儒者，二曲布衣，关中讲学，亲屈万乘，宠以大儒。潜庵、松阳，互标朱、陆，生为羽仪，殁邀俎豆。安溪以其政事，缘饰儒风，揣摩当宁，宗尚紫阳，位极鼎台，久枋国政。江阴、高安，相为提挈；榕城继席，名位益隆。望溪起于俘囚，久居讲幄；漳浦擢自闲废，遂为帝师。此则汉、宋相形，遭遇胜负，已可知矣。

高宗盛时，首辟经学，荐书两上，鹤车四出。然得官者五人：顾、陈、吴、梁，仅拜虚秩；当涂入馆，更以年例。而诸公亦皆学参汉、宋，未号专家。当时海内宗师，松崖一老，徵舆未上，坛席已除。都讲弟子，仲林、艮庭，槁项卒世。婺源江君，学究天人，东南两星，与惠相望，沉沦胄序，久晦少微。高弟戴、金，最为首出。纂斋得膺上弟，旋复杜门；东原晚际昌时，公车入省校书，恩例超授翰林，天不慭年，终于吉士。至于开四库，求遗书，尤国朝儒林之一大际会也。笥河发其议，晓岚总其功，东原既以兹通籍，南江复由此升庸。然两君以外，寂无徵焉。竹汀、西庄，清华通贵，而一谪九列，一终少端，皆盛年挂冠，著书林下，淡泊之操，鼎峙抱经。而歙有辅之，岱有众仲，词臣五隐，咸畅醇风，尽瘁简编，何关人事。其继掇巍科者，渊如、北江，一沈俗吏，一为戍兵，虽践金门，终饱蝉橐。吾乡瑶圃邵氏，

九八　乾嘉考据学家多困顿以终

左官投劾，声华尤闇。石渠以名臣之子，早著才称，而词曹不终，豸冠终斥。芝田、颐谷，未久西台。而懋堂、珍艺、十兰、二谷（桂未谷、武虚谷），以俗吏终矣；次仲、端临、易田、阶平，以教官终矣；溉亭、小雅、孝臣，以进士终矣；雕菰、辰叔以举人，容甫、可庵、郑堂、璞园，且以诸生终矣。笥河于乾嘉儒术为首功，而微罪贬秩，一蹶不正。其弟文正公，颇持宋学，遂跻三公。其最以儒学显用于时，河间、仪徵两文达耳。而河间毕生书馆，勤于其职，及拜协揆，逾旬而殉；仪徵历官使相，未尝一日当国，皆不能剡扬素风，汲引同类。稍得志者，惟嘉庆己未一科，仪徵主试，大兴听从，幸逢翩翩，多班玉笋，论者谓此科得人，逾于乾隆鸿博。然惟龙首姚公、探花王公文僖、文简，皆长春官。其余则恭甫一列词垣，告归不出；兰皋户部，十年不迁。皋闻始列庶常，几于废黜；周生沉于兵曹，春桥（胡氏秉虔）没于郡佐。山尊稍以词章，得跻侍从，终亦不振。嗣是而降，大雅云亡。兰坡、墨庄，稍为后出，并跻馆职，未结主知，一退老于名山，一积劳于闽海。武进二申（李申耆、刘申甫），心壶、竹村，各述所传，位不称学。他若匪石、涧蘋、简庄、拜经、晓楼、硕父之终身席帽，连倦牖下者，更如书中蠹鱼，听其自生自灭而已。即以吾浙言之，仁和诸赵，德清诸徐，临海诸洪，谈经之窟也。鹿泉致位八坐，帖括所传，或在人口；而谷林、宽夫、心田、筠轩诸先生，今犹有知其姓氏者耶！嘉兴之李（次白氏贻德），仁和之二梁（谏庵玉绳、夬庵履

清学札记

绳），萧山之王（谷塍氏宗炎）、之徐（北溟氏鲲）、之汪（苏潭氏继培），上虞之王（汾泉氏煦），归安之严（铁桥氏可均、鸥盟氏杰），仁和之翟（晴川氏灏）、之孙（雨人氏同元），临海之金（诚园氏鹗），此皆著述之卓然者，而乡评校议尚及其人耶！尤可异者，萧山王氏绍兰，位望通显，罢官之后，所作满家，训义邃精，几颉惠、戴，而越人仅贵之为中丞，未尝尊之为学者。

呜呼！由斯以观，诸君子之抱残守阙，斷斷缣素，不为利疚，不为势诎，是真先圣之功臣，晚世之志士！夫岂操戈树帜，挟策踞座，号召门徒，鼓动声气，呶呶陆、王之异辞，津津程、朱之弃唾者，所可同年语哉！"①

从李氏所论可知，清代考据学家不仅不能与汉儒较其同异，亦不能与清代尊奉宋学者比其优劣。其既出身贫贱，又不擅时文，更不善钻营，日事读书，则穷困潦倒也固矣。

---

① ［清］李慈铭撰，由云龙辑：《越缦堂读书记》同治甲子四月初二日《戴氏遗书》，第1026—1028页。

九九　乾嘉考据学家之事功之学

古人所谓事功之学，亦称经济之学，即今日之政绩也。后人每谓清儒终日埋于故纸堆中以求活，故无事功之学。又或谓其缅颜事清，贪残污秽，了不知耻，如刘师培《清儒得失论》斥段玉裁、洪亮吉、孙星衍、刘逢禄、宋翔凤诸人者。然究之事实，知其说多为不然。今举之如下：

乾嘉学者入中枢、统方面者，莫过于纪昀、王引之与阮元，纪氏历官至礼部尚书，其一生最重者为主持四库馆事；王引之官至礼、工、吏部尚书，深得倚重，嘉庆帝称其"敢言人所不敢言"[①]；阮元历官至湖广、两广、云贵总督，所在修政去弊，兴学育教，驱除边患，禁绝鸦片，其功甚伟。直言极谏者，莫若王念孙、洪亮吉。王氏密劾和珅，为国除奸，时人称其为"和鸾鸣凤"；洪氏《乞假将归留别成亲王极言时政启》，声震中外，终遭戍边，与王氏后先辉映。他如王昶之从徵西南，襄赞为多，后官刑部侍郎，熟于兵事刑法；孙星衍官山东督粮道权布政使，精于治理钱粮；郝懿行、胡培翚虽仅官户部主事，然

---

① ［清］徐珂：《清稗类钞·谏诤类·王文简谏圆明园增防事》，中华书局2003年重印本，第4册，第1504页。

其精于吏法，以能著称。至为州官者，有汪辉祖官道州知州，李文藻官桂林同知，汪喜孙官怀庆府知府，张澍官临江通判，朱绪曾官台州府同知，庄炘官兴安府知府，郑方坤官武定知府，胡秉虔官丹噶尔同知，胡承珙官台湾道等。为县官者，有段玉裁官巫山知县，邢澍官长兴知县，周春官广东岑溪知县，洪颐煊官新兴知县，钱东垣官上虞知县，桂馥官永平知县，武亿官博山知县，丁履恒官肥城知县等。除段氏有贪残之讥外，余皆所在有政声，多令誉，不愧清廉明正之官也。

从事文化教育之职，在四库馆中出力尤著者，则有戴震、周永年、余集、邵晋涵、杨昌霖、金榜、曾燠、任大椿、李潢、洪梧、孙希旦诸人。官至学政者有惠士奇、卢文弨、朱筠、钱大昕等。士奇在粤六年，深得人心；朱氏任安徽学政，教诸生治古学，又上疏请辑《永乐大典》，启修《四库全书》之轴；卢氏任湖南学政，以越职为学子请命而遭左迁，晚年职教书院，乐育英才；钱氏为广东学政，门下人才辈出，归里后掌教书院，地方大吏，每遇大事，辄咨询，莫不满意而去。官府州县学教职者，如凌廷为宁国府学教授，钱塘为江宁府学教授，戚学标为宁波府学教授，沈钦韩为宁国府学训导，翟灏为衢州府学教授，刘台拱为丹徒县学训导，严可均为建德县学教谕，宋绵初为清河县训导，汪莱为石埭县训导等。亦莫不振兴文教，砥砺风气，勤勤恳恳，恪尽其职矣。受朝廷徵召者，如顾栋高、惠栋、沈彤之举博学鸿词，江声、陈鳣、钱大昭、胡虔之举孝廉方正，虽有中有不中，然皆学有渊源、识高品粹也。

虽仕即旋或终身不仕者，如江永之处里党，以孝悌仁让为先，人多化之。又尝劝乡人输谷立社仓，行之三十年，一乡之人不知有饥馑。

九九　乾嘉考据学家之事功之学

余如沈大成、余萧客、汪中、汪元亮、孔广森、厉鹗、吴骞、袁廷梼、鲍廷博、黄丕烈、顾广圻、钱坫、朱骏声、朱彬、江藩、章宗源、洪震煊、钮树玉、焦氏父子循、廷琥，马氏兄弟曰管、曰瑺，李氏兄弟富孙、遇孙，梁氏兄弟玉绳、履绳，臧庸等，亦皆为乡里表率，士中贤人。其虽不能以经术饰吏事，所谓"以夙昔经术，发为经济，移孝作忠，为当代名臣"，① 然亦非消极避世也明矣。如汪中曾论其志云："中尝有志于用世而耻为无用之学，故于古今制度沿革，民生利病之事，皆博问而切究之，以待一日之遇。下至百工小道，学一术以自托，平日则自食其力，而可以养其廉耻，即有饥馑流散之患，亦足以卫其生。何苦耗心劳力，饰虚词以求悦世人哉！"② 当时学者之心，亦多如之。

案王念孙谓"学问、人品、政事，三者同条共贯"，③ 此儒者入世之理想。然世能兼之者，则既决于其人，亦决于其时也。乾嘉诸儒，处和平之世，繁盛之局，故既不能持戈跃马，立万世之功而彪炳史册；亦不能倘佯林下，托故国之思，以歆动后人。然上列诸人中，惟段玉裁、王鸣盛有贪吝之嫌，余皆居官尽职，处世必贤，较宋学人物如清初以来熊赐履、李光地、方苞诸人之假道学，其相去不可以道里计也。后人以书虫托命者待之，口诛笔伐，至今未已，何不公以至如斯哉！岂必驱惠栋、戴震辈荷枪起事，对抗清军，或慷慨就义，或亡

---

① [清]钱大昕：《潜研堂文集》卷26《味经窝类稿序》，第433页。
② [清]汪中：《述学别录·与朱武曹书》，第14b页。
③ [清]臧庸：《拜经文集》卷3《与王怀祖观察书》引王念孙语，《续修四库全书》本，集部第1491册，第578页。

命海上，方为得之邪？或必逐其隐居岩穴，衣明朝冠，呜咽以终，方为有志邪？若以今人所谓经世之学律之，今日之我辈，既未耕耨以自食，亦未居官有实绩，岂亦皆为埋头书中以托余生者耶？若人人律以尧、舜、文、武，事事绳以禹、夏、商、周，则几无生人之理，此与前代之假道学相较，其又若何哉！

一〇〇 乾嘉时扬州学者年多不永

《师承记》卷七所载，皆扬州学者。陈厚耀（1648—1722）卒年75岁，然其为清初之人。乾嘉时之扬州学者，多年岁不永，少有寿终者。最为长寿者为程晋芳（1718—1784），终年67岁，然病卒于陕西毕沅署中。贾田祖（1714—1777）为64岁，试于泰州，病经宿而卒。李惇（1734—1784）51岁，因末疾终于家。江德量（1752—1793）42岁，将补官，北行感疾而殁。汪中（1744—1794）51岁，因过量饮酒而致心脏病突发，卒于西湖葛岭园客舍。顾九苞（1738—1780）42岁，因疽发项卒于天津途中。顾凤毛（1762—1788）27岁，致命于哮喘。刘台拱（1751—1805）55岁，体凤清羸，迭遭大故，哀毁而卒。钟褧（1761—1805）45岁，因病遽卒。汪光爔（1765—1807）43岁，夺命于肺病。李锺泗（1771—1809）39岁，病卒于京邸。凌廷堪（1757—1809）53岁，偶疾而逝。以上12人，程晋芳、贾田祖外，未有寿至60岁者，平均寿数仅为48.25岁。另徐复一人，生卒不详，然卒于虚损之疾，年亦不永也。然则诸人中，竟无一人为寿终者，可堪称奇！正因其早逝，故诸人所撰之书，或未成，或散亡。倘无汪中、焦循、江藩诸人为撰传状，则其人其学，早与枯骨同腐矣。

然通而论之，诸人之早逝，非无因焉。阮元称："扬州府治在江、淮间，土沃风淳，会达殷振，翠华南巡，恩泽稠叠，士日以文，民日以富。"① 然上述诸人，所嗜者读书，所治者汉学，多困顿无助，为生计所迫，即焦循（1763—1820，58岁）、江藩（1761—1831，71岁），亦莫不如斯，扬州之富庶，与诸人之寒素，恰成鲜明之对比，故期其长寿，何可得耶？同时扬州学人，高寿者有王念孙（1744—1832）89岁，秦恩复（1760—1843）84岁，阮元（1764—1849）86岁，则因其无奔波衣食之苦，能专心于政于学也。念孙虽晚年夺官受罚，然其子引之为当朝重臣，前后奔走，为其分劳，故未为衣食所苦。而引之（1766—1834）为69岁，其父卒后两年即逝，以望七之龄，亦勉强可入中寿者焉。

---

① ［清］阮元撰，邓经元点校：《揅经室三集》卷5《扬州画舫录序》，《揅经室集》本，下册，第691页。

一〇一　纪昀主持四库全书馆之因

纪昀出生河间献县，乃文献故里，而其出生又颇多传奇色彩，傅为演剧，流传至今。考纪氏为乾隆十九年庄培因榜二甲第四名进士，时年三十一岁。是科最号得人，如王鸣盛、王昶、朱筠、沈业富、周春、钱大昕、吴家驹、翟灏等皆古学中人，尤其纪、钱二人，在馆中时有"南钱北纪"之称。三十三年，纪氏因卢见曾案牵连，发往乌鲁木齐效力，三十五年赐还，翌年返京。三十七年，高宗命中外搜辑古今群书。三十八年四库馆开，《四库全书》纂修期间，前后有皇六子永瑢等为总裁官者十有六人、副总裁官者十有二人，实则挂名而已，实际董理其事者则为总纂官纪昀、陆锡熊、孙士毅三人，而又以纪氏之功，最为宏巨。当时文臣，以纪氏之声名地位，皆不当至此，高宗何以独重其人，笔者屡屡思之而不得焉。后偶读《高宗实录》有记载曰：

> 军机大臣等议覆福建学政纪昀奏称："坊本经书尚全刻庙讳御名本字，应仿唐石经、宋监本例，凡遇庙讳俱刊去末一笔，并加有偏旁字者俱缺一笔；又武英殿官韵及各经书于御名本字尚系全刻，及加有偏旁字者，俱未缺笔。请将本字及加有偏旁字者并行缺笔，载入科场条例。如误书者，

依不韵禁例处分。武英殿书板校正改刊,并行文各省一体遵奉,将坊刻各经籍改刊。"从之。①

然此事是否践行?改字到何种程度?悉不能知。后又在北大图书馆翻检纪昀好友钱大昕手稿本《讲筵日记》,时钱氏为起居注官,《日记》载因纪昀奏请事,朝廷下令改刊经籍,钱氏分得《周易折中》、《元史》、《清一统志》诸书校改,可见当时确有改书之事,后因改不胜改而中辍焉。②

然则清廷开四库全书馆时,清高宗于众多臣子中拣择纪昀主持《四库全书》之编纂,纪氏在福建时之奏疏,乃至为关键之主因,乾隆帝相信纪昀定能忠实执行其修书之意图,故委以重任焉。钱大昕《讲筵日记》亦载此事。③此足见纪氏之能揣摩上意,而高宗之委托纪氏主持馆事,正两厢情愿之事也。故纪氏奏改书籍事,乃其一生至为重要之事。近今人所编纪氏《年谱》数种,前后钞撮雷同,而《清实录》中所载纪氏事迹种种,则因其书部头巨大而不一阅之,故漏略太甚耳。

---

① 详参《清高宗实录》卷696乾隆二十八年十月丁酉条,第17册,第804页。
② 乾隆三十年闰二月,清高宗因改不胜改,下诏终止此次改字活动。参《清高宗实录》卷696,乾隆二十八年十月丁酉(十四日)条,中华书局影印本1985—1987年版,第17册,第804页;又卷731乾隆三十年闰二月乙丑(二十日)条,第18册,第47页。
③ [清]钱大昕撰,漆永祥整理:《钱大昕〈讲筵日记〉校录》(上),台湾《书目季刊》第34卷第1期,第71页。又参《高宗实录》卷731乾隆三十年闰二月乙丑条,第18册,第47页。

一〇二　纪昀与《四库全书》之纠误

《四库全书》办理期间，上自总裁下至誊录，皆多受处分，或辞馆归里，或罚俸示惩。论其因由，则不外两种：一则因事涉忌讳而受过，一则以校勘不谨而遭罚。前者如《纂修四库全书档案》载，乾隆五十二年三月十九日内阁奉上谕，李清所撰《诸史同异录》书内："称我朝世祖章皇帝与明崇祯四事相同，妄诞不经，阅之殊堪骇异。……未经删撤。……所有办《四库全书》之皇子、大臣，及总纂纪昀、孙士毅、陆锡熊，总校陆费墀、恭泰、吴裕德，从前覆校许烺，俱著交部分别严加议处。"[①] 至于因校勘讹误而罚俸，则几无日无之，纂修各官，相互推诿，以免处分。又清赵慎畛《榆巢杂识》曰：

> 河间师善诙谐。前办《四库书》时，凡书有错误，各纂修推诿处分，多有言张冠李戴者。师题一绝于壁云："张冠李戴且休论，李老先生听我言。毕竟尊冠何处去？他人戴

---

① 中国第一历史档案馆编：《纂修四库全书档案》乾隆五十二年三月十九日上谕，上海古籍出版社1997年版，下册，第1992页。

者也衔冤。"①

此盖纪实之诗，亦可见纪氏诙谐之风致焉。或言馆臣为讨乾隆帝之欢心，进呈之稿，有意于首页显见之处，漏落讹错易识之字数处，帝阅而揭出之，遂斥馆臣之学识庸闇，以见皇上天纵之聪，渊博精审，非馆臣之所及焉。此说未见实证，盖亦清季民国间，丑诋清廷之谰言耳。

纪昀既为乾隆钦定之总纂官，"嘉其综括之多能，畀以校雠之专责"。又半生心血，全耗于此，所谓"美富罗四库之储，编摩出一人之手"。然亦因此之故，于《全书》编纂期间，屡屡受罚，比至文渊、文源、文津三阁书全数钞成后，纪氏仍上奏请求前往查检违碍，以己之俸禄，赔写抽换焉。乾隆五十二年六月，纪氏奏曰：

> 臣中夜思维：臣虽年逾六旬，而精力尚堪校阅，且诸书曾经承办，门径稍熟，于违碍易于查检。不揣冒昧，仰恳皇上天恩，予臣以悔罪自赎之路，准将文源阁明神宗以后之书，自国朝列圣御纂、皇上钦定及官刊、官修诸编外，一概责臣重校。凡有违碍即行修改，仍知会文渊、文津二阁详校官画一办理，臣俱一一赔写抽换，务期完善无疵。②

稍后内阁即奉上谕：因阎若璩《尚书古文疏证》内引李清、钱谦

---

① [清]赵慎畛撰，徐怀宝点校：《榆巢杂识》卷上"河间之谐"条，中华书局2001年版，第126页。
② 《纂修四库全书档案》乾隆五十二年六月十一日上谕，下册，第2024页。

益诸说,未经删削,并《黄庭坚集》诗注有连篇累页空白未填者,实属草率已极。"今纪昀既自认通行覆阅明末各书,并请将看出应换篇页自行赔写,交部议处。……著将文渊、文源、文津三阁书籍所有应行换写篇页,其装订挖改各工价,均令纪昀、陆锡熊二人一体分赔。"①又乾隆五十六年二月十八日奉旨:"(纪昀因王杰派人办书勒派之事)著从宽免其革任,仍注册。但此案非寻常疏忽可比,所有应得饭银公费,著停支三年,以示惩儆。"②凡此等等,皆可见当时校勘极严,而纪氏之罚俸,至其卒时,尚有所欠。其遗折上闻,嘉庆帝方将"任内处分,悉予开复"。读者诸君,盖亦未曾思虑,纪氏死后,赐谥文达,帝亲撰祭文碑文,评价至高,可谓备极哀荣;而未知其殁前,尚欠罚俸银两,九渊之下,仍为一欠债之鬼,怎不令人扼腕!

---

① 《纂修四库全书档案》乾隆五十二年六月十二日上谕,下册,第2026页。
② 《纂修四库全书档案》乾隆五十六年二月十八日上谕,下册,第2229—2230页。

一〇三 "四布衣"与"五徵君"

乾隆时,戴震等人因特召而入四库馆修书,当时有"四布衣"、"五徵君"之称。清昭梿《啸亭杂录》称:"乾隆中,上特开《四库全书》馆,延置群儒。刘文正公荐邵学士晋涵,于文襄公荐余学士集、周编修永年、戴东原检讨震于朝。上特授邵等三人为编修,戴为庶吉士,皆监修四库书,时人谓之'四布衣'云。"① 又《清稗类钞》谓:"乾隆癸巳,四库馆初开,以翰林官纂辑不敷,刘文正公保进士邵晋涵、周永年,裘文达公保进士余集、举人戴震,王文庄公保举人杨昌霖,同典秘籍,后皆改入翰林,时称'五徵君'。"② 此则叙论举荐之人,又有不同,又羡入杨昌霖为"五徵君"矣。

又案"四布衣"之说,清初即有焉。王世禛《池北偶谈》卷二:"上尝问á阁及内直诸臣以布衣四人名字,即富平李因笃、慈溪姜宸英、无锡严绳孙、秀水朱彝尊也。"③ 又清陈康祺《郎潜纪闻初笔》卷九谓:

---

① [清]昭梿著,何英芳点校:《啸亭杂录》卷10《四布衣》,中华书局1980年版,第326页。
② 《清稗类钞》恩遇类·五徵君,第1册,第300—301页。
③ [清]王世禛撰,靳斯仁点校:《池北偶谈》卷2"四布衣"条,中华书局1982年版,上册,第33页。

一〇三 "四布衣"与"五徵君"

"康熙朝创开大科,时秀水朱彝尊、无锡严绳孙、富平李因笃、吴江潘耒,皆以白士入史馆,世称'四大布衣'。"[1]此说皆本之朱彝尊为严绳孙所撰《承德郎严君墓志铭》,而"四布衣"之人选,又有不同焉。

---

[1] [清]陈康祺撰,晋石点校:《郎潜纪闻初笔》卷9"四大布衣"条,中华书局1984年版,上册,第206—207页。

一〇四 《四库全书》所收编年类史著多依仿《通鉴》而成

案《四库全书》中"编年类"史著,以《竹书纪年》为首,此则因《春秋》三传,皆入经部之故也。刘知几《史通》分叙六家,统归二体,则编年、纪传均正史也。然纪传一体,则历代继作;而编年一体,则或有或无,不能时代相续,故历代目录,著录亦或有或无。考宋以前书,《四库》仅收《竹书纪年》、《竹书统笺》、《汉纪》、《后汉纪》、《元经》与《大唐创业起居注》六部而已,此尚以《大唐创业起居注》,在《隋志》本有"起居注"一门,因惟存一书,不能自为门目,故附隶于编年耳。自《资治通鉴》出,后世编年体史书,即皆仿其书而为之;又朱熹《通鉴纲目》出,而此类书又多矣。然则或仿《通鉴》而纂史,或为之注释、辨误、纠谬、误遗、评鉴者,前后相续,历代不绝。《四库全书》凡收录"编年类"史著三十八部,二千零六十六卷。又"编年类存目"收三十七部,八百四十七卷(内一部无卷数)。其中与《通鉴》、《纲目》相因袭相依傍者,几占其半,此亦足见司马光、朱熹二氏之书,影响后世之大也。

一〇五 《四库全书》所收纪事本末体史著多为清人所纂

案宋时袁枢,"以《通鉴》旧文,每事为篇,各排比其次第,而详叙其始终,命曰'纪事本末',史遂又有此一体"。《四库全书》著录是体,称:"凡一书备诸事之本末,与一书具一事之本末者,总汇于此。其不标纪事本末之名,而实为纪事本末者,亦并著录。若夫偶然记载,篇帙无多,则仍隶诸杂史、传记,不列于此焉。"①案《四库》所收,宋明人编纂之书,袁枢《通鉴纪事本末》外,则有宋章冲《春秋左氏传事类始末》五卷、徐梦莘《三朝北盟会编》二百五十卷、佚名《蜀鉴》十卷、明田汝成《炎徼纪闻》四卷、陈邦瞻《宋史纪事本末》二十六卷及《元史纪事本末》四卷,"纪事本末类存目"著录四部,有明高岱《鸿猷录》十六卷、戴笠《永陵传信录》六卷、佚名《高庙纪事本末》无卷数,故正编收宋明人史著七部,存目三部,共十部。而"纪事本末类"正编二十二部、一千二百五卷,存目一部杨陆荣《三藩纪事本末》等,凡二十三部,并皆清人所纂,其中清廷钦定之书如《平定三逆方略》等凡九部,又占清人所纂之半焉。

---

① [清]纪昀等纂:《四库全书总目》卷49"纪事本末类"《小序》条,中华书局1997年版四库全书研究所整理本,上册,第674页。

一〇六 《四库全书》杂史类多宋明人著述

案杂史之目，肇于《隋书》。《四库全书》论其收杂史之原则曰："大抵取其事系庙堂，语关军国，或但具一事之始末，非一代之全编；或但述一时之见闻，只一家之私记。要期遗文旧事，足以存掌故，资考证，备读史者之参稽云尔。若夫语神怪，供诙嘲，里巷琐言，稗官所述，则别有杂家、小说家存焉。"[①] 其所收正编自《国语》以下，凡二十二部，二百七十三卷；"存目"收一百七十九部，七百五十七卷（其中七部无卷数）。大致而言，计收汉代一部、三国一部、唐代四部、宋代四十八部、元代七部、金代二部、辽代一部、明代一百二十一部、清代十六部，则以宋明人尤其明代著述为多焉。即考明人此百余部书，凡涉及禅位、攘夺、宫闱、边政、兵革、党争等，即边患中有西南、东南、朝鲜、倭寇等项，而独无明末与满洲之纷争与战事，即清人所撰十六部书中，述及清朝之事者亦鲜，述明朝边事，既不涉满洲，亦不载清兵薙发、圈地与夫南下屠城诸事，则足见当时书禁之严，亦可知此类书，皆为焚毁无遗矣。

---

① 《四库全书总目》卷51"杂史类"《小序》条，上册，第711页。

一〇七 《四库全书》术数类书多出依托

《四库全书》术数类所收，自扬雄《太玄经》以下近六十种，已多驳杂；而《总目》术数类存目所收，自《黄石公行营妙法》以下近九十种，则多依托而成。盖术数之书，若数学、占候、阳宅相墓、占卜、太乙遁甲、命相、阴阳五行、星占诸般，或依《易》而敷衍，或凭空而杜撰，而其书作者，亦多托之黄帝、风后、鬼谷子、东方朔、邵雍、刘基等人，以虚渺幻化、神鬼莫测之词，以供欺世糊口之用。《总目》论元代吴正《皇极大定动数得一论》曰："盖宋以后术数之家，大抵托邵子以神其说，然邵伯温作《易学辨惑》，称邵子惟传王天悦、张子望二人，又皆早死。郑夬窃得天悦之书，伯温尚斥其依托，此纷纷者何自来乎？"[1]其说是矣。若今日者，此类旧籍翻印自不必说，即西方占星之术、星座之说与夫电脑算命之类，更层出不穷，愈传愈凿，且多冠以"科技"之名，而信之者仍趋之如蚁，是可谓见怪而不怪者也。

---

[1] 《钦定四库全书总目》卷111《皇极大定动数得一论》条，上册，第1465页。

一〇八　清廷禁顺治、雍正、乾隆帝著述

清廷编纂《四库全书》期间，寓禁于徵，所毁书目，姚觐元《咫进斋丛书》中收入四库馆总裁英廉等编《全毁抽毁书目》、军机处编《禁书总目》、河南布政使荣柱所刊《违碍书目》及浙江查办的《应毁书目》四种，统计销毁者1800种，抽毁者613种，计2413种。陈乃乾《索引式的禁书总目》所收全毁2453种，抽毁402种，毁版50种，毁石刻24种，计2929种。又有雷梦辰《清代各省禁书汇考》所收各省共缴165次2629种。而截止目前最后出又统计最详者为黄爱平《四库全书纂修研究》，刻书认为"在长达十九年的禁书过程中，共禁毁书籍三千一百多种，十五万一千多部，销毁书板八万块以上"，民间惧祸而自毁者更难以计算。①

所禁书之，大致有如数种：其一，明以前人书中，主要禁带有对少数民族歧视和侮辱的字眼或语句，如虏、胡、夷狄、犬戎、蕃、酋等，甚至连少数民族人名也在忌讳范围内，处理方式为摘改数字、数句或整段删除。其二，明末清初人所著书及本朝历次文字狱案犯所著书，为查禁的重中之重。这其中又分两类，区别对待。对"明季诸

---

① 黄爱平：《四库全书纂修研究》，第78页。

一〇八　清廷禁顺治、雍正、乾隆帝著述

人书集，词意抵触本朝者，自当在销毁之例"。至于文字狱案犯之书，更在全毁范围中，而对明季诸臣中"以身殉国，不愧一代完人"如熊廷弼、王允成、叶向高及杨涟、左光斗等人的书籍奏稿，只需将违碍字句量为酌改而存其书。目的一在于见明季秕政渐至瓦解而不可救，以证其不得不亡之理；一则存这些书以激励臣节，并显示清帝"大公至正之心"。其三，有碍于封建伦理道德和政教风化的书籍，如媟狎有乖雅正的诗词、道院青词、教坊致语、琐语淫词及小说、剧目小曲等，都在所禁范围中，这点与历代并无不同。其四，释、道二教的经忏章咒等，形同邪教之妖言惑众，也在禁之列。

尤可异者，顺治帝著《谕宏觉师》，雍正帝著《大义觉迷录》，乾隆帝著《乐善堂集》之旧版，因有损帝王形象，事涉清宫丑闻及书中不避御名等，亦在禁书之列。世人不知当朝帝王之书，亦在禁之列，此可谓之特类矣。

一〇九 《四库总目》于清帝多谀词

四库馆臣于清帝之功业,极尽谀词之能事,《总目》之中,即一二言亦不放过矣,今举数例以明之。《总目》于顺治帝《资政要览》,谓:"盖治天下者,治臣民而已矣。使百官咸提躬饬行以奉其职守,万姓咸讲让型仁以厚其风俗,则唐、虞、三代之治,不过如斯。"① 于雍正帝记录康熙帝之《庭训格言》,谓:"是编以圣人之笔,记圣人之言,传述既得精微,又以圣人亲闻于圣人,授受尤为亲切,垂诸万世,固当与典谟训诰,共昭法守矣。"② 于乾隆帝所纂《御制日知荟说》曰:

> 我皇上亶聪首出,念典弥勤,绅绎旧闻,发挥新得,所谓"为天地立心,为生民立命,为往圣继绝学,为万世开太平"者,具备于斯。迄今太和翔洽,久道化成,《无逸》作所之心,与天行同其不息,而百度修明,八纮砥属,天声赫濯,尤简册之所未闻。岂非内圣外王之道,文经武纬之原,一一早握其枢要欤!臣等校录鸿编,循环跪诵,钦圣学之学

---

① 《钦定四库全书总目》卷94《御定资政要览》条,上册,第1232页。
② 《钦定四库全书总目》卷94《庭训格言》条,上册,第1233页。

一○九 《四库总目》于清帝多谀词

深,益知圣功之有自也。①

又于《御定执中成宪》曰:

> 盖圣人之道统,惟圣人能传之;圣人之法制,亦惟圣人能述之,非可以强而及也。我世宗宪皇帝圣德神功,上超三古,阐明帝学,论定是编,汰驳存精,删繁举要。凡遗文旧籍,一经持择,即作典谟。犹虞帝传心,亲阐执中之理;殷宗典学,自述成宪之监也。虽百篇之裁于洙泗,何以加兹!家法贻留,以巩万世之丕基者,岂偶然钦!②

又于《平定三逆方略》曰:"今蒙皇上宣示,特命缮录,编入四库。臣等校录之余,既欣睹圣祖仁皇帝实兼守成创业之隆,亦弥仰我皇上觐扬先烈之盛。"③《钦定平定金川方略》谓,乾隆十三年讨金川,"虽文王因垒而崇降,舜帝舞干而苗格,丰功盛德,何以加于兹乎!"④ 又《御定平定准噶尔方略》曰:"知舜德之宾王母,禹迹之被流沙,均不足与圣功比也。"⑤ 又《御定平定两金川方略》:"恭读是编,具详决机制胜之始末,益知戊辰之役,为天心仁爱,不欲穷兵,非力有所不能

---

① 《钦定四库全书总目》卷94《御制日知荟说》条,上册,第1233页。
② 《钦定四库全书总目》卷94《御定执中成宪》条,上册,第1234页。
③ 《钦定四库全书总目》卷49《平定三逆方略》条,上册,第678页。
④ 《钦定四库全书总目》卷49《平定金川方略》条,上册,第679页。
⑤ 《钦定四库全书总目》卷49《平定准噶尔方略》条,上册,第680页。

至也。"① 又《钦定皇舆西域图》曰:"圣人威德之昭宣,经纶之久远,事事为二帝三王所不及,兹其左验矣。"② 凡此之类,在在皆有,以顺、康、雍、乾诸帝加诸尧、舜、周公、孔子之上,一部《总目》,几成谀词大全矣。

又《清稗类钞》载:"康熙时,廷臣章疏有'德迈二帝,功过三王'语。圣祖曰:'二帝三王,岂朕所能迈且过哉!'传谕中外,自后不许如是。"③ 则可见康熙帝尚有自知之明,而乾隆帝乃忘祖训尔。清高宗以所谓"十全武功",自诩"十全老人"。满朝文武,唯事谀诵;隘路通衢,万岁山呼。故馆臣之语如此,亦可谓良由以也。

---

① 《钦定四库全书总目》卷49《平定两金川方略》条,上册,第680页。
② 《钦定四库全书总目》卷68《皇舆西域图志》条,上册,第940页。
③ 徐珂:《清稗类钞》正直类·"圣祖禁章奏媚语"条,中华书局1986年版,第7册,第3013—3014页。

一一〇 《四库总目》于明帝多讥贬

四库馆臣于清帝称颂，超迈二帝三王，而于他家颂扬明朝诸帝之辞，则讥刺甚力，以为非史实焉。如于清张夏《雒闽源流录》曰："卷首称明太祖以理学开国，谀颂几四五百言，以为直接尧、舜、禹、汤、文、武之统，殊非笃论，亦非事实。"① 又于明吴瑞登《绳武编》曰：

> 明自太祖开创之初，已多过举；成祖篡立，虐焰横扇；英宗以下，亦瑕多瑜少；至世宗、穆宗，善政不及十之一，神政逾于十之九矣。瑞登乃胪列虚词，使与古帝王媲美，虽臣子之体宜然，然非事实也。至于法戒并存，在德秀编录前代史书，自无不可，瑞登乃举历朝之失，昌言排击，孔子讳内之谓何？是又并非臣子之体矣。此所谓进退无据也。②

案《绳武编》记洪武至隆庆时事迹，依真德秀《大学衍义》例，分格致、诚正、修身、齐家四大纲，下分细目五十。《总目》讥其"胪列

---

① 《钦定四库全书总目》卷63《雒闽源流录》条，上册，第878页。
② 《钦定四库全书总目》卷54《绳武编》条，上册，第753页。

虚词，使与古帝王媲美"。然瑞登之虚美之词，较四库馆臣之谀颂清帝之语，可谓等之邻下矣。然则《总目》贬刺明代臣子之辞，适为自讥，真所谓"进退无据"耳。又《总目》于明政，屡加贬斥。又置《明宝训》入"杂史类存目"，实则《宝训》皆从《实录》钞出，为明朝诸帝语录之汇编矣。《总目》因朱熹《通鉴纲目》有康熙帝御批，遂不入诸"编年类"，而置诸"史评类"。而弃明帝《宝训》于"杂史类存目"，升清朝诸帝《圣训》入"诏令奏议类"。其类例之分，任情处置，失却公心，几如儿戏焉。

一一一 《四库总目》之贬刺朱熹

《总目》于传记类一《绍兴十八年同年小录》称，此书为"宋王佐榜进士题名录也"。"宋时廷试，放榜唱名后，谒先圣先师，赴闻喜宴，列叙名氏、乡贯、三代之类具书之，谓之《同年小录》。"又曰：

> 宋代《同年小录》，今率不传，惟宝祐四年榜以文天祥、陆秀夫、谢枋得三人为世所重，如日星河岳，亘古长留，足以撑拄纲常，振兴风教。而是榜以朱子名在五甲第九十，讲学之家，亦自相传录，得以至今。明弘治中，会稽王鉴之重刊于紫阳书院，改名曰《朱子同年录》。夫进士题名，统以状头，曰某人榜进士，国制也；标以年号，曰某年登科小录，亦国制也。故以朱子传是书可也，以朱子冠是书，而黜特选之大魁，进缀名之末甲，则不可；以朱子重是书可也，以朱子名是书而削帝王之年号，题儒者之尊称，则尤不可。鉴之所称，盖徒知标榜门户，而未思其有害于名教，今仍以原名著录，存其真焉。①

---

① 《钦定四库全书总目》卷57《宋绍兴十八年同年小录》条，上册，第804页。

案《总目》此说，言之凿凿，最为得理。然此一事，亦折射出清儒不重朱子矣。又《总目》传记类一朱熹《名臣言行录》条称，是书朱子自言当时草草为之，其间自知尚多谬误，编次亦无法，初不成文字，且请吕东莱看得当为订正示及为幸。"则是书瑕瑜互见，朱子原不自讳。讲学家一字一句，尊若《春秋》，恐转非朱子之意矣。"①

案明时重理学，故王鉴之改书名亦时势所然，倘乾隆时朱子地位仍如明代，则馆臣断不能有如此之说也。故所谓理者，某一时代即有某一时代之理焉，此一时代之为理者，彼一时代则不复为理矣。吾人常言：议论之公，须有前提，一则必待日久而后定，一则必待客观时代而为定，二者缺一，则理不成理，必失之偏焉。故四库馆臣之于朱熹，在《总目》中时加讥讽。又袁枚《随园诗话》称："余得绍兴十八年《题名碑》，朱子乃五甲进士也。王葑亭中翰戏题云：'若使当年无五甲，先生也合落孙山。'"②即此亦可知朱子在清中叶，为时人所不喜，任情调侃讥刺也如此。

---

① 《钦定四库全书总目》卷57《名臣言行录》条，上册，第805页。
② ［清］袁枚：《随园诗话》卷6，江苏古籍出版社1993年版《袁枚全集》本，第3册，第185页。

一一二 《四库总目》持论过激有失著作之体

明王洙《宋史质》一百卷，因《宋史》而重为编次，自以臆见，别创义例，大旨欲以明继宋统，于金、辽两朝列于外国，有元一代年号，则尽削之，以宋益王之末，以明太祖之高祖接续之。《总目》驳斥其书，谓其"荒唐悖谬，缕指难穷，自有史籍以来，未有病狂丧心如此人者，其书可焚，其版可斧，其目本不宜存。然自明以来，印本已多，恐其或存于世，荧无识者之听，为世道人心之害，故辞而辟之，俾人人知此为狂吠，庶邪说不至于诬民焉"。①《总目》又论李贽《藏书》曰："贽书皆狂悖乖谬，非圣无法，惟此书排系孔子，别立褒贬，凡千古相传之善恶，无不颠倒易位，尤为罪不容诛。其书可毁，其名亦不足以污简牍，特以贽大言欺世，同时若焦竑诸人，几推之以为圣人，至今乡曲陋儒，震其虚名，犹有尊信不疑者，如置之不论，恐好异者转矜创获，贻害人心，故特存其目，以深暴其罪焉。"②馆臣之语，几如骂街之妇，既失儒者风度，又失著作之体，然依稀仿佛，可见清帝禁书与

---

① 《钦定四库全书总目》卷50《宋史质》条，上册，第701页。
② 《钦定四库全书总目》卷50《藏书》条，上册，第702页。

文字狱之影迹矣。

又《总目》史评类存目二朱直《史论初集》称："是集为驳正胡寅《读史管见》而作，其中颇有持平之论。""然而词气太激，动乖雅道，每诋寅为腐儒，为矇矇未视之狗，为双目如瞽，满腹皆痰，为但可去注《三字经》、《百家姓》，不应作史论，为痴绝、呆绝、稚气、腐臭，虽寅书刻酷锻炼，使汉唐以下无完人，实有激万世不平之气，究之读古人书，但当平心而论是非，不必若是之毒詈也。"案《总目》之说极是，然馆臣于他人能客观评价，而自家评王洙、李贽之詈骂之语，又何如哉？

一一三 《四库总目》论召外族以息内祸之说与王夫之说暗合

一一三 《四库总目》论召外族以息内祸之说与王夫之说暗合

《总目》论明茅元仪《平巢事迹考》一卷，"因明季流贼猖獗，官兵不能御。元仪建策，欲用宣大降丁剿之。因谓唐黄巢发难时，沙陀五百，即能歼其众，而唐人疑不肯用，迄至亡国。故叙录其事，冀鉴其祸而用己说"。四库馆臣谓元仪之说，乃"一偏之见，自古以来，召外兵以救内难，无论克与不克，未有不终于致乱者也"。①《总目》斯言，可谓真知灼见，洞若观火焉。无独有偶，清初王夫之亦尝倡此说。王氏《读通鉴论》论唐肃宗时，用朔方之众，以讨贼收京，乃唯恐不胜，使仆固怀恩请援回纥，因胁西域城郭诸国，徵兵入助，而原野为之蹂践，害几不救。遂感慨曰："借援夷狄，导之以蹂中国，固使乘以窃据，其为失策无疑也。"又称"故用夷者未有免于祸者。用之有重轻，而祸有深浅耳"。②案船山自明亡后，须发不薙，不显于世，隐居著述而终，著述道光初方由其六世孙承诠搜辑董理，道光二十年，其七世孙世全始

---

① 《钦定四库全书总目》卷54《平巢事迹考》条，上册，第756页。
② ［清］王夫之著，舒士彦点校:《读通鉴论》卷23"肃宗"，中华书局1998年版，下册，第681—684页。

于湘潭雕版付梓，故船山之说，四库馆臣无由得知，然其所论，却与船山暗合无二焉。

一一四 《四库总目》论苏、黄后继无人

案北宋苏洵三父子、黄庭坚等，皆主持风会数十年，著述流布，为学术所重，然其后裔，皆未能振继家学。《总目》于苏籀《双溪集》曰：

考苏、黄二家，并隶名之元祐党籍。南渡以后，黄氏虽承籍先泽，颇见甄录，而家学殆失其传，惟其孙㽦，依附朱子之门，得以挂名于《语录》。朱子于苏氏兄弟，攻击如雠，而于庭坚无贬词，㽦之故也。然㽦之著作，惟《宋史·艺文志》载有《复斋漫稿》二卷，世无其本，《文献通考》已不著录，宋人亦无称述者。文章一道，殆非所长。惟籀以苏辙之孙，苏迟之子，尚有此一集传世，为能不坠其家风。独是苏辙之为伟人，不仅以文章为重，其立身本末，俱不愧古贤，籀此集中，乃有上秦桧二书，及《庚申年上宰相书》，皆极言和金之利，所以归美于桧者，无所不至，不免迎合干进之心。又杂著中别有《进取策》一篇，复力言攻刘豫以图金，前后议论，自相矛盾，盖皆揣摩时好以进说。小人反覆，有愧于乃祖实多，转不如黄㽦之无咎无誉矣。特其诗文雄快疏

畅，以词华而论，终为尚有典型，固亦未可遽废焉。①

洪迈《容斋随笔》卷一二《大贤之后》曰："杜诗云：'大贤之后竟陵迟，荡荡古今同一体。'乃赠狄梁公曾孙者，至云'飘泊岷汉，干谒王侯'，则其衰微可知矣。近见余干寓客李氏子云，本朝三李相，文正公昉、文靖公沆、文定公迪，皆一时名宰，子孙亦相继达宦。然数世之后，益为萧条，又经南渡之厄，今之裔并居余干，无一人在仕版。文定濮州之族，今有居越者，虽曰不显，犹簪缨仅传，而文正、文靖无闻，可为太息！"俗所谓"君子之泽，五世而斩"者，殆即洪氏与《总目》之所谓矣。即以清乾嘉时而论，虽有吴县惠世四世治经，嘉定钱大昕举族治史，绩溪胡氏数代治《礼》等，可谓绵长矣。然若惠栋、江永、戴震、段玉裁、王念孙父子等，或传至二三代，或身死而其学即亡，名人之后，多碌碌平庸，不能承继家学，则不仅苏、黄之后人也。

---

① 《钦定四库全书总目》卷157《双溪集》条，下册，第2109页。

一一五 《梁书》、《陈书》、《北齐书》实为私撰

案《梁书》五十六卷,《四库总目》论其书曰:"《史通》谓姚察有志撰勒,施功未周,其子思廉,凭其旧稿,加以新录,述为《梁书》五十六卷。""思廉本推其父意成书,每卷之后,题陈吏部尚书姚察者二十五篇,题史官陈吏部尚书姚察者一篇,盖仿《汉书》卷后题班彪之例。其专称史官者,殆思廉所续纂欤?思廉承藉家学,既素有渊源。"[①]又《陈书》三十六卷,《总目》亦谓:"盖察先纂《梁书》,此书仅成二卷。其余皆思廉所补撰。今读其列传,体例秩然,出于一手,不似《梁书》之参差,亦以此也。"[②]又《北齐书》五十卷,《总目》谓李百药"盖承其父德林之业,纂辑成书,犹姚思廉之继姚察也"。[③]此可知父子修史,唐初仍如之,犹太史公父子及班固父子也。故《梁书》等虽云奉敕所纂,实则于私家修史无二,所不同者,其所参稽之史著,较司马氏父子与班氏父子为便而已。

---

① 《钦定四库全书总目》卷45《梁书》条,上册,第626—627页。
② 《钦定四库全书总目》卷45《陈书》条,上册,第627页。
③ 《钦定四库全书总目》卷45《北齐书》条,上册,第628页。

一一六 《四库总目》讥戴震论反切起源之不当

世传《总目》经部出戴震、史部出邵晋涵、子部出周永年之手，几以信史待之。然《总目》于《重修玉篇》条论是书曰：

> 卷末所附沙门神珙《五音声论》及《四声五音九弄反纽图》，为言等韵者所祖。近时休宁戴氏作《声韵考》，力辩反切始魏孙炎，不始神珙，其说良是。至谓唐以前无字母之说，神珙字母，乃剽窃儒书，而托词出于西域，则殊不然。考《隋书·经籍志》称："婆罗门书，以十四音贯一切字，汉明帝时，与佛经同入中国。"则远在孙炎前。又释藏译经字母，自晋僧伽婆罗以下，可考者尚十二家，亦远在神珙前。盖反切生于双声，双声生于字母。此同出于喉吻之自然，华不异梵，梵不异华者也。中国以双声取反切，西域以字母统双声，此各得于聪明之自悟，华不袭梵，梵不袭华者也。稽其源流，具有端绪。特神珙以前，自行于彼教，神珙以后，始流入中国之韵书，亦如利玛窦后推步测验，参用西法耳。岂可谓欧罗巴书，会剽窃洛下鲜于之旧术哉？戴氏不究其

一一六 《四库总目》讥戴震论反切起源之不当

本,徒知神珙在唐元和后,遂据其末而与之争,欲以求胜于彼教。不知声音之学,西域实为专门。儒之胜于释者,别自有在,不必争之于此也。①

案戴氏之说,见其《声韵考》,谓神珙"《反纽图》今具存,其人在唐宪宗元和以后,其图祖述沈约,远距反语之兴已六七百载,而字母三十六定于释守温,又在珙后,考论反切者所宜知也"。② 此即《总目》所谓"据其末而与之争"也。反切之兴,确如《总目》所言,与佛教切音影响有极大关系者也,而戴氏一概抹杀,故为《总目》所驳责。然则谓《经部》诸提要皆出戴氏之手,即此一条可知为子虚乌有之事矣。

---

① 《钦定四库全书总目》卷41《重修玉篇》条,上册,第539页。
② [清]戴震:《声韵考》卷1《反切之始》,黄山书社1994年版《戴震全书》本,第3册,第284页。

清学札记

一一七 《四库总目》多采钱大昕之说

《四库总目》多采钱大昕之说。钱氏曾自称，清初朱彝尊误以《石刻铺叙》之作者为曾惇，而钱大昕考辨，是书"本庐陵曾宏父撰，与南丰曾惇字宏父者绝不相涉，而误以为一人。曩岁李涧南刊此书，予始为考证，今《四库全书目》即采予说也"。① 案《总目》之此钱氏说，见《石刻补叙》之提要。又顾炎武《求古录》，疑汉《曹全碑》之伪，《总目》明引钱氏《潜研堂金石文跋尾》之说，以证其碑非伪，乃顾氏"未及详辨，是则考证之偶疏耳"。② 翁方纲亦曾云："昨见纪晓岚援辛楣《曹全碑跋尾》一条著于《四库书录》，不特徵定论之公，亦见友朋服善之誉也。"③ 又《总目》考辨《辽史》之误曰："《文献通考》称辽道宗改元寿昌……殊不思圣宗讳隆绪，道宗为圣宗之孙，何至纪元而犯祖讳。"又论《元史》曰："至于《姚燧传》中，述其论文之语，殆不可晓。证以《元文类》，则引其《送畅纯甫序》而互易其问答之辞，殊

---
① ［清］钱大昕：《十驾斋养新录》卷14"《曝书亭集》"条，上海书店1983年版，第343页。
② 《钦定四库全书总目》卷86《求古录》条，上册，第1147页。
③ 翁方纲：《复初斋集外诗》卷13《东野复次前韵怀钟山院长卢抱经学士钱辛楣詹士旦及二君经学因复次答兼怀二君》其二自注。

一一七 《四库总目》多采钱大昕之说

为颠倒……"云云。①《总目》所言，皆见钱大昕《廿二史考异》中。

余嘉锡《四库提要辨证》于《水经注辨正》条中，论戴震、钱大昕、纪昀之学曰："钱竹汀学问之精，不在戴氏之下，而博通过之。当时虽与纪晓岚齐名，有'南钱北纪'之目，实则纪不足望其项背，故《提要》常引《潜研堂文集》，而钱氏《潜研堂全集》及其他著作中，于《提要》鲜有称道。"②案余氏所言者，即上引诸条是也。按实言之，钱大昕之博学，为清代第一，而其所擅，则尤在史学。四库馆开，钱氏南旋归里，不再复出，故时有"南钱北纪"之说。余氏之说，是则是矣，然亦稍嫌贬纪太过焉。以愚之见，"北纪"之博通专精，远不若"南钱"；而"北纪"之精审识断，亦与"南钱"不相上下，且纪氏精于《文心雕龙》、《文选》诸书，以今人标准言之，则有文艺理论思想，故其主持馆事，亦自具优长，而《四库总目》之成，乃能高屋建瓴，气势宏大也。世人或言若"南钱"而主馆事，纂《四库总目》，必胜今本远甚，此无经之谈也。

---

① 《钦定四库全书总目》卷46《辽史》条，上册，第637页；又同卷《元史》条，上册，第640页。
② 余嘉锡：《四库提要辨证》卷7《水经注》条，云南人民出版社2004年版，上册，第365页。

一一八 《四库总目》以《通鉴纲目》入"史评类"为无当

《四库总目》于明张自勋《纲目续麟》下曰:

> 四库编纂之例,凡笺注古书者,仍以所笺注之时代为次,是书本为朱子《纲目》而作。《纲目》经圣祖仁皇帝御批,当以御批为主,已恭录于"史评类"中。故"编年类"中不录《纲目》,而是书及芮长恤、陈景云书,则仍以从《纲目》之次序,列诸此焉。①

案《通鉴纲目》本编年体书,然四库馆臣特以有康熙御批,不入"编年类"而入"史评类",又以张自勋《纲目续麟》及清芮长恤《纲目分注拾遗》、陈景云《纲目订误》两书入"编年类",其自乱体例至如此,使编年、史评各失其体,因康熙圈点数则,又何能强之入"史评类"耶!然以馆臣而言,入"编年"则不尊御批,入"史评"则殊乖体例,推而虑之,宁乖体例,勿犯天颜,信哉编目之难哉!又《四库全

---

① 《钦定四库全书总目》卷47《纲目续麟》条,上册,第655—656页。

一一八 《四库总目》以《通鉴纲目》入"史评类"为无当

书·凡例》云：

> 我皇上道秉大公，义求至当，以四库所录，包括古今，义在衡鉴千秋，非徒取尊崇昭代，特命各从门目，弁于国朝著述之前。此尤圣裁独断，义惬理精，非馆臣所能仰赞一词者矣。①

然观《纲目续麟》之入史评类，则《凡例》云云，徒虚语耳！又"诏令奏议类"列清帝《圣训》于前，称"例以专集居前，总集居后。而所录汉、唐诏令，皆总集之属，不应在专集之前。是以恭录圣训圣谕，弁冕此门，而前代诏令列后焉"②。此亦无由之由，特涉勉强耳。

---

① 《钦定四库全书总目·凡例》，上册，第31页。
② 《钦定四库全书总目》卷55《世宗宪皇帝批谕旨》条末案语，上册，第766页。

一一九 《四库总目》论《洪武圣政记》真伪之失考

《总目》于"杂史类存目"论宋濂《洪武圣政记》，引梅纯《损斋备忘录》曰："本朝文章近臣，在洪武初，则学士宋濂，其所记当时盛美，有《洪武圣政记》；自永乐以后，则少师杨士奇，有《三朝圣谕录》；至天顺改元，则少保李贤，有《天顺日录》。二《录》皆近有印本，而《圣政记》独亡，仅见其序文。惜哉！"《总目》称："据其所云，则此书在成化间已无传本，不知何以得存于今。然勘验其文，实非赝托。或纯偶未见，遽以为佚欤？然是书之不行于明代，亦可见矣。"①然《总目》于明代霍韬《明良集》下又曰："是书所录，凡宋濂《洪武圣政记》一卷，金幼孜《北征前录》一卷、《后录》一卷。"云云②。案霍韬乃正德时人，则《圣政记》彼时尚存，而《总目》前言其书"在成化间已无传本"，前后龃龉如此。《圣政记》与《明良集》皆著录于"杂史类存目"，相距若近，竟不能照检，失之于目睫，馆臣统稿删改之疏，亦可见矣。

---

① 《钦定四库全书总目》卷52《洪武圣政记》条，上册，第733页。
② 《钦定四库全书总目》卷53《明良集》条，上册，第743页。

一二〇 《四库总目》以《炎徼纪闻》一书而分隶两类

《总目》于"纪事本末类"明田汝成《炎徼纪闻》四卷称,汝成"历官西南,谙晓先朝遗事。撰《炎徼纪闻》,即此编也。书凡十四篇,首纪王守仁徵岑猛事,次纪岑璋助擒岑猛事……每篇各系以论,所载较史为详……汝成于边地情形,得诸身历,是书据所见闻而记之,固与讲学迂儒,贸贸而谈兵事者,迥乎殊矣"。①然《总目》又于"杂史类存目"著录田汝成《行边纪闻》一卷,且曰:"前有嘉靖丁巳顾名儒序,以书中所载考之,即汝成《炎徼纪闻》也。但阙后论数条,又彼分四卷,此为一卷耳。名儒序称私宝前帙十载,乃出而梓之,盖所得乃其初稿,后汝成编次成帙,改易书名,名儒未及见之,故与《炎徼纪闻》,至今两行于世也。"②案依《总目》之说,则两相对照,《行边纪闻》乃初稿,《炎徼纪闻》则定稿也;前者不分卷,后者分四卷;前者为阙本,后者乃完帙耳。两书实为一书,故《四库全书》收《炎徼纪闻》入正编,以《行边纪闻》置诸存目,理当无疑。然诊史裁而

---

① 《钦定四库全书总目》卷49《炎徼纪闻》条,上册,第676—677页。
② 《钦定四库全书总目》卷53《行边纪闻》条,上册,第745页。

263

论,则不当为二,何则安排《炎徼》于"纪事本末",而抛置《行边》入"杂史类存目"耶?

一二一 《四库总目》斥明人谈海运之书入存目

明人言海运之书颇多,《四库全书》以黄衷《海语》三卷、张燮《东西洋考》十二卷入正编,他若旧题危素《元海运志》一卷、王宗沐《海运详考》一卷《海运志》二卷、梁梦龙《海运新考》一卷、崔旦《海运编》二卷、郑若曾《海运图说》一卷等,皆归之"政书类存目",且于《海运图说》曰:

> 明人惩元末中原梗阻,运道不通之弊,多喜讲求海运,以备不虞,不知政理明修,则四海一家,何虞转输之不达。如其中原失驭,盗贼纵横,虽远涉波涛,供粟亿万,亦何裨于败亡哉!①

案明代海运本盛,又有郑和下西洋之壮举,而与西人海上贸易亦极具规模,海权在握,雄视南海。而入清后初以扫清残明势力,继以三藩之乱及平定台湾等,强迫沿海居民内迁,片帆不许下海,闭关锁

---

① 《钦定四库全书总目》卷84《海运图说》条,上册,第1120页。

国，空前绝后。故四库馆臣只知"中原失驭"之动摇根本，而不知失却海路，遂致国势危殆之祸矣。

一二二 四库馆臣目中之世界与中国

案《四库全书》"地理类"收意大利人艾儒略(Jules Aleni)《职方外纪》五卷,谓其书分天下为亚细亚、欧逻巴、利未亚、亚墨利加、墨瓦蜡尼加五大洲。"前冠以万国全图,后附以《四海总说》。所述多奇异不可究诘,似不免多所夸饰。然天地之大,何所不有,录而存之,亦足以广异闻也。"①其于比利时人南怀仁(Ferdinand Verbiest)《坤舆图说》二卷,亦云"存广异闻,固亦无不可也"②。案时世界形势,日日而新,而四库馆臣竟以其书为"存异闻"而漠视之,则皆因其不知世界之大焉。

余嘉锡《四库提要辨证》于《坤舆图说》下,引日人稻叶君山《清朝全史》及稻叶氏引广东人胡礼垣说,斥纪昀、阮元等不知世界局势,惟"骄傲盈满","向使二公能以谦虚之心,行戒慎之事,考地球之状态,知中国虽地广民众,在地球上不过几分之一,于以图强,其殆庶几"。余氏以为胡氏之说似也,虽然"历来无论学术政事,凡起而谋变常说而新是图者,其必感受外来之刺激。二公生当极盛之时,宁

---

① 《钦定四库全书总目》卷71《职方外纪》条,上册,第979页。
② 《钦定四库全书总目》卷71《坤舆图说》条,上册,第980页。

能豫知百年以后之事，而嘐嘐然号于人曰，吾中国必当变法以自强。是徒惊而骇俗，谥之曰非狂则愚"。① 案余氏之说是也，今人每谓清儒考据误国，即同胡氏之论调也。当时馆臣中，即以纪昀而论，虽至流沙之地，知西域之渺远，而未曾乘槎下海，不知海天之广，而欲强其变法图强，劈浪斩涛而入大洋与西人争胜，其与欲令唐人入于电化声光之域，同归乌有之乡也。

又《四库》于地理类收《皇清职贡图》九卷，乾隆十六年奉敕撰，凡以朝鲜以下诸外藩为首，其余诸蕃诸蛮各以所隶之省为次，共七卷，成于乾隆二十二年。至二十八年后，西域诸部咸奉表入朝，土尔扈特部自俄罗斯来归，云南整欠、景海诸土目又相继内附，乃广为续图一卷。馆臣颂扬当代曰："自今以往，占风验海而至者，当又不知其凡几。珥笔之臣，且翘伫新图之更续矣。"② 当时适为清廷全盛之日，故馆臣有是语，其又岂能逆料百余年后，外族入侵，家国不保，不仅未能再拓地千里，更续新图，反丧权辱国，割让豪夺而去者二百余万平方公里，倘起馆臣于地下，其不瞠目夺魄而无言哉！

---

① 余嘉锡：《四库提要辨证》卷8《坤舆图说》条，上册，第394页。
② 《钦定四库全书总目》卷71《皇清职贡图》条，上册，第980页。

一二三　孔孟只两家无父儿

人可无父，而不可无母。即今日歌词，亦唱"世上只有妈妈好"，童稚凄婉，闻者落泪。即杀人如切瓜之李逵，听李鬼高呼"家有八十老母"，亦垂下板斧，任其扬长而去；倘李鬼大呼"家有八十老父"，能否捡得一命，尚未可知焉！

孔子自幼无父，母仪有方，习礼仪设供具于树下，终成万世师表；孟子亦由寡母携养，"孟母三迁"之典故，羡动激励历代无父之儿。即清人而论，张杨园（履祥）幼孤贫，受业于其母，母召之曰："孔孟秖两家无父儿也！"以励其志。是以既长而得蕺山（刘宗周）之传。昆山徐太夫人，顾亭林（炎武）先生女弟也。世称其教子极严，课诵恒至夜午不辍。三徐（乾学、元文、元玉）既贵，每奉命所致文柄，太夫人必以矢慎矢公、甄擢寒畯为勖。三子皆登鼎甲，一女归长洲申菽蒔，中江南省元。锦韬象服，牙笏盈床，有清三百年，闺闱中尚无与比肩者。

又山阳汪廷珍，年十二而孤，母程太夫人抚之成立。时岁凶，母子日一食，或终日不得食，太夫人终不肯使人知，曰："吾非耻贫，耻言贫耳，言贫则疑有求于人，故不为也。"岁除无米，使仆索旧逋城外，抵暮归，无所得，各饮一茗瓯，尝盐菜数茎就卧。及廷珍贵，风裁严峻，正色立朝，造次必于礼法，太夫人之教也。

扬州汪中、常州洪亮吉、萧山汪辉祖、歙县凌廷堪诸人，亦皆无父儿焉。汪中丧父，母教女弟子数人，且织屦以为食，思与子女相保，值岁大饥，乃荡然无所托命矣。徙居城北，所居止三席地，其左无壁，覆之以苫。日常使姊守舍，母携中及妹，儽然丐于亲故，率日不得一食。归则藉槁于地，每冬夜寒号，母子相拥，不自意全济。比见晨光，则欣然有生望焉。及中学业有成，游艺四方，稍致甘旨之养，而母则百病交攻，终至弃养。洪亮吉幼时无父，母织机以养，供其课读，所谓"母勤三岁织，儿受一年经"者也，故洪氏题其少年时诗集曰《机声镫影集》焉。汪辉祖初生，大父名之曰垃圾，取其贱且多而有资于农也。十一岁丧父，家奇贫，衣食出两节母十手指，力不能具一卷书。双节母徐（生母）、王两太宜人励节食贫，纺织兼糊楮锭以自给，昼夜不息，常泣而训辉祖曰："儿不学，必无以为人，汝父无后，吾二人生不如死。"督辉祖愈严。后汪氏游幕各地，遍请大家名流题诗著文，以表彰其母，为一时之佳话。凌廷堪六岁而孤，年十二，弃书学贾，无所不为，后中进士，甘为"冷官"，铨选宁国府学教授，皆为奉养慈亲也。母意不怿，则长跪不起，待母悦乃起。及母卒，哀毁骨立，遂眚一目焉。

若前述诸公，因其无父，故少即失怙；因度日为艰，乃知柴米之贵，稼穑之苦，复知寡母之不易。故大凡无父之儿，皆知孝敬珍惜，感恩自勖，故终能至大成焉。昔阮伯元（元）谓："自古孤根危露，得母节激厉而成其学者多矣，岂非席丰者易沦于草，木贞者可勒于金石

一二三　孔孟只两家无父儿

哉。"① 旨哉！斯言也。故余常曰：人可无父，而不可无母也。至若今日权势焰盛，父霸一方者，又当知王谢堂前之燕，旋入百姓檐下，能不慎之惧之乎！

---

① ［清］阮元撰，邓经元点校：《揅经室三集》卷5《徐雪庐白鹤山房集序》，中华书局1993年版，下册，第689页。

一二四　官年实年

今人虚报年龄者，约有三类：农村男女婚姻，多以小为大，实龄十七而虚报二十余岁；高考落榜生与体育运动员，喜瞒为小，递考四载仍十八岁，注册二十实二十四也；退休前之老者，尤喜减年，今冬五十九，明春反五十七也。殊不知此种劣俗，亦自古而然也。

《三国志·魏书·司马朗传》称，司马伯达（朗）年十二，"试经为童子郎，监试者以其身体壮大，疑朗匿年，劾问。朗曰：'朗之内外，累世长大，朗虽稚弱，无仰高之风，损年以求早成，非志所为也。'监试者异之。"此可见汉魏时人，已通行此风，故监试者疑伯达之年龄不实。白乐天《照镜诗》有"岂复更藏年，实年君不信"之句，虽为对镜戏谑之言，然亦可知唐时此道之盛行焉。因之，唐宋人遂有所谓"官年"、"实年"之说。官年者，官方履历注册之年龄也；实年者，其人实际年龄也。如宋洪迈《容斋四笔》曰：

> 士大夫叙官阀，有所谓实年、官年两说，前此未尝见于官文书。大抵布衣应举，必减岁数。盖少壮者欲藉此为求昏地，不幸潦倒场屋，勉从特恩，则年未六十始许入仕，不得不豫为之图。至公卿任子，欲其早列仕籍，或正在童孺，

一二四　官年实年

故率增抬庚甲有至数岁者。

又岳珂《愧郯录》曰：

> 世俗便文自营，年事稍尊者，率损之以远垂车；襁褓奏官者，又增之以觊速仕。士夫相承，遂有官年、实年之别。间有位通显者，或陈情于奏牍间，亦不以为非。珂考之：治平四年五月二十八日，诏劾内殿崇班郭继勋增加岁数情罪以闻。以其陈乞楚州监官，自言出职日实尝增十岁也。

唐宋时如此，历元明至清，此风更炽。清王世禛称"三十年来士大夫履历，例减年岁，甚或至十余年；即同人宴会，亦无以真年告人者，可谓薄俗"。① 明清科举最盛，三年大比，有自幼至耄，考十数科而不中一举者。《儒林外史》叙老童生周进，年过六十，随商贾至省城，非亲睹贡院不可，"周进一进了号，见两块号板摆的齐齐整整，不觉眼睛里一阵酸酸的，长叹一声，一头撞在号板上，直僵僵不醒人事"。科举害人，以至于斯。因屡考不中，老大无成，故欺隐年龄，即为最常见之事，甚为朝廷所关切。顺治十二年四月清世祖谕礼部曰：

> 朕惟人臣事君，勿欺为本。近来进呈登科录及乡会殿

---

① ［清］王世禛撰，靳斯仁点校：《池北偶谈》卷2"官年"条，中华书局1997年版，上册，第44页。

试等卷，率多隐匿年岁，以老为壮，以壮为少。国家开科取士，本求贤良，进身之始，即为虚伪，将来行事可知。更有相沿陋习，轻联同宗，远托华胄，异姓亲属，混列刊布，俱违正道。朝廷用人，量才授任，岂论年齿家世乎？今科进士登科录及以后各试卷，务据实供写。其余陋风，悉行改正，毋负朕崇诚信、重廉耻至意。①

"进身之始，即为虚伪，将来行事可知"，真乃一针见血之语、明达洞见之言！又雍正五年十月清世宗谕曰：

朕览文武官员履历，开载年岁多有不实。或年岁本少而增之为多，或年岁本多而减之为少。此种陋习汉人最甚，近来汉军亦渐有之，惟满洲官员皆系真实年岁，无意为增减之事。至于外省文武，则年岁不实者尤多。此甚无益而可笑也。国家用人，惟论其才力之可以办事任职，原不以年岁之老少为重轻。如老成望重之人，宜于居官服政，年岁虽多，而精神尚健，即属可用之员，若年虽未老而志气萎靡，则不可用是多者不必减之为少也；少年精壮之人，且于效力宣劳，年虽尚轻而办事勤敏，亦属可用之员，若年齿虽大而才具庸劣，则不可用，是少者不必增之为多也。人之立身，

---

① 《世祖章皇帝实录》卷91顺治十二年四月丙子条，中华书局1985年版，第3册，第716页。

一二四 官年实年

事事皆当诚实,岂可涉于欺诈。彼增减年岁者,无益于功名,而有关于品行,不可习为固然也。今朕特为训谕:凡各官从前之年岁不实者,俱著即行改正,令以实在年岁开明注册。嗣后文武官员倘仍行增减,甘蹈欺隐之习,则其人甚为无耻而不足责矣。

虽经顺治、雍正严谕威摄,然终清一代,此风仍无改观。方浚师《蕉轩随录》亦称"今之履历,年岁每增减若干,谓之官年"。又引岳珂之说后曰:"按《北史》傅修斯年逾八十,犹能驰射盘马奋稍,常讳言老,每自称六十九。是可作今之官年论矣。"

案傅修斯之讳老,尚不可作"今之官年论",乃老将言志,老当益壮,老不服老也。而清人履历,虚报不实者,乃多如牛毛,故年谱与墓铭之类,纪年多相互乖谬者,即因此之故也。又汪辉祖《病榻梦痕录》载,乾隆五十二年,汪氏五十八岁,方得一县令之职,远赴湖南宁远。至长沙谒见抚军嘉善浦霖,问及年岁,汪氏对曰:"履历年五十一,实年五十八。"此为笔者所见清人隐瞒年龄最长者,官年与实年相差七岁!

呜呼!国人欺上瞒下,虚报浮夸之风,长盛不衰,至今尤烈。官年、实年之陋习,不过一管而已。举世以非为是,甘蹈欺隐之习,诚信不崇,廉耻不论。诚实不欺,若司马伯达,若寇莱公者,世有几人哉!

一二五　此时有子不如无

余曾流浪东国，客居课徒，为斗米折腰。贱体有恙，即倍为思亲，恐老母忧念，时通电话，以报平安，所谓报喜不报忧也。某日时已过戌，母曰打碾初归，父在场院，剥拾残豆，晚饭尚未矣。抛却话筒，一时无语，子之不肖，难报父母深恩于万一也。

诗家之词，多言过其实。五七之言，诉兵燹之灾，水旱之患，离别之苦，相思之痛，赚尽"粉丝"之泪。若杜诗叙安史乱时，亡命蜀中，颠沛流离，万苦尽尝，野筑草堂，夜浸风雨，若不可终日矣。实则老杜在严武幕中，呼三吆四，横卧胡榻，醉酒使性，几为武所害。千百年来"杜迷"，皆为此叟所欺也。

清代诗家，则真有饥寒困顿，生不如死者，吾所见清初有吴汉槎（兆骞），而中叶有黄仲则（景仁）焉。汉槎傲岸自负，尝顾同辈述袁淑语曰："江东无我，卿当独秀。"不意遭顺治丁酉科场之祸，无辜牵累，戍宁古塔，比于苏武穷荒十九年，即其诗所谓"自从身逐乌龙戍，不识春风二十年"者也（《三月十二日河上口号》）。然正缘此，其诗沉郁顿挫，悲壮奇穷。《秋笳集》中诸诗，如《帐夜》曰：

穹帐连山落月斜，梦回孤客尚天涯。

一二五　此时有子不如无

雁飞白草年年雪,人老黄榆夜夜笳。
驿路几通南国使,风云不断北庭沙。
春衣少妇空相寄,五月边城未著花。

风雪悲笳,南北相思,此恨悠悠,绵绵不绝。他诗述北塞之风沙,俄人之残暴,以及孤寂之有年,而生还之无望,莫不如刀割火炙,痛绝人寰。

黄仲则以诗名世,然一生艰难。四岁丧父,终鲜兄弟,母老家贫,居无所依,背井离乡,为饔食计。三十五岁,为债家所迫,抱病再赴西安,至山西运城,病逝于河东盐运使沈业富署中。仲则诗如《绮怀》"似此星辰非昨夜,为谁风露立中宵"。《癸巳除夕偶成》"悄立市桥人不识,一星如月看多时"诸句,得之天籁,脍炙人口。然其诗诉穷迫困顿,睽离惨痛,最为寒彻心骨。《别内》诗曰:"几回契阔喜生还,人老凄风苦雨间。今夜别君无一语,但看堂上有衰颜。"而余则最爱其《别老母》一诗,其曰:

搴帷别母河梁去,白发愁看泪眼枯。
惨惨柴门风雪夜,此时有子不如无。

于戏!"此时有子不如无",真可谓肝剖之词,肠断之句矣。仲则不朽!

一二六　甘肃少人才之故

吾甘僻居西北，地贫民瘠，自古以来，文风不盛。汉唐之时，因其为边陲，兵燹频仍，故武将多多，所谓"关西出将"也。而明清时期，拓地万里，甘肃成为内陆，战事日少，故文风武运，遂皆衰微不振焉。

自隋开科取士，至清末废除科举，吾省从未得售一甲前三名也。吾乡梓潼县，明清两代所中进士，才不过区区4人（明朝1人，清朝3人，其中1人乃武进士），举人亦仅13人，莫若江苏之一家所出为多焉。即陕西一省，清乾隆朝以王杰为一甲第一名，乃清高宗知陕西本朝无状元，且适逢西北平定，为合符天运，鼓舞人心，乃有意为之，所谓"西人得魁西平后，可见天心厌武时"，实本科状元，当为阳湖赵翼也。故西北之广袤，凡举国半壁江山，然文运之弱，况之江南，乃不如一府一县、一乡一村举业之盛也。陈夔龙《梦蕉亭杂记》，曾论苏、浙文风炽盛，而边省人才不振之因曰：

> 苏浙文风相将，衡以浙江一省所得之数，尚不及苏州一府。其他各省，或不及十人，或五六人，或一二人。而若奉、若甘、若滇，文气否塞，竟不克破天荒而光巨典，岂真

一二六 甘肃少人才之故

秀野之悬殊哉？窃尝观之，而知其故。自言游以文学专科矜式乡里，宣尼有吾道其南之叹。南方火德光耀奎壁，其间山水之钟毓，与夫历代师儒之传述，家弦户诵，风气开先，拔帜匪难，夺标自易，此一因也。冠盖京师，凡登揆席而跻九列者，半属江南人士。父兄之衣钵，乡里之标榜，事甫半而功必倍，实未至而名先归。半生温饱，尽是王曾，年少骞裾，转羞梁灏。不识大魁为天下公器，竟视巍科乃我家故物，此又一因也。

苏浙间人，视大魁为"我家故物"；而边鄙之地，则视其为天上文曲，不落凡界也。又陈康祺亦论甘肃少人才之缘由曰：

> 甘凉僻在西陲，人物黯淡，固由民贫地瘠，又无贤大夫、乡先生振兴其文教，亦缘风气朴质，一二名儒哲颜挺生其间，往往暗汶自修，不与中原人士联结声气。故二百余年来，表见纪载，益觉寥寥。[1]

陈氏所论，确为的言。即清代学术界而论，甘肃学者可与江南比肩者，唯武威张介侯（澍）与阶州邢佺山（澍），所谓"西北二澍"也。介侯官贵州、江西等地，曾问学于余姚邵晋涵，以治姓氏诸学，

---

[1] ［清］陈康祺撰，诸家伟等点校：《郎潜纪闻四笔》卷10"凉州人杰柳迈祖"条，第161页。

独步一时。仕官浙江、江西等地,与钱大昕、大昭兄弟相往还,精金石诸学。二人之学,皆自成一家,在乾嘉间可置诸一流学者之列。然晚年还乡,皆著述零散,张氏书今多存陕西与台湾。而邢氏晚景凄凉,著述亦随其物故,多化为异物焉。

即民国时期,吾甘读书种子亦寥落如稀星也。临洮张维纂有《陇右金石录》,顾颉刚曾论曰:"甘肃惟此人为真读书人,而不得其死,积稿散失,实为西北史学一大损失。"[①] 而世人果知张维者,又有几人哉?即至今日,西北与东南、沿海与内陆之差距,更隔若鸿沟,远若河汉,则经济难兴,而欲振刷文化,作育人才,殆较古更为不易矣!

---

① 顾颉刚著,王熙华辑:《缓斋藏书题记·史部·陇右金石录补》,见《历史文献》第2辑,上海图书馆历史文献研究所编,上海科学技术文献出版社1999年版,第41页。

一二七　惧内

今人以惧内称"气管炎"（妻管严），民间俗称"怕老婆"。此风古已有之，中古以来炽甚。明沈德符《万历野获编》即称"士大夫自中古以后，多惧内者，盖名宦已成，虑中冓有违言，损其誉望也"。士大夫忌声名有亏，其妻妒妾夺己宠，挟制于夫，尚可谅之。迄于今日，皆独生子女，女少男多，而女性解放，过犹不及，柔美尽失，懿德不修，一家之中，内外皆由妻氏所统，则几几乎家家惧内矣。

有宋一代，积贫积弱，内忧外患，从未中绝，时人切心向内，面壁求理，士大夫少阳刚之气，盛阴柔之风，故惧内者伙焉。陈季常（慥）好宾客，喜蓄声妓，其妻柳氏绝凶妒，故东坡《寄吴德仁兼谏陈季常》有"忽闻河东狮子吼，拄杖落手心茫然"之句，因陈氏好谈佛，故戏谏之也。"狮子吼"乃佛家语，喻菩萨说法时震慑一切外道邪说之神威，即杨诚斋所谓"诗流倡和秋虫鸣，僧房问答狮子吼"者。而自东坡诗后，则又以家有悍妒之妻曰"河东吼狮"矣。

沈存中（括）以《梦溪笔谈》闻名于世，然沈氏之惧内，盖亦一时无双。朱彧《萍州可谈》卷三谓，沈括娶张氏，"存中不能制，时被棰骂，捽须坠地，儿女号泣而拾之，须上有血肉者，又相与号恸，张终不恕"。甚可怪者，其妻既卒，"人皆为存中贺，而存中自张亡，恍忽不安，舟过扬子江，欲坠水死，左右挽持之，得无患。未几，不禄"。

清桐城龙汝言未第时，曾代某都统集康熙、乾隆御制诗百韵以进，嘉庆帝大悦，以为"南方士子，往往不屑读先皇诗，此人熟读如此，具见其爱君之诚"。及汝言抢大魁，于嘉庆十九年获状元，即派南书房行走、实录馆纂修诸差，可谓宠荣有加焉。汝言幼孤贫，赖妻父卵翼之，故惧内尤甚。一日反目，不堪折辱之苦，避于友家，适馆吏送《高宗实录》样稿请校，龙妻受而置之。越日，吏往取，妻将未校之稿与之，龙实不知也。一日，忽降旨革职，盖高宗纯皇帝之"纯"字，馆吏误书作"绝"，龙虽未寓目，而恭校黄签，则龙名也。嘉庆帝大惊，降旨曰："龙汝言精神不周，办事疏忽，著革职永不叙用。"及帝崩，龙入哭临，哀痛逾常。宣宗嘉其有良心，特赏给内阁中书。道光戊戌科，犹充会试同考官也。[1] 若汝言之冤屈无诉，可谓须眉中之窦娥矣。

---

[1] 徐珂：《清稗类钞》考试类"龙汝言一体会试"条，中华书局2003年版，第2册，第668页。又[清]方浚师撰，盛冬铃点校《蕉轩随录》卷一"校对责成诗"条亦记此事，唯谓误"纯"为"睿"为异，中华书局1995年版，第7页。

一二八　大型歌舞人组图案与文字

今日中国，凡大型文艺节目，若逢年节，若全运会，若亚运会，若筑楼建馆，若修路铺桥，各项庆典，皆喜以成千上万之众，组成诸样图案与各色文字。此风古已有之，只不过于今为烈焉。宋周密《齐东野语》曰：

> 州郡遇圣节锡宴，率命猥妓数十，群舞于庭，作"天下太平"字，殊为不经。而唐《乐府杂录》云："舞有字，以舞人亚身于地而成字也。"王建《宫词》云："罗衫叶叶绣重重，金凤银鹅各一丛。每遇舞头分两向，太平万岁字当中。"则此事由来久矣。①

此可见唐宋时，已盛行以舞者组成图案文字。"太平万岁"，笔画繁复，想来一则必舞者众多，方能摆出如许字样；二则必有广场高坛，方能显此宏阔场面。费却民膏无数，博得君臣一粲也。

---

① ［宋］周密撰，张茂鹏点校：《齐东野语》卷10"字舞"条，中华书局2008年版，第189页。

二〇〇八年北京奥运会之开幕式，缜炫人目，铺张扬厉，气势恢宏，为举世所称赞。其所用人众道具，之多之盛，千军万马，屡破纪录。自此而往，各类运动会、大型庆典等，你方唱罢，我又登台，规模宏大，或更空前，则又不知其所费国帑几何，而耗却人力几多矣！

一二九　奥运牡丹与摧花之术

牡丹为花中之冠，雍容华贵，色泽艳丽，为唐人所喜。宋人清心内敛，沉潜理学，故喜菊花之傲瘦。北京奥运会，礼仪用花，乃选牡丹，然牡丹花期，在初夏之日，而奥运时逢秋节，故各地牡丹商家及研发人士，储藏资源，架棚蓄根，摧花开放，以适花期。白诗"一丛深色花，十户中人赋"。而至今日，则不知当何如耶？

又吴翌凤《逊志堂杂钞》载："京师风俗，入冬以花藏土窖中，四周以火逼之，故隆冬时即有牡丹，谓之'唐花'。其法自汉已有之。汉大官冬种葱韭菜茹，覆以屋庑，昼夜然煴火，得温气诸菜皆生。召信臣为少府，谓此皆不时之物，有伤于人，不宜以奉供养，奏罢之。噫！后人踵事，亦何所不至哉。"

此法行内术语称"摧花"，即以人工之术，令牡丹开于冬日，以便侯门权贵之需。而所谓"冬种葱韭菜茹"者，即今遍及各地之温室塑料大棚类也。古人以为，以人力而强行改变物性，必害以物情，且有伤于人，而今人以科技之力，无所不用其极，亦即《杂钞》所谓"何所不至"，如摧花之术者，乃技之小小者耳。人定胜天。可乎哉？不可乎哉？

一三〇　道术治蛇伤及医病之法

祝由一科，起于黄帝，禁咒治病，伊古有之。其词浅近俚语，其效则惟鬼神方知也。余家处深山僻壤，蒿长草深，常有童稚为蛇虫所伤，缺医无药，命悬一丝，惟阴阳术数之士，符咒治之，以致延误不起者，所在多有。然此道甚秘，绝不外传。曾有术士，悯余瘦弱无助，而独往来于深山，故授以禁蛇、咒狗、断乞丐、咒歹人诸法。其禁蛇之词曰：

> 远看南山雾子摧，老君摧我禁草来。一禁蛇，二禁草，三禁花蛇儿受伤了。东方来者东方的蛇，西方来者西方的蛇，南方来者南方的蛇，北方来者北方的蛇，中央来者中央的蛇。大花蛇，小麻蛇，箭杆蛇，双头蛇，阴风守洞蛇，十字路口蛇。老君今日路旁过，你把老君伤一口。现派杨戬二郎神，下凡惩汝误伤人。限汝三日消毒肿，饶汝一命卧草林。吾奉太上老君，急急如律令！

此类巫祝，仅诵咒语，则法力全无，了不灵验，故尚需法器助之。须端清水一碗，燃线香一支，剪纸人三个，穿于香上，横搭碗口，又

一三〇　道术治蛇伤及医病之法

备菜刀一把，置诸碗上。术士端碗，三漱其口，面朝艳阳，吸气吐纳，另一手挽结二郎神指（中指搭于食指上，二指伸直成利剑形），直指患者伤口，画圈诵咒，如是七遍，再用刀于伤处点剁状七次（蛇有七心），烧纸人毕，令患者饮水一口，泼水埋灰于地下，方为一疗程毕。据其所言，若法力有验，则患者惭愈，而蛇自毙焉。他若治猪瘟、犬伤及咒人诸法，余已不复记忆矣。

偶读清陈其元《庸闲斋笔记》，亦有禁蛇之法。咒曰：

"天蛇蛇，地蛇蛇，螣青地扁乌梢蛇。三十六蛇，七十二蛇，蛇出蛇进，太上老君急急如律令敕。"其法则右手持稻干一枝，其长与腰围同，向患处一气念咒七遍，即挥臂置稻干门槛上，刀断为七，焚之，其患立愈。

案陈氏所述，与余幼时所学，有同有异，盖祝由一途，亦若儒分为八，道出多门也。余自幼至今，多见为蛇所伤者，幸余未曾遭此毒苦、然亦未曾小试所学，故不得"其患立愈"之效。陈氏又谓倘为犬伤，即于土地上书一"虎"字，又口念咒曰：

"一二三四五，金木水火土，凡人被犬咬，请土地揭起土来补。"念咒毕，即以口涎吐在土上，揭上敷在患处，以手摩之，立愈。

此谓"揭起土来补"，颇令余心有戚戚焉。余幼时砍柴割草，常为刀伤石刮,刺扎绳磨,血肉模糊,而农家无药,荒郊野壤,即碎布麻线亦无之,更无如今日"创可贴"之简易妙用矣。故亦用干细黄土,吹净沙石,摘除枯叶,撒于伤处,且诵口诀数遍曰:

金金土,银银土。阿里烂,阿里补。

边僻之地,王化不到,命薄身贱,神鬼不收,故竟不浓不溃,数日即愈,完好如初,若在今时,必破伤风无疑矣。又清梁章钜《归田琐记》卷一"屏盗贼咒"条谓:

山东李鼎和传得屏盗贼咒语,羁旅路宿,颇可预防。咒云:"七七四十九,盗贼满处走。伽蓝把住门,处处不着手。童七童七奈若何。"于清晨日出时,向东方默念四十九徧,勿令鸡犬妇女见之。

案此类屏盗咒贼之术,世所传者亦多。或摄贼心魄,使其不能发力;或锢其凶器,令彼刃钝弹哑。然江洋大盗,多亡命之徒,神鬼夜遇,亦亟避藏,又岂数句咒语可屏哉!道术曰:"符除天下兴道鬼,普扫人间大不祥。"唯愿兴道之鬼日少,而不祥之事几稀,则诚小民百姓之幸也。

又某岁阳夏,头伏蒸炎,余因焦虑仄迫,永夜不眠,引发背痛,不能伸颈,唯可蹲坐,几无生人之趣焉。后经高人指点,往京郊以求神医,据悉其人曾为美国拳王阿里及海内外文体明星诊病,手到病

一三○ 道术治蛇伤及医病之法

除，蜚声海内外。神医揣捏小七一番后，授以密咒，命于每日酉时，虔心诚敬，端恭打坐，敬诵一百零八遍。小七惶惶颤手，剥开纸捻。其上赫然有咒曰：

260・380

咄咄！哚哚！此见祝由一门，亦与时俱进，采用数字化作业焉。酉时已至，七爷打坐诵符去也！

一三一　高年应试与低龄应试

唐宋以来，科举之制，三年大比，士子困窘，熬煞青春，有白头尚不能入闱者。乾隆朝沈德潜，诗文雄一世，然曾为十七次落第秀才，六十六岁始膺乡举，他人毋论矣。众多士子二十二三岁方入试场，恰为今日大学本科毕业之时，海天茫茫，长路渺渺，正所谓"瞻望弗及"矣。北大古文献所编纂《全宋诗》时，曾约略算计，宋人中进士者年均为四十岁，故宋诗作者倘仅知其中进士之年，而他行迹无考，则以是年四十岁计，虽不皆准，然大要不差焉。绍兴间，黄公度榜第三人福州陈修，唱名时高宗问："卿年几何？"对曰："臣年七十三。"问曰："卿有几子？"对曰："臣未娶。"乃诏出内人施氏嫁之，年三十，赀奁甚厚。时人戏为语曰"新人若问郎年几，五十年前二十三"云云。案此诗今《全宋诗》收录，为无时代作者詹文《登科后解嘲》，其诗云："读尽诗书五六担，老来方得一青衫。佳人问我年多少，五十年前二十三。"（又《宋诗纪事》引《清夜录》署绍熙元年进士詹义作。詹文、詹义，形似而讹，必有一误。）

清乾隆帝好大喜功，又寿考多福，安享太平，故六十年间高年应试者，远较前朝为多。乾隆元年，是科会试各省年老举子，有八十岁以上刘起振等三人，七十五岁以上冯应龙等五人，七十岁以上李琬等

一三一 高年应试与低龄应试

十五人,七十岁宋士正等二十人。后于四十余人中,别择取中五卷,其余未取中者礼部看验,酌量分别予以赏给。三十五年,顺天乡试诸生内,有八十五岁者一人,八十岁者一人,此等冀万寿恩科望幸之人,若不中,则特赐举人。江西乡试有广信府兴安县生员李炜,年已九十九岁,未中,洵为盛世休徵,赏给举人,复赏上缎一匹。三十六年,广东肇庆府开平县生员张次叔年已九十四岁,未中,赏为举人。四十五年,高宗五下江南,有上年福建省钦赐举人郭锺岳一百岁,陈应腾八十八岁,宋耀八十五岁,该举人等情殷感激,由福建蹒跚来至浙省谢恩,帝以郭锺岳等以海隅寒畯,年臻大耋,兹因翠华南莅,远涉迎銮,著各赏御书墨刻、缎二匹、荷包一对。郭锺岳寿跻百龄,尤为熙朝人瑞,著加恩赏给进士,以示优眷耆儒至意。又乾隆间,番禺县学生王健寒年九十九,尚能入试,握笔为文,学政翁方纲曾以诗记之。

余所见记载应试最年长者,为道光丙戌春闱,一百三岁老人陆云从应会试,恩赐国子监司业衔。同时朝臣,多以诗笔纪述盛事。陆为广东三水县人,百岁始入学,是真人瑞矣。余曾于放言于选课诸生,倘能见有乡会试愈一百三岁高龄应试者之载记,则此课不必再修,当赏以满分者,然至今仍未有生徒能得此高分也。

自乾隆元年始,高宗即言此类优渥高年,为格外加恩,后不为例,然此后各省尚多有年长应式者得赐举人、进士,乃至假冒成风。乾隆三十六年,广东有九十以上者三人,八十以上者十六名应试。帝以为其中必有不实,因上年恩旨,各萌幸泽之心,增填年齿,以致多人冒混。署两广总督德保交部察议;学政翁方纲不过因更换之期,捏词自炫，希图留任，著交部严加议处。

更有八十老翁，应试作弊者。乾隆三十七年会试，头场搜出辛卯顺天乡试恩赏举人、年八十岁之山西人张静深，在袖内藏匿性理论二纸，照例枷号，并报帝知。高宗严词痛斥后，亦无可奈何。因如此高龄，若枷号示众，或有性命之忧也，故命放还，并称"朕亦无如之何矣"。

而低龄应试者，乾隆三十五年，顺天乡试诸生内，有十二三岁之人，未第，帝未赐赏，仍令其下科再考。此亦余所见少年应试者也。

一三二　清代贡院之简陋

贡院，为古代乡试考场。现所存者有江南、北京、定州等地贡院等遗址，其所建号舍或数千间，多者则万余间，外围四周，布遍荆棘，故又称"棘围"。考生点名搜检而入，每人一间考棚、一盆炭火、一支蜡烛，三场九天，刮肚摩肠，置身其中。明清贡院多简陋至极，破败不堪。《儒林外史》写乡下老童生周进，年过六十，随商人至省城，必欲一见贡院。及至其地，"周进一进了号，见两块号板摆的齐齐整整，不觉眼睛里一阵酸酸的，长叹一声，一头撞在号板上，直僵僵不醒人事"。想来周进必以为号舍中紫气氤氲，暖炕茵褥，及见此惨状，故一时闷煞，倒地不起也。

清嘉庆六年，浙江巡抚阮元"以贡院号舍卑狭，三场九日之中多遇阴雨，号中雨水泥泞，士子坐卧，甚以为苦"，故监临修葺贡院考舍一万号成。又其在江西时，于嘉庆二十一年七月，改建贡院号舍。时立碑云："贡院在东湖之东，舍屋卑狭，士之试者，檐触其首，雨淋其膝，屋覆石片，漏者居半，舍中长巷，地惟涂泥，每遇秋雨，旋泞陷足。舍尾厕屋，雨泛日炙，其臭甚远。东湖纳一城之污，而群资之饮，且潦甚之年，其水浸入闱西场舍者，深辄及咫。号舍总数第如额而已，敬遇国恩，广额加录遗才，猝增芦席棚号千余座，夜不得卧，

清学札记

雨不能盖，一人禧出，千人坐惊，凡此皆多士所苦也。"又道光二年七月，改建广东贡院成，因其"地本不宽，经营者度非文人，不知士子苦，以致宇舍太小，烈日冻雨，殊难耐之"。江浙、江西、广东皆非乏财之地，况且如此，边远穷省，可以想见。即以"宽舒"著称之江南贡院，亦非常人所能耐受者。陈独秀《实庵自传》述至江南贡院应考，描摹逼真，惟妙惟肖。其曰：

> 到了八月初七日，我们要进考场了。我背了考篮、书籍、文具、食粮、烧饭的锅和油布，已竭尽了生平的气力，若不是大哥代我领试卷，我便会在人丛中挤死。一进考棚，三魂吓掉了二魂半，每条十多丈长的号筒，都有几十或上百个号舍，号舍的大小仿佛现时警察的岗棚，然而要低得多，长个子站在里面，是要低头弯腰的，这就是那时科举出身的大老以尝过"矮屋"滋味自豪的"矮屋"。矮屋的三面七齐八不齐的砖墙，当然里外都不曾用石灰泥过，里面蜘蛛网和灰尘是满满的，好容易打扫干净，坐进去拿一块板安放在面前，就算是写字台。睡起觉来，不用说就得坐在那里睡。一条号内，一两间空号，便是这一号的公共厕所，考场的特别名词叫做"屎号"。……如果不幸坐位编在"屎号"，三天饱尝异味，还要被人家议论是干了亏心事的果报。

> 那一年南京的天气，到了八月中旬还是奇热，大家都把带来的油布挂起来遮住太阳光，号门都紧对着高墙，中间是只能容一个半人来往的一条长巷，上面露着一线天，大

一三二 清代贡院之简陋

家挂上油布之后，连这一线天也一线不露了，空气简直不通，每人都在对面墙上挂起烧饭的锅炉，大家烧起饭来，再加上赤日当空，那条长巷便成了火巷。煮饭做菜我一窍不通，三场九天，我总是吃那半生不熟或者烂熟成团的挂面。……（作者）联想到这班动物得了志，国家和人民要如何遭殃；因此又联想到所谓抡才大典，简直是隔几年把这班猴子狗熊搬出来开一次动物展览会；因此又联想到国家的一切制度，恐怕都有如此这般的毛病。因此最后感觉到梁启超那班人们在《时务报》上说的话是有些道理呀！这便是我由选学妖孽转变到康梁派的最大动机。

陈独秀转向康梁，乃至革命，竟有坐此"矮屋"刺激之功，足令人扼腕一叹。古时童生，三场试毕，至有"扶出场外"者，则为体力脑力之双重折磨，所谓"三场辛苦磨成鬼，两字功名误煞人"者也。今日高考，虽亦连考三日，然考场窗明几净，空调舒适，桌椅笔墨，配备齐整，父母侍奉，犹如爷娘，海味山珍，应有尽有，考生尚有体力不支，怪东怨西者，与古人相较，真不可以道里计也。

一三三　号舍用《千字文》排序

《千字文》之用大矣，官方民间，不仅用于小儿识字，且用于记数排序。农民起事，编列队伍，亦常用"天字号"、"地字号"，实则"第一军"、"第二军"之谓也。清陆以湉《冷庐杂识》称："周兴嗣《千字文》，今之科场、号舍、文卷，及民间质库、计簿，皆以其字编次为识，取其字无重复，且众人习熟，易于检觅也。雍正元年，礼部议准，乡、会试朱卷字号，将《千字文》内不佳字样拣去荒、吊、伐、罪、毁、伤、悲、虚、祸、恶、竭、尽、终、离、颠……共七十五字，又亚圣孟子名应避，及数目四、五、六、九等字与号数复，亦皆勿用。鲍氏《知不足斋丛书》以《千字文》编页，改"祸因恶积"句为"禄因功积"，盖亦以字之当讳而易之也"。① 案陆说是矣，或有记号舍排列或质库次序有误者，盖不知其因避讳，有所删汰字数故耳。若不删之，倘考生于吊、伐、罪、毁、伤、悲之类号舍应考，其心绪之恶可知，焉能点铁成金而运笔如飞邪！

---

① ［清］陆以湉撰，崔凡芝点校:《冷庐杂识》卷7"千字文"条，中华书局1984年版，第387—388页。

一三四　连中三元与祖孙状元、父子状元、兄弟状元

自唐以降，科考以殿试（唐代称省试）第一甲第一名俗称"状元"，亦称鼎元、殿元。然唐宋时亦非殿试第一名之专称。唐郑谷登第后《宿平康里》诗曰："好是五更残酒醒，耳边闻唤状元声。"按谷登赵昌翰榜，名次第八，非第一也。宋人廷试一甲者，亦得称状元，后遂以一甲第一人专称"状元"。而至今日高考，各省皆有状元，且有文科状元、理科状元、加分状元、裸分状元、单科状元等说，又市、县、乡级中学，亦各自有状元，可谓滥滥至极矣。

始唐终清，累代状元约600人（或称599人，各家所计不一），可谓人中龙凤，世所罕见。而以连中乡试第一之"解元"、会试第一之"会元"、殿试第一之"状元"，称"连中三元"。自唐至清，可按而数"连中三元"者十有八人。即唐崔元翰、武翊黄、张又新、白敏中；宋陈尧叟、孙何、王曾、王岩叟、杨寘、冯京、彭汝砺；辽王棠；金孟宗献；元王宗哲；明黄观、商辂；清钱棨、陈继昌。而孟宗献为河南开封人，金世宗大定三年（1163年）状元，其乡试、府试、省试、廷试皆拔头筹，可谓"连中四元"。清赵翼赞钱棨诗谓"累朝如君十一个，事迹半在青史留"，亦实录也。然即此十八人而论，为名臣巨卿，留

名青史者，亦未及半耳；若张又新之谄附败名，王宗哲之降贼偷生，适为科名之玷耳。

又唐代郑冠，为穆宗长庆三年（823年）状元，又为文宗太和二年（828年）武状元，可谓千古一人而已。又明代杨慎为乡试第三、会试第二、殿试第一，为三、二、一之次第，青竹倒栽，节节而上，亦可谓奇矣。

历代又有联珪叠纽，一门鼎盛，为祖孙状元、父子状元与兄弟状元者。祖孙皆为状元者，为清代江苏苏州人彭定求（康熙十五年，1676年）、彭启丰（雍正五年，1727年），为历代所仅见。父子状元，则有唐代江苏吴县人归仁泽（懿宗咸通十五年，874年）、归黯（昭宗景福元年，892年）；宋代山东东平人梁灏（太宗雍熙二年，985年）、梁固（真宗大中祥符二年，1009年），开封襄邑（今河南睢县）人张去华（太祖建隆二年，961年）、张师德（大中祥符四年，1011年），山西朔州人安德裕（太祖开宝二年，969年）、安守亮（开宝五年，972年），开封襄邑人许将（仁宗嘉祐八年，1063年）、许安世（英宗治平四年，1067年）。兄弟状元则唐有江苏苏州人归佾（昭宗光化四年，901年）、归系（哀宗天祐二年，905年），宋有河南汝南人孙何（宋太宗淳化三年，992年）、孙仅（真宗咸平元年，998年）等。至如祖孙、父子、兄弟为状元、榜眼、探花及三甲进士，所谓"一门三进士，五子四登科"者，在江南诸省，皆视如自家荷袋中物，不复称奇。而边省若吾甘肃，则中进士者亦稀，而状元犹若天上文曲，地下龙珠，世世代代，永永年年，为高不可攀，深不可探矣。

一三五　状元娶公主只存在于戏曲中

古代民间故事，多以状元为英俊小生，而公主则貌若天仙，状元娶公主，为郎才女貌，门当户对，而戏曲若《铡美案》、《女驸马》等，亦以状元、公主为戏，唱尽人间悲欢离合，演者动容，观者唏嘘。孰不知状元多非英俊，而公主不皆倩美。且古人结婚年早，冠礼之年，多已为人夫为人父矣。且应考履历，结婚与否，皆一一填按，载记在案，故如陈世美瞒婚而娶公主，世无其事；而冯素贞以女流而招驸马，则更属荒唐矣。

又民间谓"皇帝女儿不愁嫁"，谓公主乃皇家娇宠，高贵矜持，玉叶金枝，当为万人奔竞，名流瞩目矣。然皇家女儿，骄奢蛮横，不修礼法，不事舅姑，难容夫君，洒扫应对，一不及手，且金闺一嗔，帝王震怒，轻则贬放，重则身家性命几于不保。豫剧《打金枝》戏中，郭子仪子暧，因其妻升平公主不拜父寿，故怒打公主，子仪绑子上殿，以求恕罪，虽为戏词，然亦颇具实录。故士夫才俊，非但不欲为此乘龙快婿，且视如畏途，避之唯恐不及也。

历按诸史，见于载记者，唯唐武宗会昌三年（842年）状元郑颢，宰臣白敏中奏选尚万寿公主，颢实所不欲，而又无可如何者。大中五年，敏中免相，为邠宁都统。行有日，奏上曰："顷者，陛下爱女下嫁贵臣，郎婿郑颢赴婚楚州，会有日。行次郑州，臣堂帖追回，上副圣念。颢不乐国婚，衔臣入骨髓。臣且在中书，颢无如臣何；一去玉阶，必媒孽臣短，死无种矣！"上曰："朕知此事久，卿何言之晚耶？"因命左右便殿中取一柽木小函子来，扃锁甚固，谓敏中曰："此尽郑郎说卿文字，便以赐卿。若听颢言，不任卿如此矣！"敏中归，追感上恩，置柽函於佛前，焚香而事之。此本欲谀佞帝及帝婿，以为将来之地，不意马掌马脚，为郑颢所衔恨如此。

而万寿公主之尚郑颢，实亦凡事任为，不尽妇道。史载颢弟顗尝有疾，上使讯之。使回，上问："公主视疾否？"曰："无。""何在？"曰："在慈恩寺看戏场。"上大怒，且叹曰："我怪士大夫不欲与我为亲，良有以也。"命召公主至。公主走辇至，则立于阶下，不视久之。主大惧，涕泣辞谢。上责曰："岂有小郎病乃亲看他处乎？"立遣归宅。由是终上之世，贵戚皆兢兢守礼法，如山东衣冠之族。

又古来状元，貌美如潘安者，世罕其人。清常熟汪应铨，康熙五十七年（1718年）状元及第。时年已四十余。身长面麻，腰腹十围。买家京师，有小家女陆氏，粗识字，观弹词曲本，以为状元皆美少年，欣然愿嫁。结婚之夕，于灯下见汪氏貌，大失所望，业已郁郁矣。是夕，诸同年觞饮巨觥，状元量洪兴豪，不觉沉醉，登床后呕吐狼藉。陆女恚甚，未五更雉经而亡。有好事者送汪氏联曰"国色太娇难作妾，状元虽好却非郎"。汪氏才华发露，与时龃龉，罢官游楚，大吏聘修省志，犹有弹劾之者。后人称若"纪渚养鸡，主于不鸣，有以也夫"。此可见古往今来，多少纯男情女，皆为戏文所欺矣。

一三六　时文选家多不擅作时文

今日高考，坊间多印有《高考状元作文大全》、《优秀高考作文选》等，高三学子几于人手一册，家置数本焉。此种风气，唐宋已然。若白居易《赋得古草原送别》，即为"优秀高考作文模拟范文"也。宋时坊间所刊如《苏门六君子文粹》、《增注唐策》、《十先生奥论》、《历代名贤确论》等，皆当时能文书贾专刻之，以备程式之用。他如宋朱良矩《经义模范》、元倪士毅《作义要诀》、王充耘《书义矜式》等，历代奉为矜式。《儒林外史》中马二马纯上先生，即以刊刻此类选本为生，且获利不菲，即所谓"高头讲章"、"新科利器"者是也。

明清科举考试，除《五经》、《四书》、《性理大全》、《大学衍义》、《朱子全书》、《钦定孝经衍义》、《文章正宗》、《古文渊鉴》、《钦定四书义》等基本典籍与时文范本外。他若明艾南英《明文定》、钱文禧等《同文录》、马世奇《澹宁居集》、王鏊之《守溪文稿》、唐顺之《教学文》等，清代何焯《行远集》、李光地《榕村制义》、陆陇其《陆稼书稿》、俞长城《百二十名家选》、吕留良《五科程墨》、江永《四书典林》等，试帖诗如纪昀《唐人试律说》、《我法集》，翁方纲《复初斋试律说》等，皆有名当世。他如《皇明会元文选》、《历科墨卷大醇编》、《明文小题传薪》、《大题文府》、《小题有学集》、《小题正鹄》、《小题尖锋》、《狐白全集》、《考卷文雄》、《近科考卷》、《考卷精选》、《会试闱墨》、《考卷青炉》、《同文摘艳》、《大题十万选》、《小题十万选》等，各省所刻，当时极多，凡大题、小题及截搭诸题，皆精选详注，烂熟如泥，为士子案头必备之利器，惜后人不重，今存者鲜矣。

案上述诸选家，若艾南英久困场屋，为诸生者二十年，试于乡闱者七年，饩于二十人中者十有四年。何焯工于制义，然构思颇不迅捷，每应举，俱曳白。而数游京师，其科第皆出钦赐，后以李光地荐，得校书祕阁。吕留良顺治十年后，隐逸心起，不复应试，以刻评时文谋生，天盖楼本子风行海内，远而且久。然黄宗羲、万斯同等，薄为"时文选手"、"纸尾之学"。江永纂《乡党图考》、《四书典林》，帖括之士窃其唾余，取高第掇巍科者数百人，而永以明经终老于家。其高弟子戴震，亦屡应省试，六试不第。其应礼部试，分校者争欲致之门下，每于三场五策中物色之不可得，既乃知其对策甚空，诸公以戴淹雅精卓，殆无伦比，而策则如无学者，其文诘屈，几不可句读，大是异事。钱大昕谓"此东原之所以为东原也"。若此数人者，学术文章，名高海内；而时文创制，竟不能"入口气"。真岂《传》所谓"志与天地拟者其人不祥"欤！

一三七　大题、小题及截搭题

今日高考作文命题，有所谓命题作文、半命题作文、材料作文、新材料作文、话题作文等。近年来以材料作文居多，而命题作文罕见，即以甲午（2014年）全国新课标卷与各省卷十八套试题之作文题目为例，亦皆材料作文也。何则？因命题作文易脱题，而材料作文考生依稀仿佛即可成文故也。

明清科举考试，抄撮拟卷，蔚为风气。故考官命题，考生押题，皆费尽心力，猫与老鼠，掐对互捉，乐此不疲。考官出题有所谓大题、小题、截搭题之分。然乡、会试之拟题，事关国家抡才大典，不可儿戏，故仍多出大题；而县、府试之小考，则千百十样，纤佻琐碎之小题居多焉。有所谓连章题（两章或三四章合题）、全章题、数节题（每章内之数节）、一节题、数句题（每章或每节内择取数句）、单句题、两扇三四五扇题（章节中之排句），以上皆属大题。若截上题、截下题、承上题、承上冒下题、半面题、上全下偏题、上偏下全题、上下俱偏题，更有一题而兼两名，如截上兼下全、截下兼上全等，此类皆属小题。截搭题又分长搭、短搭、有情搭、无情搭、隔章搭诸体，最为奇葩矣。

因此之故，官方学宫，民间坊本，"高头讲章"与"新科利器"，所在多有，亦如今时之某某年《优秀高考作文选》也。清雍正时王客周编纂之《狐白全集》，所列各类题型最为详尽，且尤重截搭题焉。其《狐白前集序》曰：

> 制艺一道，以理为主，气以行之，文不切理，虽有惊人奇句，无当圣贤之旨。然理是矣，而无大气举之，谈理亦不快意。至于理真气足，根本已得，而文犹不工，何也？无法以运之故也。法者，题中天然之度，如匠师之绳尺，乐师之律吕，行军用兵之行伍阵势也。题不一题，法亦不一法。故有单句题，即有走窄路之法；有枯窘题，即有走阔路之法；有截上题，即有不粘不脱之法；有截下题，即有神行官止之法；有截上下题，即有纳上吸下之法。他如虚冒题、过脉题、结上题，以及记叙、比兴、援引等题，莫不各有一天然之度，为作文之准则，学者规抚摹仿，久久纯熟，无意之中，自中节度，法果可废乎！

王氏书前《要诀》，先讲相题、对股、取势诸法，可谓综论；此下即分题论作法及集评。如《前集》所举有：单题（其所举范文甚多，题目如"敬事而信 一句"等，下皆同，仅举一例，不再加引号），反揭题（子曰由知 一句）、枯窘题（足 一字）；全章长题（孟子之平 全章）、长题（使子路问 不辍）、截上题（不亦说乎 一句）、虚字冠首截上题（而非邦也 一句）、截下题（举一隅 一句）、虚字冠首截下题（君子未有 一句）、截上下题（未之能行 一句）、虚字冠首截上下（虽不

一三七 大题、小题及截搭题

中 一句)、关顿题(一则以喜 一句)、顿跌题(今也纯俭 从众)、虚冒题(泰伯其可 一句)、过脉题(七十者衣 二句)、结上题(此之谓民 一句)、偏举题(为之者疾 二句)、移步换形题(汤有天下 一段)、立案题(孟子居邹 一节)、记事题(子路率尔 一句)、叙事题(我对曰无 一句)、原叙题(宫之奇谏 一句)、援引题(节彼南山 一句)、托兴题(王知夫苗 御之)、比喻题(苗而不秀 全章)、攻辨题(子欲手援 一句)等。

其《后集》以诸家选本，多不讲截搭题，故专论截搭十四法。其曰：

> 截上题，要我补上意，又要撇清上意；截下题，不可置却下意，又不可犯着下意。若割截上下成搭者，则又不同。其发上截，但重其关合下句，而找补上句在所轻；其发下截，但重在绾合上句，而舍留下文亦在所轻。

其所举有截搭题(不亦乐乎 不愠)，此中又分全下偏(切切偲偲 偲偲)、上偏下全(不为酒困 我哉)、上尾下首(为臣不易 难矣)、上下偏中间全(知天地之 其仁)等；而长搭题(与朋友共 信之)又分为隔章长搭(孔子行齐 凤兮)、一处相搭(不思而得 措也)、首尾俱截长搭(不思而得 思之)、横担搭题(子欲往乎 欲往)、无情搭题(有盛馔必 迅雷)、典制搭题(始可与言 言之)、先问后答先答后问一种(求之与抑 得之)、上轻下重搭题(岂不尔思 思也)、搭题变格文(冉子与之 九百)等。凡王氏所列，古人与此，的的分明；而今人

305

读之，昏昏不知其所以然矣。

截搭题如"大学之道天命之谓性学而时习之孟子见梁惠王"，此题合《大学》、《中庸》、《论语》、《孟子》诸书第一句为题。又乾隆朝彭元瑞督学江苏，有提调官王姓，雅号"王二麻子"，适考四学，遂出"王二麻子"四题（王何必曰利，二吾犹不足，麻缕丝絮，子男同一位，皆出《孟子》）。一日考四学，出"洋洋乎（《中庸》），又洋洋乎（《中庸》），又洋洋乎（《论语·泰伯》），即欲退堂早膳，学官禀曰："尚少一题。"彭沉吟曰："少则洋洋焉。"（《孟子·万章上》）堂下诸生，莫不掩口而笑。（清钱泳《履园丛话》卷二一）

明叶盛《水东日记》卷一："永乐中，俞行之试'记里鼓'。正统中，冯益试'事道'，皆不知所谓，莫能措一词。所谓'名浮于实，君子弗贵'者欤。"按"事道"见《孟子·万章下》："'然则孔子之仕也，非事道与？'曰：'事道也。'"而"记里鼓"见于《隋书·元岩传》，而不见于经书。

又清赵慎畛《榆巢杂识》卷上："赵石源前辈之'毛毛草草'，则未免割裂矣。翁覃溪阁学在粤东，亦曾以'大草'二字命题，终涉乖僻。"按《中庸》载逸诗曰："德輶如毛，毛犹有伦。"又《诗经·小雅·巷伯》："骄人好好，劳人草草。"所谓"毛毛草草"者，殆即此欤？至于"大草"则遍寻经籍而不见矣。

又鲍桂星督学中州，出题割裂，有刻薄子逐题作诗嘲之，盛传于时。如《咏七十里子》云：

没头没脚信难题，七十提封一望迷。

一三七　大题、小题及截搭题

阿伯不知何处去，剩将一子独孤栖。

《咏宝珠》云：

拣取明珠玉任沈，依然一半是贪心。
旁人不晓题何处，都向红楼梦里寻。（《清稗类钞·讥讽类》）

按《礼记·王制》："天子之田方千里，公侯田方百里，伯七十里，子、男五十里。"此"七十里子"即从此截搭也。又《孟子·尽心下》："宝珠玉者，殃必及身。"此割裂"宝珠"二字为题也。《红楼梦》中秦可卿之丫鬟，亦名"宝珠"，故诗语如此也。

又题目之难易，直接关乎士子之能否获售。乾隆癸卯科，浙江乡试，首题"逸民伯夷、叔齐、虞仲、夷逸、朱张、柳下惠、少连"，获售者鲜登第，时称"逸民榜"。嘉庆癸酉科题"刚毅木讷近仁"，所取文皆恬静之作，登第者绝少，时称"哑榜"。丙子科题"夫达也者，质直而好义，察言而观色，虑以下人"，所取文皆动宕发皇，登第者多，时称"响榜"（清陆以湉《冷庐杂识》卷一）。

此类割裂截搭之题，苛碎生僻，无从下手。故明丘濬《大学衍义补》即谓："近年初出题，往往强截句读，破碎经义，于所不当连而连，不当断而断，而提学宪臣之小试尤为琐碎。"清季陈澧《东塾读书记》有《科场议》曰：

文章之弊，至时文而极；时文之弊，至今日而极。士之应试者，又或不自为时文，而剿袭旧文；试官患之，乃割裂经书以出题，于是题不成题，文不成文。故朱子谓"时文为经学之贼，文字之妖"。其割裂出题，则经学贼中之贼，文字妖中之妖也。

又清人龚炜撰书其落第卷后联曰：

廿年制义，抛却半生有用工夫；
三黜乡闱，落得九册无名败纸。（清龚炜《巢林笔谈》卷三）

八股文本不过文之一体，本无所谓是非。然为后人万夫所指，痛责其祸国误人而饱受诟病者，殆即此类之谓欤！

一三八　夹带与关节

今日自小学至高等院校，学生作业与考试作弊，屡见不鲜，亦屡禁不止，即巍巍上庠亦然，而作弊手段，亦层出不穷。高考作弊甚有事先埋耳麦于耳中，场外发声波揭示答案者。然除电光声光之方式外，凡今学子所用之法，古人皆已尽之。若怀挟夹带、枪手替换、贿买考官、场中埋题、场外飞马、偷换试卷、考篮鞋垫、皮裘裹衣等，无不为怀挟之地，甚有信鸽传递文字者，亦相当于今日电波传语矣。

旧题明周复浚《泾林杂记》载，明人作弊，有"隔年募善书者，蝇头书金箔纸上，每千篇厚不及寸；或藏笔管，或置砚底，更有半空水注夹底草鞋之类；又或用药汁书于青布衣袴，壁泥糁之，拂拭则字立见。名曰'文场备用'"。此可知明代夹带之风隆盛，亦可谓当时之高科技矣。

清代科举考试，功令綦严，大小一切考试，皆不许夹带片纸只字。会试士子计无所出，乃将文字抄成小本，缝衣裘中，遂有皮衣去面、毡衣去里之例。然会试在三月，时犹严寒，士子著裘者入场时，悉去其面，一色皆白，犹如群羊之入圈中，斯文为之扫地。至乾隆十年（1745年），方除皮衣去面之例。乾隆九年顺天乡试前，高宗以怀挟拟题之风日甚，思惩之，命亲王大臣严立搜检之法，得一人者赐军役一金。士子裰及袭衣，贡院内外，枷杻相属，比日晡，受卷入场者寥寥也。时士子多退归寓舍，将就寝矣，忽传一体放进，钦命题下，曳白者乃至二千余人，下诏切责，并裁减各省中额有差。道、咸前大小科场，有至解衣脱履者。同治以后，禁网渐宽，搜检不甚深究，于是诈伪百出。入场者，辄以石印小本书济之，或写蝇头书，私藏于果饼及衣带中，并以所携考篮酒鳖与研之属，皆为夹底而藏之，甚至有帽顶两层靴底双屣者，更或贿嘱皂隶，冀免搜检（《清稗类钞·考试类》）。此中花样繁多，可谓无所不用其极矣。

又清陆以湉《冷庐杂记》卷八载："浙人乡试，每以金贻誊录手之善书者，潜递关节，属其誊卷珠色鲜明，字画光整，易动阅者之目。亦有已获科名者，贪得厚利，冒应是役，甚至私携墨笔，点窜试文，中售则可得重酬。此风始自绍兴人，沿及诸郡。道光丙午秋试，士子一万一千余人，其不购誊录者只三千余卷，仅得售三人。盖以字迹潦草，校文者以辨识为苦，辄屏弃不观也。"此则几等同于枪替也。

小本夹书始于宋时，明时盛行巾箱本，多为考场夹带之用。清时坊间所刊尤多，有小如火柴盒大小者，入场时衬垫于鞋底夹层中。巾箱小本，率多讹字。道光庚戌年考试教习，诗题"山雨欲来风满楼"得"阳"字，乃许浑《咸阳城东楼》诗句也。小本书刊"咸"作"戊"，沿其讹而被黜者百余人（《冷庐杂识》卷六）。此与宋时麻沙本"坤为釜"之误，可谓绝配矣。

又今日各类考试，禁考生用两种以上颜色笔迹答题，亦不许题写考生姓名及诸种暗号之类，此亦沿之古法也。以关节进者，明季已然，

一三八　夹带与关节

至清初尤甚。顺治甲午（1654年）一榜，无不以关节得幸。至丁酉（1657年），辇金载宝，辐辏都下，于是蜚语上闻，遂成科场大狱。自是稍稍敛迹，然亦未能绝矣。清代考官之于士子，先期约定符号，于试时标明卷中，谓之"关节"，亦曰"关目"。大小试皆有之，京师尤甚。每届科场，送关节者纷纷皆是。或书数虚字，或"也欤"、或"也哉"或"也矣"，于诗下加一墨圈者银一百两，加一黄圈者金一百两。凡进士之朝殿试及京官之考试，预揣某官可派阅卷，则先呈字体，以备别认。即写前四句飞递朝房中所曾托情之人，谓之"送诗片"（《清稗类钞·考试类》）。

如某科诗题为"所宝惟贤"，某卷以"水烟袋"三字散见于点题中，以为关节。句曰"烟水潇潇地，人才夹袋储"。可谓凑泊无痕（《清稗类钞·考试类》）。又嘉庆时福建乡试，题为"才难不其然乎？唐虞之际，于斯为盛"。解元郑兼才破题云："才兼二代，圣人郑重于其际焉。"明是关节。是科主闽试者，为莫宝晋，兼才本名士，为其旧交也（清陈康祺《郎潜纪闻二笔》卷一）。然有如此才情之关节，录取亦无不可也。

又阮元为学政时，搜出夹带，必自加细阅，如系亲手所抄，略有条理者，即予入学，如倩人抄录，概为陈文者，照例罪斥（《清稗类钞·考试类》）。

今大学生试卷或作业，多从网络翻抄，若从数篇摘抄，错综点窜而加工成文者，教授往往贵手高抬，允其合格；若仅下载一篇，只隐去作者姓名径改为己名以充数者，即以零分计。此殆亦阮氏之法也。

一三九 "白卷英雄"与"曳白"之种种

余小学时,正"文革"炽盛。时某校考地理课,老师命题曰:"乘火车从北京至广州须经过哪些省会城市?走何线路?"有学生交白卷,且题打油诗曰:

条条大路通广州,老师何必硬强求?
拐弯抹角不算远,出题不严学生愁。

此考生遂成反潮流英雄,革命"小闯将",且模仿者甚夥焉。如:

你考零分我考圈,两个鸡蛋炒一盘。
又好吃来又好玩,改善生活不花钱。

而最为著名者,则为"白卷英雄"张铁生,一九七三年张氏被荐考工农兵学员,物理化学考试,因不能答题(此卷仅得6分),遂于试卷背面书《给尊敬领导的一封信》,后《辽宁日报》以《一份发人深省的答卷》为题,刊登张铁生此信,视为两条路线斗争之表率,张氏被铁岭农学院畜牧兽医系录取,从此名声大噪,青云直上,竟至第四届

一三九　"白卷英雄"与"曳白"之种种

全国人大常委，此乱世英雄之典范也。

而改革开放以来，亦常有考生交白卷者，如二〇〇八年贵州考生李坚，高考交白卷，谓以此反对现行教育制度。二〇一〇年陕西有考生四门课全考零分，且每卷书"破釜沉舟，不破不立，破而后立，不生则死"十六大字，然后签其考号与姓名，意欲引世人关注，并以中国之比尔·盖茨自喻，不知其今日成何气象。余阅高考试卷二十余年，此类考生之答卷，几每年皆有，亦见怪不怪者也。

曳白考生，古已有之，非"文革"小将之独创也。《旧唐书·苗晋卿传》载，天宝二年春，御史中丞张倚男奭参选，吏部侍郎苗晋卿与宋遥以倚初承恩，欲悦附之，考选人判等凡六十四人，分甲乙丙科，奭在其首。后为人告发，玄宗大集登科人，御花萼楼亲试，登第者十无一二；而奭手持试纸，竟日不下一字，时谓之"曳白"。

清代《六部成语》："不能做文，亦不成一字，只以白纸卷子呈交，谓之曳白，俗名交白卷子。"实际如上所述，考生所交并非一字不书之卷也。而曳白者，多因试题僻怪而致。如清人马世琪，夙以工制举文名于江南。未遇时，某年应乡试，试题为"渊渊其渊"（《中庸》"肫肫其仁，渊渊其渊，浩浩其天"）。马求胜之心太切，不肯轻易落笔，至次日，尚无一字。时已放牌，举子纷纷出闱矣，马遂口占一诗，题于卷曰：

渊渊其渊实难题，闷煞江南马世琪。
一本白卷交还你，状元归去马如飞。

书毕扬长而出。至后科,竟联捷,大魁天下(《清稗类钞·考试类》)。

又汪元亮以考据见长,某科会试,头二场已入彀矣,至三场策问,皆元元本本,通场无及。然只对四问,有一问仅六字云"臣愚不敢妄对"。房官阅之大笑,遂落孙山(清钱泳《履园丛话》卷二一)。

又清季瑞安黄体芳(漱兰),督学江苏,按试某府,得一卷,自始至终,皆书"之"字。时值端阳佳节,与幕客饮酒,因出此卷行令,曰:"有见而笑者,罚一巨觞。"众诺之。及揭卷,则无不大笑,无不大醉(《清稗类钞·考试类》)。又清季策论题"项羽拿破仑论",有考生不知"拿破仑"为何物,遂书曰:"项羽力能拔山,何愁拿一破仑乎!"令人绝倒。

又《宋史·选举志》,嘉祐二年,亲试举人,凡与殿试者始免黜落,此后历代皆因之,虽过差都寘后列而已。宋张茎翁《贵耳录》载,省元徐履,有心恙,殿试卷子画竹一枝。题曰:"画竹一竿,送上试官。"朝廷亦优容之。徐履与朱子同榜,亦在五甲,是虽画竹亦未黜落。此又白卷之别种而已。

今高考试卷中,尤以作文曳白者居多。或图人形,或绘动植,或画淫物,或留秽语,或詈考官,或咒社会,或天篆鬼符,或火星文字。相较古人,亦可谓翻出其上者也。

一四〇　塾师、教授与冷官

吾国任教职者，向来虚位尊崇，所谓"天地君亲师"，甚或有谓"天地师君亲"者是也；而束脩菲薄，难以糊口，故仲尼周游列国，钵盂求食，困顿至极，累累若丧家之犬焉。至元代，以官、吏、僧、道、医、工、匠、娼、儒、丐区人为十等，则师儒之名，反在娼妓之下。故历代笑话如《笑林广记》、《广笑林》诸书，塾师必为讥刺对象也。至"文革"祸起，"臭老九"更落入地狱，亦可谓渊源有自，斯文不再。至甲子（1985年）以九月十日为法定之"教师节"，以振师道，然亦徒具形式而已矣。至今日遂有"一流人才出国，二流人才经商，三流人才从政，末流人才从教"之说焉（版本甚多，此其一也）。

古时幼童六七岁儿童开讲时，可请童生，多为年老体弱、绝望功名之老童生。有楹联讽刺曰：

人生七十还称童，可云寿考；
到老五经犹未熟，不愧书生。

此类塾师坐馆，虽曰人师，然多家境贫寒，学识无多，主家不尊，童子不敬，束脩所得，不能养家，甚至饥困寒冻，几同乞儿。蒲松龄曾有《塾师四苦》、《学究自嘲》、《教书词》、《先生论》及戏剧《闹馆》等，述塾师之清苦，活画其态。塾师甚至课徒之余，尚要帮主家挑水助灶，忙碌家务，所谓"放了学饭不熟我把栏垫，到晚来我与你去把水担，家里忙看孩子带着烧火，牲口忙无了面我把磨研，扫天井抱柴火捎带拾粪，来了客抹桌子我把菜端"。此与家雇长工无异，即《学究自嘲》谓"自行束脩以上，只少一张雇工纸"者也。

又乾隆时山东临朐人马益《舌耕传》，专叙塾师之惨状。其曰：

自幼读诗书，至长考经传。古人学道修身，今人功名为念。有志的破壁飞去，无志的熬成穷酸。赖衣求食，苟延残喘；读书门第，谓请先生，庄农人家，赛雇觅汉。全不问学业好歹，只是论束金贵贱。厚者白银数两，薄者铜钱几串，七青八黄，俯就使去。鹅眼铤环，哪个敢换。勤惰分其优劣，宽严呼为最殿。分明倕作佣工，俗人目为神仙。

又曰：

这样人，最可怜，戴了些旧头巾，穿了些破衣衫，住了些冰房屋，吃了些冷茶饭，听了些奴仆呼师傅，踏了些百家门儿遍，讨了些今三明四带矾钱，赚了些父兄妻子常离散。

塾师生活待遇如此，则其教学效果不问可知。《塾师四苦》述塾师教学情景曰：

一四〇　塾师、教授与冷官

> 东村及西村，不止二三五。清晨便教书，口舌都干苦。
> 方才教写字，又要教读古。先生偶出门，小子满堂舞。

又齐如山叙前人形容幼童之开蒙读书，情景逼真，趣味浓甚。其曰：

> 漆黑茅柴屋半间，猪窝牛圈浴锅连。
> 牧童八九纵横坐，天地玄黄喊一年。

又曰：

> 开蒙先念三字经，人字乃是第一声。
> 一字念了一个月，字之倒正未分清。

又有嘲私塾诗，或曰出自袁枚。其曰：

> 一阵乌鸦噪晚风，诸生齐放好喉咙。
> 赵钱孙李周吴郑，天地玄黄宇宙洪。
> 三字经完翻鉴略，千家诗毕念神童。
> 其中有个聪明者，一日三行读大中。

诗中涉及《百家姓》、《千字文》、《三字经》、《鉴略》、《千家诗》、

《神童诗》以及《大学》、《中庸》，儿童诵书之萌态，跃然纸上矣。

据元代程端礼《程氏家塾分年日程》，儿童开蒙之后，自八岁入小学，自此说《小学书》，即严幼仪。至十五岁尚志之年，《小学书》、《四书》诸经正文，可以尽毕。此时即可开笔学八股文，时非此秀才不可。秀才虽较童生水平为高，然亦五十步与百步之比也。

秀才每三年须参加科考，亦称岁考、岁试（学政在任三年，两试诸生）。一等可补廪生，四等受饬，五、六等受罚，七等革除功名。倘不中举，须三年一考而终其生，颇有今日"托福"、"GRE"之类考试，每次考试分数，只在三年期内有效，可谓"每至考期到，满园AB声"，山姆大叔莫非乃"以华治华"耶！

秀才多已成家育子，上下将养，辛苦耕蚕，经文生疏，课业多旷。故每至考期，则惶恐百端，临时求抱佛脚。故李笠有诗曰：

书生本是秀才名，十个经书九个生。
一纸考文传到学，满城尽是子曰声。

至学子入县、府、州学，或入书院课读，则县学教谕，府州学教授与书院院长（本称山长，乾隆朝改称院长），则几乎为举人之专利，其学识自然非秀才可比。然举子倘尚有功名之心，则仍须勤习时文；若功名无望，则亦怠惰荒疏，滥竽充数者多矣。

教职当岁考之年，定例亦须考试一场。向来学使者优恤教官，大都临期散卷，迟数日交卷。教官中年老者居多，多不自作，托学中优等生代为之。若改为扃试，则荒疏诸公，皆大惊恐，惧致曳白，此

一四〇　塾师、教授与冷官

心摇摇,如悬旌幡。故考教一场,仅为具文。有人作诗讽刺曰:

> 接谈散卷久通行,谁料今番忽变更。
> 高踞考棚方桌子,俯求优行老门生。
> 牢笼一日神都倦,安枕三年梦再惊。
> 共说阿婆都做惯,者回新妇礼难成。(清陈其元《庸闲斋笔记》卷一一)

然亦有进士而求为教职者,若清中叶之凌廷堪,中进士后,殿试三甲例授知县,廷堪投牒吏部,自改教授,曰:"必如此,吾乃可养母治经。"其座师王杰曰:"吾不强子改冷官,子愿之,甚善。"又其座师朱珪题其《校礼图》曰"君才富江戴",又曰"远利就冷官"。盖甚重之,又甚惜之也(清阮元《揅经室二集》卷四《次仲凌君传》)。

按校官为冷官(俗称吃首蓿盘),其称由来已旧。"冷官"本谓地位不重、事务清闲之官,后多指教授、教谕等。清陆以湉《冷庐杂识》称:"学博向称冷官,以其位卑禄薄,不能自豪也。"虽其俸禄地位,不比知府、知县等贪残无度,堆金销银,然较之塾师坐馆,已是天堂地狱之别。故其苦乐节操,多见于所撰楹联中。如苏州教授李恩沛(时庵)自题大堂联云:

> 扫雪呼童,莫误今朝点卯;
> 轰雷请客,那知昨日逢丁。

此所谓穷形尽相,大堪捧腹。如萧山傅篯(芝堂)联云:

百无一事可言教;
十有九分不像官。

上联谓事简责轻,下联写尽教官之状态,可谓颊上添毫。又绍兴屠湘之(筱园)联云:

教无可教偏言教;
官不像官却是官。

又陆以湉(定圃)联云:

近圣人居大门径;
享闲官福小神仙。

又仁和沈秋河联云:

读书人惟这重衙门可以无妨出入;
做官的当此种职分也要有些作为。(以上皆见《庸闲斋笔记》卷一)

又某君联云:

一四〇　塾师、教授与冷官

耀武扬威，带裤打门斗五板；
穷奢极欲，连篮买豆腐三斤。

又某学博署花县教谕，有自嘲联云：

教官食俸，本属无多，浪费何堪，惟有单食豆腐；
秀才旷课，已成习惯，认真不得，只好依样葫芦。

俗呼教官为"豆腐官"，故联语及之。又联云：

案上存三五卷书，虽学难博；
年中食四十两俸，不养而廉。（以上民国曹绣君《嗢噱联话》）

盖以教职每称学博，而一年四十两俸外，并无养廉银也。此类楹联，嘲谑喷笑，可谓极调侃之能事矣。然虽自嘲，却也别具身份，棱棱风骨，读之令人肃然起敬矣。

清学札记

一四一　高考阅卷与阅卷纪事诗

今日高考阅卷，饱受诟病，俗谓阅卷员为"刀斧手"；而不知阅卷者神疲目眩，极尽辛劳，慈心从事，古道热肠，应谓之"点金手"也。明清乡会试，分房阅卷，即所谓"十八房"也。然诸经之中，尤以擅《诗经》者为多，博学如钱大昕者，亦以《诗经》房入彀也。乾隆元年（1736年）三月辛亥，礼部议准广东道监察御史锺衡奏：广东乡试一万一千八卷，《诗经》卷不下六千，同考仅有四房，难以细阅，请增诗经同考二房。从之（《清实录·高宗实录》卷一五）。《诗经》卷过半，盖因《诗经》相对易备考之故也。

明清乡会试，评卷官校阅者多，且以 ○ △ 、｜ ×（圈、尖、点、直、叉）分为五等，以辨优劣；若等级差异极大，则亦择出，另为校阅。而今日高考作文评卷，用"双评"制，即每卷背靠背二人评阅，且文亦分五类，依次取分，高低不等；若二人评分超阅规定阈值，则须三评乃至四评，以示慎重，以求公允。古今之法，亦相承而折衷者焉。

评卷官入场阅卷，多用心缜密，严格不苟。如乾隆朝裘曰修充磨勘大臣，某省士子用"社稷镇公子"，众以为应议，公心知非杜撰，而一时忘其出处。归第，问公子麟，对以句出《国语》，后于《左传》

检得之，遂长跪受责，时公子已官编修矣（清陈康祺《郎潜纪闻初笔》卷一一）。又褚廷璋于乾隆三十五年（1770年）主江西试，题为"譬之宫墙节"。荐卷内有"夹窗白盛"之句，褚书片问本房，言此四字可疑。本房某批四字出《礼记》注，无可疑，褚公服亲往谢教。及拆卷，则曾廷檫卷也（曾乾隆四十年成进士）。（清赵慎畛《榆巢杂识》卷下）若裘、褚二公，可谓待士宽慈、虚心受益之典范矣。

然亦有粗疏率意，胡乱塞责者，即重臣学官，亦所难免。清朝多有满洲大臣入场阅卷者，本不知书，故随人画圈打尖，了不为意。据传穆彰阿屡主文衡，其评卷之法，为其独创。每置荐卷于几，焚香一炉，望空遥拜。衣袋中常置烟壶二：一琥珀，一白玉，款式大小相等，取一卷出，即向衣袋中摸烟壶，得琥珀则中，得白玉则否。额满，则将余卷一律屏之（《清稗类钞·考试类》）。此则由文昌帝君天断，殆同儿戏焉。

余自丁卯（1987年）入场评卷，已三十年矣。每入场中，即惧慎万端，食不知味，夜难安寝，比至十日评卷毕，则心累身疲，犹同大病一场矣。今年出场后，曾匆作《高考阅卷纪事诗》一首。其曰：

> 每岁高考，乃国之大典。鼎食人家，钻弥扶摇；寒畯之门，借力进身。故考生忧恐如婴，家长惊惧似蜂。考官入闱，考棚洒扫，百业停歇，车马息鸣，如临大敌，以待考期之至，拟诸古时科举，殆有过之而无不及也。而评卷者入场，则尤为万众瞩目。故律法严苛，杜绝泄密；安检布防，戒备森严。三日刷卷，审答案之细则；一周正评，定考生之未来。

六万试卷，极兰艾之良莠；三百伯乐，析鱼龙之劣优。金睛火眼，摘寻锦绣之句；辣手豹胆，罢黜庸俗之词。然一分之高下，则冰火喜泪，天地悬隔。故视考生如嫡子，备宽怀以佛慈。勾点綦慎，别析至详。兢兢敬业，如履薄冰。然十日场中，夏炎蒸腾，身疲目眩，寝食皆废，其揣揣百味，非可为外人道也。七爷忝为评卷官，乃袖手之盟主，白食之掌柜，幸赖诸同仁壹志同心，竭力扶持，乃得评判公允，安然事谐。故感而戏赋一律，以恭谢场中诸同事焉。

麦黄熟杏李桃红，又是一年大考中。
百业轮休车马驻，万家难眠爷娘疯。
考前商会急如火，试后打磨细似绒。
鼠标搜寻标杆样，截屏析解乱丝丛。
千题差异归无异，万卷雷同摘不同。
铁匠铺中铸宝剑，作坊店里校良弓。
羚羊挂角惊人句，娲女补天骤雨虹。
组长滔滔嘴带沫，属员咸咸耳经风。
百分比率频繁验，数据表图反复通。
你低他高抑物价，张长李短辨冬烘。
蛮腰楚楚佛心软，玉腕酸酸凤眼瞢。
全线飘黄忧失败，逐条渐绿盼成功。
大军三百紧擂鼓，掌柜十天懒撞钟。
最是此公无赖甚，厚颜袖手白头翁。

一四一　高考阅卷与阅卷纪事诗

又每年高考作文题目，为网友拍砖吐槽者甚众，辄未能免。余亦于地铁马路人浪车流间戏成《集甲午全国高考作文诸题戏作》一律，以为呼应，以凑其趣，并兼志留念。其曰：

荷月炎天战彻宵，青衿千万系鹪鹩。
黛眉赶考伤歧路，玉笋追风扶细腰。四川卷
数码聚焦别样景，菲林照像当时潮。广东卷
仙踪揽辔觅空谷，福建卷　鸿爪推窗认鬼魈。山东卷
群虎饥餐赢马肉，全国卷Ⅱ　二人合抱独木桥。全国卷Ⅰ
巍巍绝顶登天近，湖北卷　耿耿芳心接地遥。湖南卷
纵跨长河风物换，横穿大漠自由迢。上海卷
难通终点门和道，浙江卷　敢问剧本鼠与猫。安徽卷
更事房东规矩老，重庆卷、北京卷　多情芯片貌容娇。天津卷
逃禅学子事喧竞，江西卷　衰病老王忍寂寥。广西卷
不朽断碑藏绿字，江苏卷　易消残梦向花雕。
万能科技万能变，辽宁卷　唯有人心不可调。湖南卷

按拙诗虽属打油一体，然记场中情貌，与夫各地试题之奇炫，自信亦颇纪实焉。

一四二　文选楼

梁昭明太子萧统编选《文选》，垂名后世，其所建文选楼遗址，历来有湖北襄阳、安徽贵池、江苏扬州与江阴等诸说。扬州有文选楼、文选巷之名，见于王象之《舆地纪胜》及罗愿《鄂州集》。而扬州之文选楼，亦有仁丰里旌忠寺与毓贤街两说。民国时王振世《扬州揽胜录》："文选楼在小东门北旌忠寺内，相传为梁昭明太子萧统文选楼故址。……民国初年，楼将圮，寺僧法权募资重建大楼五楹，备极壮丽。楼上中楹供太子塑像，首戴角巾，俨然儒者气象。楼前题'梁昭明太子文选楼'额，楼下题'六朝遗址'额。"又嘉庆时扬州学者阮元亦建有文选楼。嘉庆十年（1805年），阮元于文选巷阮氏家庙西建文选楼，祀隋秘书监曹宪，以唐沛王府参军公孙罗、左拾遗魏模、模子度支郎景倩、崇贤馆直学士李善、善子北海太守邕、句容处士许淹配之，诸人皆扬州人也。阮氏撰铭，所谓"建隋选楼，用别于梁者"是也。阮氏所藏钟鼎古器，悉庋于此楼。

"文选学"自隋曹宪开之，至唐李善《文选注》集其大成，因诸人皆扬产，故《选》学即扬州之学矣。阮元自幼即攻《文选》，且藏有宋版《文选》。其与汪中、江藩、凌廷堪诸人同声共气，大倡韵文为文章之祖，标举《文选》，力诋唐宋八家为伪体，以为古人，古文、小学与词赋同源共流。其《文言说》曰:"孔子于《乾》、《坤》之言,自名曰'文',此千古文章之祖也。为文章者,不务协音以成韵,修词以达远,使人易诵易记,而惟以单行之语,纵横恣肆,动辄千言万字,不知此乃古人所谓直言之言,论难之语,非言之有文者也,非孔子所谓文也。"此说不仅与桐城诸家立异,且为扬州学人、扬州学术争一席之地耳。

一四三　三江

三江之说，自古以来，言人人殊，诸家聚讼，莫可究诘。《尚书·禹贡》："三江既入，震泽底定。"《汉志》引《禹贡》此语，颜师古注曰："三江，谓北江、中江、南江也。"《初学记·地部》引郑玄注曰："三江，左合汉为北江，右会彭蠡为南江，岷江居中则为中江。故书称'东为中江'者，明岷江至彭蠡，与南北合，始得称中也。三江分于彭蠡为三孔，东入海。"清王鸣盛《尚书后案》卷三《禹贡》"三江既入"条与《蛾术编》卷五〇《说地》一四"三江"条，所论与郑注同。又金榜《礼笺》卷一《三江》："北江出于汉水，中江出于江水……南江不见于经，彭蠡以下首受江者是也。"即北江汉水、中江江水、南江浙水。又皮锡瑞《今文尚书考证》卷三引钱塘说曰："《禹贡》之三江，《职方》之三江也。《地理志》南江、北江、中江皆扬州川，此释《职方》也，即释《禹贡》矣。揆孟坚所言，江过湖口分为三，而以行南道者为南江，行北道者为北江，行中道者为中江，合乎《禹贡》导水之经，诚不易之论也。"近人曾韵乾《尚书正读》又以为："三江者，江随地而异也。江会汉为北江，会彭蠡为南江，会汇为中江。既入者，入于海也。"

今人陈桥驿先生以为，《汉志》所言三江，绝非《禹贡》之意。

一四三 三江

古人所谓长江为中江，凭空设想与大江平行有北江与南江，历代解释，牵强附会，皆不可信。实则《禹贡》"三江"与"九河"同，皆为泛指多数而言，并非实有九条河川、三条江流存在。然《水经注》中如卷二九《沔水注》有娄江、东江与松江为三江，又卷四〇《浙江水注》引韦昭以松江、浙江、浦阳江为三江。此类则实指河川数位之三江，与《禹贡》三江绝不相同。详参陈著《郦学札记》中《地名·九河三江》条。

一四四　明堂

《周礼·考工记·匠人注》:"明堂者,明政教之堂。"又《淮南子·本经注》:"明堂,王者布政之堂。"案上古明堂之制已失,历代学者多有考释,然各为一说,又说各不同。即清儒中,亦是纷纭杂陈,诸说靡定。如惠栋以为,上古明堂为大教之宫,而禘祀之礼行于明堂之中,其制备于三代,而详载于《周礼·冬官》,《冬官》亡而明堂之法失,然尚寓于《易·说卦》及汉儒解《易》书中,惠氏称因学《易》而得明堂之法,故著《明堂大道录》以释其形制。《明堂大道录》卷一《明堂总论》曰:"明堂为天子大庙,禘祭、宗祀、朝觐、耕籍、养老、尊贤、飨射、献俘、治历、望气、告朔、行政,皆行于其中,故为大教之宫。"另参沈彤《果堂集》卷三《礼记明堂位问》、戴震《戴东原集》卷二《明堂考》、汪中《述学内篇·明堂通释》、阮元《揅经室一集》卷三《明堂论》、江藩《隶经文》卷一《明堂议》等文。直至清末王国维诸人,尚矻矻考据,兴味浓甚,亦徒费笔墨而已。

清方浚师《蕉轩随录》论"明堂"诸家无定之说曰:

> 解明堂者众矣,或曰九室,或曰五室,或辨其户若干,牖若干,上如何圆,下如何方,东西南北如何殊位,太庙、

一四四 明堂

世室如何同异。自汉迄今,纷如聚讼。讲考据者矜其渊博,作时文者奉为秘本。究竟古人不曾留下图样,当日建造之工匠,又不曾以其建法贻之子孙。身未亲历其地,目未亲见其制,而于数千年后凭其臆断,曰"我之说实确切不易"焉,是何异瞽者谓与离朱同眼,而不知己之不能视也。①

案方说是则是矣,然其亦论列己说,犹呶呶不已焉。今人杨向奎先生论曰:"古代朴拙,阶级划分后统治者虽有宫室亦简陋,一室多用途,明堂即其一,至今我国西双版纳尚有'大房子',即古明堂之遗,大房子即太室,太室即明堂,行政之堂,会议之堂,祭祀之堂,亦群居之处。后来学者不明此义,遂予明堂以许多神秘色彩。惠栋的《明堂大道录》是典型的经师著作,以明堂为'玄宫',于玄宫亦不得其解。"此说是矣。详参杨氏《清儒学案新编》卷五《仪徵学案》。盖先民古朴,无华丽奢居之所,一室多用,并无固定之规,后人依己意蠡测,所谓灵台辟雍,九室五室,上圆下方,左个右个,或万言烦释,或规模图画,遂如乱丝,愈理而愈纷焉。

---

① [清]方浚师撰,盛冬铃点校:《蕉轩随录》卷10"明堂"条,中华书局1995年版,第396页。

一四五　小珰

《师承记》卷五《戴震》："君没后十余年，高庙校刊石经。一日，命小珰持君所校《水经注》问南书房诸臣曰：'戴震尚在否？'对曰：'已死。'上叹惜久之。"① 案：小珰，宋以前无此称，宋时称宦者为小珰。如王偁《东都事略》："梁师成，开封人也。以小珰进，慧黠，习文法。"② 又周密《齐东野语》："令小珰持赐王，遂亟往。"③

---

① ［清］江藩纂，漆永祥笺释：《汉学师承记笺释》卷5《戴震》，上册，第553页。
② ［宋］王偁：《东都事略》卷121《宦者传》，景印文渊阁《四库全书》本，第382册，第792页。
③ ［宋］周密撰，张茂鹏点校：《齐东野语》卷10《吴郡王冷泉画赞》，中华书局1983年版，第185页。

一四六 啖

《师承记》卷4《武亿》:"性善哭,馆笥河师家,除夕,师谓君曰:'客中度岁,何以破岑寂?'君曰:'但求醉饱而已。'乃遗以二麂肩,一鸡一鹜,蒙古酒一斗,及汤饼饦饦诸物。君闭户恣啖,食尽酒倾。"案:恣啖,犹今言纵食、狂食也。啖,吃。《论衡·調时》:"仓卒之世,谷食乏匮,人民饥饿,自相啖食。"案今西北方言亦以吃为啖,有多吃、猛吃、狂食义。又案:武亿善饮,当时人多有记载。如焦循《理堂道听录》卷6《武虚谷》:"乾隆乙卯春二月,予在山左,得晤虚谷,貌魁梧,白须萧萧然。故闻其善饮,是夕共食,见其饮高粱酒五六斤不醉,时已罢令,为临清书院院长。"

一四七　金扇与松花石砚

江藩《汉学师承记》卷7《陈厚耀》："乃命厚耀、縠成并修书于蒙养斋，赐《算法原本》、《算法纂要》、《同文算指》、《嘉量算指》、《几何原本》、《周易折中》、《字典》、西洋仪器、金扇、松花石砚及瓜果等克什。"案：此段锺哲点校本断句为"松花、石砚"，误。当为"松花石砚"，乃一物而非二物也。《近藤注》："松花石为四川永川县（重庆府）来苏镇出产，因石质似松木而得名。高二至三尺，有一抱大小，俗称电烧石。"① 又案：清高宗《松花石砚铭》："吉林松阿里江产此石。"② 又《大清一统志》载奉天府之土产："松花石，出混同江边砥石山，玉色净绿，光润细腻，品埒端、歙，可充砚材。"③ 又《西清砚谱》附录有松花石双凤砚、松花石甘瓜石函砚、松花石壶卢砚、松花石翠云砚、松花石蟠螭砚、松花石河图洛书砚等。盖产松花石者，又非一

---

① ［日］近藤光男译注：《汉学师承记译注》卷7《陈厚耀》，日本明治书院2001年版，下册，第17页。
② ［清］爱新觉罗·弘历：《清圣祖御制文二集》卷39《松花石砚铭》，缩印文渊阁《四库全书》本，第1301册，第519页。
③ 《大清一统志》卷42《奉天府五·土产》，缩印文渊阁《四库全书》本，第474册，第483页。

一四七　金扇与松花石砚

地也。又王士禛《香祖笔记》卷一:"二十年来,京师士大夫不复用金扇。"据此可知金扇盖为当时曾流行之工艺品,故为皇帝与士大夫所喜,清帝给臣下与外国使节,亦多赐金扇与松花石砚等矣。

清学札记

一四八　克什

《师承记》卷7《陈厚耀》:"赐《算法原本》……等克什。"案:克什,或作克食(音柯施)。清福格《听雨丛谈》曰:"克食二字,或作克什,盖满汉字谐音书写,有不必尽同者,如兀术亦作乌珠,厄墨亦作额谟。考清语克什之义,为恩也、赐予也、赏赉也,故恩骑尉曰克什哈番,天恩曰阿布喀克什得。近人泥于食字,误克食为尚膳,尝见大臣志传中,曰赐克食几次,是叠书满汉赐赐两字,殊费解也。愚臆志传用汉文者,除人名地名外,似不必杂入清语;亦如清文中,除人名地名仍还汉音外,他辞不得杂入汉语也。如必遵用当时传宣之词为敬,则当作某月日蒙克什御膳若干品,庶于满汉文气兼至矣。"①又近藤光男《汉学师承记译注》:"克什为蒙古语 Kesi,释为'福祉天授'或'天子之恩、天子之恩命'之意,盖指天子御赐品。"②

案清朝时,朝鲜使臣之入中国,其"燕行录"中,亦多记"克食"

---

① [清]福格撰,汪北平点校:《听雨丛谈》卷11"克食"条,中华书局1984年版,第218页。
② [日]近藤光男译注:《汉学师承记译注》卷7《陈厚耀》,日本明治书院2001年版,下册,第17页。

一四八 克什

焉。如朴齐家《玉河馆绝句》曰:"提督来时喝道长,门前分给日供羊。陪臣到处蒙天赐,克食频宣上副房。"① 又佚名《留关杂绝》曰:"克食频从内膳房,使臣礼遇出寻常。福橙广橘琉璃器,黄袱赍羊袭异香。"② 又李基宪《燕行日记》曰:

> 三十日,自御膳房颁四卓于使臣及正官,品极丰备,共四十余器,而饼饵之属居半,龙眼、荔枝、葡萄、石榴、楂果、梨、栗,皆佳品也。凡熟食颁赐者称曰克食,此即正朝例给者,而除夕先颁,亦是格外云。③

李氏又称"赐克食,亦饼肉也"④。又李敬窝《燕行录》,记十二月二十九日皇帝行太庙礼赏赐曰:

> 三使臣宣馔物及香橘画、磁器、荷包、鼻烟筒等属。而三使退馆所,礼部又以皇旨则克食。所谓克食,即饼属,皆以水油熬造,不堪食。⑤

---

① 朴齐家:《贞蕤阁集·三集·玉河馆绝句》其一,《韩国文集丛刊》,第261辑,第525页。
② 《燕行记著·留关杂绝》其十二,《燕行录续集》,第119册,第186页。
③ 李基宪:《燕行日记》下,《燕行录全集》,第65册,第170—171页。
④ 李基宪:《燕行日记》下,《燕行录全集》,第65册,第188页。
⑤ 李敬窝:《燕行录》,《燕行录全集》日本所藏编,第1册,第483页。

若依朝鲜使臣之说，则"克食"者，又有"颁赐熟食"、"肉饼"、"饼属"之说，则皆缘从天子觊赐而来也。

一四九　紫团

《师承记》卷7《凌廷堪》:"君病时,丽仲赠以紫团,手煎汤药。"案:紫团,即紫团参。今山西省壶关县东南有紫团山,传说山顶常有紫气,多产人参,为名贵药材。宋罗愿《尔雅翼》:"潞州太行山所出者谓之紫团参。"又沈括《梦溪笔谈》:"王荆公病喘,药用紫团人参,不可得。时薛师政自河东还,适有之,赠公数两,不受。人有劝公曰:'公之疾,非此药不可治。疾可忧,药不足辞。'公曰:'平生无紫团参,亦活到今日。'竟不受。"[1]

---

[1] ［宋］沈括:《梦溪笔谈》卷9《人事一》,景印文渊阁《四库全书》本,第862册,第763页。

一五〇　紫燕

《师承记》卷4《王兰泉先生》:"及夏,紫燕栖于楹,同巢异穴。至冬,陆太夫人孕男不育,而钱太夫人生先生,咸以为兰徵燕兆也。"[1] 近藤注:"'紫燕',年谱作'沙燕',未详。"[2] 案:宋罗愿《尔雅翼》:"燕有两种,越燕小而多声,颔下紫,巢于门楣上,谓之紫燕,亦谓之汉燕。"[3] 又曾慥《类说》:"燕有两种:胡燕胸班黑,作窠喜长,有容一疋绢者;越燕紫胸,俗谓之紫燕,作窠极浅。"[4]

---

[1] [清]江藩纂,漆永祥笺释:《汉学师承记笺释》卷4《王兰泉先生》,上册,第333页。
[2] [日]近藤光男译注:《汉学师承记译注》卷4《王兰泉先生》,日本明治书院2001年版,中册,第44页。
[3] [宋]罗愿:《尔雅翼》卷15《释鸟·燕》,景印文渊阁《四库全书》本,第222册,第376页。
[4] [宋]曾慥:《类说》卷35《本草·燕有两种》,景印文渊阁《四库全书》本,第873册,第606页。